高职高专物流类专业系列教材

物流运输实务

主　编　李　虹
副主编　邢　弢　马文祥
参　编　刘秋红　宋　雯
主　审　金　戈

机 械 工 业 出 版 社

本书针对全国高等职业院校物流、交通运输等专业对物流运输类教材的要求，依据专业教材建设的标准，突出专业性、创新性和职业性，是高职物流管理专业专用教材，也可用于物流从业人员的职业培训。

本书结构完整，从介绍物流运输的概念入手，按照运输方式的不同，介绍了各类物流运输实操业务，涵盖公路运输、铁路运输、水路运输、航空运输和多式联运等多方面，最后介绍了运输保险和事故纠纷处理。

本书采用任务驱动模式，基于工作任务的流程编写，每一种运输方式的操作实务均按照任务引入、任务分析、实训知识与技能、任务实施进行设计，结构完整、层次清晰。同时，将教学目标和教学内容融入到具体的工作任务中，突出应用性和实践性。

为方便教学，本书配备电子课件等教学资源。凡选用本书作为教材的教师均可登录机械工业出版社教育服务网www.cmpedu.com注册后免费下载。如有问题请致电010-88379375联系营销人员。

图书在版编目（CIP）数据

物流运输实务/李虹主编.—北京：机械工业出版社，2013.12（2020.2重印）
高职高专物流类专业系列教材
ISBN 978-7-111-44622-4

Ⅰ.①物… Ⅱ.①李… Ⅲ.①物流-货物运输-高等职业教育-教材 Ⅳ.①F252

中国版本图书馆CIP数据核字（2013）第257385号

机械工业出版社（北京市百万庄大街22号 邮政编码100037）
策划编辑：崔占军 赵志鹏 责任编辑：赵志鹏 席建英 董宇佳
版式设计：常天培 责任校对：刘秀丽
封面设计：鞠 杨 责任印制：常天培
北京捷迅佳彩印刷有限公司印刷
2020年2月第1版·第2次印刷
184mm×260mm·14.5印张·357千字
标准书号：ISBN 978-7-111-44622-4
定价：39.00元

电话服务 网络服务
客服电话：010-88361066 机 工 官 网：www.cmpbook.com
010-88379833 机 工 官 博：weibo.com/cmp1952
010-68326294 金 书 网：www.golden-book.com
 机工教育服务网：www.cmpedu.com

前　言

进入21世纪以来，我国物流业总体规模快速增长。实施“十二五”规划以来，交通基础设施建设出现了全新的发展格局，交通设施规模迅速扩大，为物流业发展提供了良好的设施条件。运输是物流系统的重要环节，运输业的发展影响着社会生产、流通、分配和消费等多个环节，对国民经济和社会发展起着重要作用。交通运输业的发达程度成为一个国家或地区经济发展水平的重要标志。

本书针对全国高等职业院校物流、交通运输等专业对物流运输类教材的要求，依据专业教材建设的标准，以理论知识为主体，以应用型职业岗位需求为中心，以培养学生能力为本位，全面介绍物流运输管理的基本知识和业务实际操作，突出专业性、创新性和职业性特点，是高职物流管理专业教学用教材，同时也可用于物流从业人员的职业培训。

本书共分为三大部分：第一部分为第一章物流运输，介绍了物流运输的概念、特点，各种物流运输方式，物流运输系统及构成要素，物流运输市场等物流运输基础知识；第二部分为第二章至第六章，该部分按照运输方式的不同，介绍了各类物流运输实操业务，包括公路运输、铁路运输、水路运输、航空运输和多式联运等；第三部分为第七章物流运输事故、纠纷与保险，介绍了物流运输事故与纠纷，物流运输保险，物流运输风险管理与防范等知识。

本书采用任务驱动模式，基于工作任务的流程编写，每一种运输方式的操作实务均按照任务引入、任务分析、实训知识与技能、任务实施进行设计，将教学目标和教学内容融入到具体的工作任务中，适应高职高专院校学生的知识结构，旨在通过教学全面提升学生的岗位操作水平和岗位素质。

本书由天津滨海职业学院李虹担任主编，进行全书的整体设计和统稿，并负责编写第一章、第二章、第三章；天津滨海职业学院邢弢任副主编，负责编写第四章；天津滨海职业学院马文祥任副主编，负责编写第五章、第六章；天津滨海职业学院刘秋红参编，负责编写第七章；天津港集团有限公司宋雯参编，从职业岗位角度提出专业意见。天津滨海职业学院物流管理系主任金戈担任本书的主审。

在本书的编写过程中，编者参阅了大量专业书籍、学术论文和物流运输企业的相关资料，还聘请了天津港（集团）有限公司宋雯作为本书顾问以增强本书的实践性。在此对文献的作者及企业专家表示感谢。由于作者的水平有限，书中难免有不足之处，恳请各位读者予以批评指正。

编　者

目　　录

前言

第一章　物流运输 …… 1

第一节　物流运输概述 …… 1

第二节　物流运输方式 …… 5

第三节　物流运输系统及构成要素 …… 11

第四节　物流运输市场 …… 13

第五节　物流合理化运输 …… 15

本章小结 …… 18

第二章　公路货物运输实务 …… 19

第一节　公路货物运输概述 …… 19

第二节　公路整车货物运输实务 …… 27

第三节　公路零担货物运输实务 …… 39

第四节　国际公路运输实务 …… 47

本章小结 …… 57

第三章　铁路货物运输实务 …… 58

第一节　铁路货物运输概述 …… 58

第二节　国内铁路货物运输实务 …… 68

第三节　国际铁路货物运输实务 …… 87

本章小结 …… 98

第四章　海上货物运输实务 …… 99

第一节　海上货物运输概述 …… 99

第二节　杂货班轮运输实务 …… 104

第三节　集装箱班轮运输实务 …… 121

第四节　租船运输实务 …… 139

本章小结 …… 151

第五章　航空货物运输实务 …… 153

第一节　航空货物运输概述 …… 153

第二节　国内航空货物运输实务 …… 163

第三节　国际航空货物运输实务 …… 172

本章小结 …… 192

第六章　国际多式联运 …… 193

第一节　国际多式联运概述 …… 193

第二节　国际多式联运实务 …… 200

本章小结 …… 208

第七章　物流运输事故、纠纷与保险 …… 209

第一节　物流运输事故与纠纷 …… 209

第二节　物流运输保险 …… 212

第三节　物流运输风险管理与防范 …… 224

本章小结 …… 226

参考文献 …… 227

第一章　物流运输

【学习目标】

通过对本章的学习，了解物流运输的概念、特点、地位与功能，运输与物流运输的区别，以及物流运输市场的概念、功能及分类；理解运输与其他物流环节的关系；熟悉运输的种类和各种运输方式的特点；理解运输合理化及其相关问题；掌握物流运输系统及其构成要素。

第一节　物流运输概述

【基础知识】

一、物流运输的概念

运输（Transportation）就是人和物的载运和输送，是指人员或物品借助于运力系统在一定的空间范围内产生的位置移动。人的载运及输送称为客运，物的载运及输送称为货运。物流运输仅以物为运输对象，不包含人的运输。它涵盖了流通领域和生产领域。

二、运输的地位、特点与功能

（一）运输的地位

1. 运输是物流的主要功能要素之一

按照物流的概念，物流是“物”的物理性运动，这种运动不但改变了物的时间状态，也改变了物的空间状态。运输承担了改变空间状态的主要任务，是改变空间状态的主要手段，再配以搬运、配送等活动，就能圆满完成改变空间状态的全部任务。在现代物流观念诞生之前，甚至直至今天，仍有不少人将运输等同于物流，其原因是物流中很大一部分责任是由运输担任的，即运输是物流的主要部分，所以人们才会产生这样的认识。

2. 运输是社会物质生产的必要条件之一

运输是国民经济的基础和先行条件。马克思之所以将运输称为“第四个物质生产部门”，是因为他将运输看成是生产过程的继续，这个继续虽然以生产过程为前提，但如果没有它，生产过程则不能完成。虽然运输的这种生产活动和一般生产活动不同（它不创造新的物质产品，不增加社会产品数量，不赋予产品以新的使用价值，而只变动其所在的空间位置），但这一变动能使生产继续下去，使社会再生产不断推进，所以将其看成一种物质生产部门。运输作为社会物质生产的必要条件，表现在以下两方面：

（1）在生产过程中，运输是生产的直接组成部分，没有运输，生产内部的各环节就无法联结。

（2）在社会活动中，运输是生产过程的继续，它联结着生产与再生产、生产与消费的各个环节，联结着国民经济各部门、各企业，联结着城镇与乡村，联结着不同国家和地区。

3. 运输可以创造场所效用

场所效用的含义是，同种“物”由于空间场所不同，其使用价值的实现程度不同，其效益的实现程度也不同。由于改变场所而最大限度地发挥使用价值，最大限度地提高产出投入比，这就称为场所效用。通过运输，将“物”运到场所效用最高的地方，就能发挥“物”的潜力，实现资源的优化配置。从这个意义上来讲，相当于通过运输提高了物的使用价值。

4. 运输是“第三利润源”的主要源泉

（1）运输是运动中的活动，它和静止的保管不同，要靠大量的动力消耗才能实现，而运输又承担了大跨度空间转移的任务，所以活动的时间长、距离长、消耗也大。消耗的绝对数量大，则节约的潜力也就大。

（2）从费用来看，运费在全部物流费用中占最高的比例。一般综合计算社会物流费用时，运费占比接近50%，有些产品的运费甚至高于生产费。所以运输节约的潜力是很大的。

（3）由于运输的总里程长，运输总量巨大，通过体制改革和运输合理化可大大减小运输吨公里数，从而获得比较大的节约。

（二）运输的特点

（1）运输是在产品的流通领域内进行的，是生产过程在流通过程中的继续。

（2）运输不会生产出任何新的有形产品，但它改变了产品的位置，因此，运输的产品就是“位移”。

（3）运输使投入流通领域的产品发生位置移动，从而将生产过程和消费过程联结起来，使产品的使用价值得以实现。

（4）在运输费用中，没有原料费用，固定资产（运输设备）的折旧和工资是运输的主要费用。运输的流动资产则主要包括燃料和辅助材料，不包括原料和成品。

（5）运输产品由于具有特殊性，既不能存入仓库，也不能进行积累，因此只能储备一定的生产能力，即运输能力。

（三）运输的功能

运输是物流作业中最直观的要素之一，运输包括生产领域的运输和流通领域的运输，生产领域内的运输称为搬运，小宗货物从物流网点到用户的短途、末端运输称为配送。无论在哪个领域，运输都可以提供产品转移功能和产品储存功能。

1. 产品转移功能

运输的主要功能是使产品在价值链中来回移动，即通过改变产品的地点与位置，消除产品的生产与消费之间的空间位置上的背离，或将产品从效用价值低的地方转移到效用价值高的地方，创造出产品的空间效用。无论产品是材料、零部件、装配件、在制品还是制成品也无论是将产品制造过程中转移到下一阶段，还是使其更接近最终的顾客，运输都是必不可少的。

2. 产品储存功能

对产品进行临时储存是运输的另一个功能。当转移中的产品需要储存，且在短时间内又将重新转移，而卸货和装货的成本费用超过储存在运输工具中的费用时，可将运输车辆作为暂时的储存场所。

通常，下列两种情况需要将运输工具作为临时储存场所：一是货物处于转移过程中，运输的目的地发生了改变，这时，运输产品装运在运输工具上，产品需要临时储存，改道运输则是产品临时储存的一种情况；二是由于起始地或目的地的仓库储存能力有限，将货物装上运输工具，采用迂回线路运往目的地，也是利用运输工具作为临时储存场所的一种情况。

当然，用运输工具储存货物的成本可能较高，但如果综合考虑总成本，包括运输途中的装卸成本、储存能力的限制、装卸的损耗或延长的时间等，那么选择运输工具作为临时储存场所往往是合理的，有时甚至是必要的。

三、运输与物流运输的区别

我国原国家质量技术监督局（现为国家质量监督检验检疫总局）于2006年12月发布的国家标准《物流术语》（GB/T 18354—2006）将运输定义为“用专用运输设备，将物品从一地点向另一地点运送。其中包括集货、分配、搬运、中转、装入、卸下、分散等一系列操作”，将物流定义为“物品从供应地向接收地的实体流动过程。根据实际需要，将运输、储存、装卸、搬运、包装、流通加工，配送、信息处理等基本功能实施有机结合”。可见，运输是物流的一个环节或一项基本功能。运输与物流运输的区别有以下两方面：

1. 运输对象不同

物流运输以物为运输对象，普通运输还包含人的运输。

2. 工作范围不同

普通运输一般指流通领域，而物流运输也包含生产领域。普通运输与物流运输的区别与联系如图1-1所示。

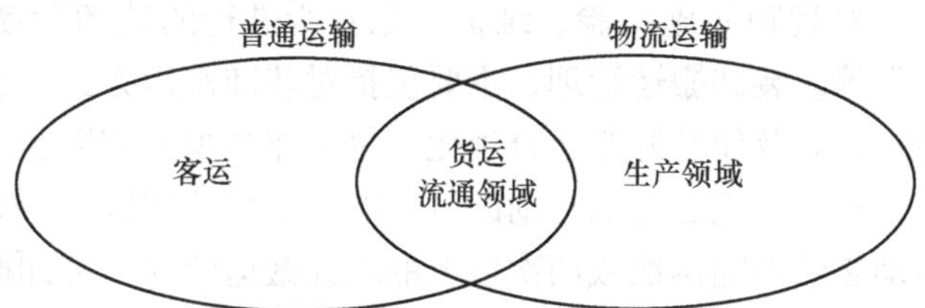

图1-1 普通运输与物流运输区别与联系图

四、运输与其他物流环节的关系

运输与物流之间的关系是系统要素和系统整体之间的关系。物流是一个由运输、储存、装卸、搬运、包装、配送、流通加工、信息处理等功能要素组成的系统。运输是物流系统中重要的功能要素。虽然运输的作用巨大，但其作用的发挥还要依赖于物流活动中其他环节的配合，因此，只有掌握运输与其他物流活动之间的关系，通过各种物流活动的相互支持才能充分发挥运输的作用。

1. 运输与仓储的关系

运输和仓储是物流活动中作用可以相互补充的两个重要环节。运输对仓储活动有重要的影响，仓储只是货物的暂时停止状态，其最终目的是将货物分拨到合适的地点，而运输便起着这样的作用。高效的运输分拨系统可以降低库存量、提高库存周转率；仓储活动是运输过程的调节手段，如巨型货轮停靠在港口时，货物不可能及时地分拨到需求地点，因此需要仓储活动对运输进行调解，以使巨型货轮能够及时离开港口。在所有物流活动中，运输和仓储的关联性最强。在生产型企业中，存在着零库存的概念，它是指商品在生产、流通、销售等经营环节中，在提高资本增值率、降低积压风险的前提下，少量存储于仓库中，大部分处于周转状态的一种库存方式。这种库存方式就是要把仓储的作用降到最低，当然，这样的话，物流对运输的要求就相对较高了。其实，无论什么样的生产模式，离开仓储和运输中的任何一个环节都是不可行的，仓储和运输所占的比例和起到的作用也许会随着生产模式的不同而变化，但是运输和仓储始终是物流最重要的两个相互紧密联系的环节。

2. 运输与包装的关系

运输与包装之间是一种相互影响的关系。货物的包装程度、包装的规格和尺寸都会影响运输方式以及同一种运输方式对运输工具的选择。包装具有保护货物安全、方便储运装卸、加速交接和检验等作用。合理的包装可以在运输过程中起到保护产品的作用，有利于减少运输中货损的发生。因为在运输过程中会不可避免地有冲击、振动和压力的产生。首先，汽车、火车等运输工具的起动、变速、转向、刹车会使货物受到冲击；运输工具因路面状况、路轨接缝、水面风浪、气流强度等因素会产生周期性的颠簸和摇晃；若货物堆码松散，没有整体固定，则易与车厢或相邻货物发生碰撞。其次，堆码放置可提高运输工具的空间利用率，但是如果堆码方式不同，包装件的稳定性则差别显著（最底层的包装件所承受的压力最大），这就会造成加大货损率、影响运输速度等不利影响。要减少这些运输中存在的不利影响，就要合理地利用包装技术保护货物，保障运输的顺利进行。

3. 运输与装卸搬运的关系

装卸搬运是伴随运输和仓储产生的必要物流活动，是衔接各种物流活动的中间环节。它包括在仓储等活动中，对货物实施检验、维护、保养所进行的装卸活动，如货物的装上卸下、移送、拣选、分类等。装卸搬运管理，主要包括对装卸搬运方式、装卸搬运机械设备的选择和合理配置与使用，以及使装卸搬运合理化，尽可能减少装卸搬运次数，以节约物流费用，获得较好的经济效益。在完成运输活动的过程中，必然伴随装卸搬运活动。在一般情况下，完成一次运输活动必然伴随两次或两次以上的装卸搬运活动。装卸搬运活动的质量直接影响着运输活动，车辆装卸是否合理将直接影响运输过程的顺利程度。同样，装卸搬运是实现各种运输方式的有效衔接环节，特别是在多式联运的情况下，装卸搬运起着重要的作用，装卸搬运的效率直接影响着整个运输过程的效率。

4. 运输与配送的关系

通过运输以及配送将货物送达最终用户，物流活动才算完成。运输是两点之间货物的输送，而配送是指一点对多点的货物运输过程。可以说，所有物品的移动都是运输，而配送则专指短距离、小批量的运输。因此，运输的对象是整体，而配送的对象则是其中的一部分。

运输包括供应及销售物流中的陆运、水运、空运等方式的运输，以及生产物流中的管道、传送带等方式的运输。配送是物流进入的最终阶段，是以配货、送货形式完成社会物流并最终实现资源配置的活动。配送活动一直被看成是运输活动的一个组成部分，是一种运输形式。所以，在过去，它未被看成物流系统实现的功能，也未被看成是独立的功能要素，只是被当做运输中的末端运输来对待。但是，作为一种现代流通方式，配送集经营、服务、社会集中库存、分拣、装卸搬运于一身，它的内容已不是单一的一种送货运输能包含的，因此配送应被视为独立的功能要素。

综上所述，现代物流是对商品的生产时间、地点、库存量、库存时间、存储方式、运输时间、运输地点、运输方式进行合理的规划和管理，旨在实现在准确的时间地点，以准确的价格和准确的交货条件，向货主交付准确的货物，以最低的成本使用户满意的过程。在这个过程中，运输可以克服产品的生产与需求之间存在的时间和空间上的差异，起着十分重要的作用。但我们重视运输的同时，更要重视运输与物流其他环节之间的关系，只有如此，才能实现物流系统总体效益最大化。

第二节　物流运输方式

【基础知识】

一、运输的种类

运输分类的方法很多，通常可按运输线路、运输作用、运输的协作程度、运输地域、运输工具和运输设备来对运输进行划分。

（一）按运输线路的性质划分

按照运输线路性质的不同可将运输划分为干线运输、支线运输、二次运输和厂内运输。

1. 干线运输

干线运输是指利用铁路、公路的干线，大型船舶的固定航线进行的长距离、大批量的运输，是进行远距离空间位置转移的重要运输形式。

2. 支线运输

支线运输是相对于干线运输来说的，是在干线运输的基础上，对干线运输起辅助作用的运输形式。

3. 二次运输

二次运输是指经过干线运输与支线运输到站的货物，还需要再从车站运至仓库、工厂或集贸市场等指定交货地点的运输。

4. 厂内运输

厂内运输又称为工业运输，是指工厂企业内部在生产过程中所进行的运输，是工厂企业整个生产活动的重要组成部分。

（二）按运输作用划分

按运输作用的不同可将运输划分为集货运输和配送运输。

1. 集货运输

集货运输是指将分散的货物集聚起来以便进行集中运输的一种运输方式。因为货物集中后才能利用干线进行大批量、长距离的运输，所以，集货运输是干线大规模运输的一种补充性运输，多是短距离、小批量的运输。

2. 配送运输

配送运输是指将节点中已按用户要求配装好的货物分送到各个用户处的运输方式。这种运输一般发生在干线运输之后，是干线运输的补充和完善，而且由于其发生在物流运输的末端，所以多是短距离、小批量的运输。

（三）按运输的协作程度划分

按运输协作程度的不同可将运输划分为一般运输、联合运输和多式联运。

1. 一般运输

所谓一般运输，是指孤立地采用不同运输工具或同类运输工具而没有形成有机的协作关系的运输方式，如单纯的汽车运输、火车运输等。

2. 联合运输

所谓联合运输，是指使用同一运输凭证，由不同的运输方式、不同的运输企业进行有机的衔接来接运货物，利用各种运输手段的优势，发挥不同运输工具的效率的一种运输方式。联合运输的方式有铁海联运、公铁联运和公海联运等。进行联合运输不仅可以简化托运手续、加快运输速度，而且可以节约运费。

3. 多式联运

所谓多式联运，是指根据实际要求，将不同的运输方式组合成综合性的一体化运输，通过一次托运、一次计费、一张单证、一次保险，由各运输区段的承运人共同完成货物的运输全过程，即将全过程运输作为一个完整的单一运输过程来安排的一种运输方式。多式联运是联合运输的一种现代形式，通常在国内大范围物流和国际物流领域中广泛使用。

（四）按运输地域划分

按运输地域的不同可将运输分为国内货物运输和国际货物运输。国际货物运输可分为贸易物资运输和非贸易物资运输，非贸易物资主要包括行李、办公用品、援外物资和展览品等。

1. 国内货物运输

国内货物运输是指运输地域范围仅限于国内地区之间的运输。

2. 国际货物运输

国际货物运输是指在国家与国家、国家与地区之间的运输。由于国际货物运输中的非贸易物资运输往往只是贸易物资运输部门的附带业务，所以，国际货物运输通常被称为国际贸易运输，对一国来说，国际货物运输就是对外贸易运输，简称外贸运输。

国际货物运输与国内货物运输相比，有如下特点：①由于涉及国际关系问题，所以国际货物运输是一项政策性很强的涉外活动；②国际货物运输是中间环节很多的长途运输；③国际货物运输涉及面广，情况复杂多变；④国际市场竞争激烈，不仅要求商品质量好，而且要求适时供应市场，所以国际货物运输的时间性较强；⑤国际货物运输因其距离长、环节多、涉及面广，情况复杂多变，所以还有风险较大的特点。

（五）按运输工具及运输设备划分

按运输工具及运输设备的不同，可将运输划分为公路运输、铁路运输、水路运输、航空运输和管道运输五种主要方式。

1. 公路运输

公路运输是指主要使用汽车，也使用其他运输工具（如人、畜力车）在公路上进行客货运输的一种方式。它是构成陆上运输的两种基本运输方式之一，它不仅可以直接运输货物，而且是车站、港口和机场集散货物的重要运输手段。

2. 铁路运输

铁路运输是把车辆组成列车载运货物的另一种陆上运输方式，是现代最重要的货物运输方式之一。铁路运输主要承担大批量、长距离的长途货运，是我国重要的运输方式之一。

3. 水路运输

水路运输是使用船舶及其他航运工具载运货物的一种运输方式。水路运输可分为以下四种形式：

（1）沿海运输：使用船舶通过陆地附近沿海航道运送货物的一种运输方式，一般使用中、小型船舶。

（2）近海运输：使用船舶通过陆地邻近国家海上航道运送货物的一种运输形式，依航程远近可使用中型船舶，也可使用小型船舶。

（3）远洋运输：使用船舶进行的跨大洋的长途运输，主要使用运量大的大型船舶。

（4）内河运输：使用船舶在陆地内的江、河、湖、川等水道进行运输的一种方式，主要使用中、小型船舶。

4. 航空运输

航空运输是使用飞机或其他航空器进行货物运输的一种形式。

5. 管道运输

管道运输是利用管道输送气体、液体和粉状固体的一种运输方式。

二、运输方式的特点

运输方式表现为不同的运输工具和相关的要素设施或其组合所形成的运输体系。运输方式从原始的手提肩扛、牲畜驮运发展到今天现代化的公路运输、铁路运输、水路运输、航空运输和管道运输五种主要方式。各种运输方式都有其自身的特点，并且分别适于运输不同距离、不同形式、不同运费负担能力和不同时间需求的物品。

（一）公路运输

公路运输具有以下特点：

1. 机动灵活，适应性强

由于公路运输网一般比铁路运输网、水路运输网的密度要大十几倍，分布面也广，因此公路运输车辆可以“无处不到、无时不有”。公路运输在时间方面的机动性也比较大，车辆可随时调度、装运，各环节之间的衔接时间较短。尤其是公路运输对不同的货运量具有很强的适应性，汽车的载重吨位有小（0.25～1t）有大（200～300t），既可以由单个车辆独立运输，也可以由若干车辆组成车队同时运输，这一点对抢险救灾工作和军事运输具有特别重要的意义。

2. 可实现“门到门”直达运输

由于汽车体积较小，中途一般也不需要换装，除了可沿分布较广的公路网运行外，还可离开公路网深入到工厂企业、农村田间、城市居民住宅等地，即可以把货物从始发地门口直接运送到目的地门口，实现“门到门”直达运输，这是公路运输所具有的其他运输方式无法比拟的特点之一。

3. 原始投资少，资金周转快

公路运输与其他运输方式相比，所需固定设施简单，车辆购置费用一般也比较低，因此，公路运输的投资兴办较容易，投资回收期较短。有关资料表明，在正常经营的情况下，公路运输的投资每年可周转一至三次，而铁路运输则需要三至四年才能周转一次。

4. 运量较小，运输成本较高

每辆普通载重汽车每次一般只能运送几吨、十几吨货物，比火车、轮船运送的少得多。

由于汽车载重量小，行驶阻力比铁路大 9～14 倍，所消耗的燃料又是价格较高的液态汽油或柴油，因此，除了航空运输，就属汽车运输成本高了。

5. 安全性较低，环境污染较大

据统计，自汽车诞生以来，已有 3000 多万人死于车祸，特别是自 20 世纪 90 年代以来，死于汽车交通事故的人数急剧增加，平均每年达 50 多万。这个数字超过了艾滋病、战争和结核病每年所造成的死亡人数。汽车排出的尾气和引起的噪声也严重威胁着人类的健康，是大城市环境污染的最大污染源之一。

综上所述，公路运输较适宜在山区及偏僻地区进行货物运输或在远离铁路的区域从事干线运输，尤其适于在内陆地区进行近距离的独立运输，以及补充和衔接其他运输方式。尽管其他运输方式各有其特点，但或多或少都要依赖公路运输来完成两端的运输衔接任务。

（二）铁路运输

铁路运输具有以下特点：

1. 准确性和连续性强

铁路运输过程受自然条件的限制较小，一年四季可以不分昼夜地进行定期的、有规律的、准确的运转，运行比较平稳，安全可靠。

2. 速度比较快

铁路运输的速度每昼夜可达几百 km，一般货车可达 100km/h 左右，远远高于水路运输。

3. 运输能力大

一般一列货车可装 2000～5000t 货物，重载列车可装多于 20000t 货物；单线单向年最大货物运输能力达 1800 万 t，复线达 5500 万 t；运行组织较好的国家，单线单向年最大货物运输能力达 4000 万 t，复线单向年最大货物运输能力超过 1 亿 t，远远高于航空运输和汽车运输。

4. 运输成本较低，能耗低，对环境污染小

铁路运输费用仅为汽车运输费用的几分之一至十几分之一，运输耗油量约是汽车运输的 1/20。就能源消耗而言，每千吨千米耗标准燃料为汽车运输的 1/11～1/15，为航空运输的 1/174，每万吨千米耗油量仅为汽车运输的 1/20。从污染程度来看，铁路运输对环境污染小，尤其是电气化铁路的污染更小。

5. 初期投资大，建设周期长

铁路运输需要占用土地来铺设轨道、建造桥梁和隧道，还需要消耗大量的钢材、木材，建路工程艰巨、复杂，其初期投资大大超过其他运输方式。建设一条铁路干线需要耗时 5～10 年，而且占地太多，随着人口的增长，会给社会增加更重的负担。

综上所述，铁路运输适合在内陆地区运送中长距离、大运量、时间长、可靠性高的一般货物和特种货物。从投资效果来看，在运输量比较大的地区之间建设铁路比较合理。在没有水运条件的地区，几乎所有大批量货物都依靠铁路来进行运送。由于铁路运输途中作业需要一定的时间，可能会出现货物滞留时间长的情况，因此，一般不适于紧急运输。

（三）水路运输

水路运输具有以下特点：

1. 运输量大，通过能力强

在五种运输方式中，水路运输能力最大。随着造船技术的日益提高，船舶朝着大型化发展，巨型客轮的载重量已超过8万t，巨型油轮的载重量超过60万t，就是一般的杂货轮船载量也多在五六万t以上。

2. 对运输对象适应性强

船舶的体积大，空间也大，既可以运客，也可以运货，尤其适于大件货物及大型笨重货物的运输，其他运输方式无法承载的货物都可以通过船舶运输。随着船舶建造的专业程度加大，水路运输对货物的适应性也在逐步增强。

3. 运费低廉

海上运输所通过的航道均系天然形成，港口设施一般为政府修建，不像公路运输或铁路运输那样需大量投资用于修筑公路或铁路。加之船舶载运量大、使用时间长、运输里程远，与其他运输方式相比，海运的单位运输成本较低，约为铁路运费的1/5、公路运费的1/10、航空运费的1/30。

4. 速度较慢

货船体积大，水流阻力高，风力影响大，因此速度较慢，一般为10～20n mile/h，最新集装箱船的航速为35n mile/h，比铁路运输和公路运输要慢得多。

5. 受自然条件的限制和影响大

航船在水域中航行，会受海洋与河流的地理分布及其地质、地貌、水文与气象等条件和因素的明显制约与影响，因此遇险的可能性也大。水运航线无法在广大陆地上任意延伸，所以水路运输要与铁路运输、公路运输和管道运输相配合，并实行联运。

综上所述，水路运输适于运距长、运量大、时效性要求不太高的各种大宗货物的运输，特别适于集装箱运输，以及国际贸易运输，对于矿石、煤炭、石油和粮食等散货的运输也较为适合。海上远洋运输是我国对外贸易的最主要运输方式，我国有80%以上的对外贸易都是通过海上远洋运输实现的，海上远洋运输是发展国际贸易的强大支柱。

（四）航空运输

航空运输具有以下特点：

1. 运送速度快

从航空业诞生之日起，航空运输就以快速而著称。到目前为止，飞机仍然是最快捷的交通工具，常见的喷气式飞机的速度大都在850～900km/h。快捷的交通工具大大缩短了货物在途时间，对于那些易腐烂变质的鲜活物品，时效性、季节性强的报刊及商品，抢险、救急品的运输，这一特点显得尤为突出和重要。

运送速度快，在途时间短，也使得货物在途风险降低，因此许多贵重物品、精密仪器也往往采用航空运输。当今国际市场竞争激烈，航空运输所提供的快捷服务也使得供货商可以对国外市场瞬息万变的行情即刻作出反应，迅速推出适销产品占领市场，获得较好的经济效益。

2. 不受地面条件影响，深入内陆地区

航空运输利用天空这一自然通道，不受地理条件的限制，对于地面条件恶劣、交通不便的内陆地区非常合适，有利于当地资源的出口，促进当地经济的发展。航空运输使本地与世界相连，对外的辐射面广，而且航空运输相比公路运输与铁路运输占用土地少，对寸土寸金、地域狭小的地区发展对外交通无疑是十分合适的。

3. 安全准确

与其他运输方式相比，航空运输的安全性较高，事故率约为三百万分之一。航空公司的运输管理制度也比较完善，货物的破损率较低，如果采用空运集装箱的方式运送货物，则更为安全。

4. 节约包装、保险、利息等费用

由于采用航空运输方式，货物在途时间短，周转速度快，企业存货可以相应地减少。一方面有利于资金的回收，减少利息支出，另一方面也可以降低企业仓储费用。又由于航空货物运输安全、准确，货损、货差少，保险费用较低，与其他运输方式相比，航空运输的包装简单，包装成本低。这些都有利于企业隐性成本的下降、收益的增加。

5. 运输能力较小，费用较高，不适合低价值货物

航空运载工具——飞机的舱容有限，一般只有几吨或十几吨，对大件货物或大批量货物的运输有一定的限制，因此，航空运输每吨千米的成本是公路运输的 7 倍，是铁路运输的 18.6 倍，是水路运输的 146 倍。

航空运输的主要缺点是飞机机舱的容积和载重量都比较小，运载成本和运价比地面运输高。飞机飞行往往要受气象条件的限制，因而会影响其正常性和准点性。此外，航空运输速度快的优点在短途运输中难以显示。

但总的来讲，随着新兴技术更为广泛的应用，产品更趋于薄、轻、短、小和高价值，管理者更重视运输的及时性、可靠性，相信这将会给航空运输的发展带来广阔的前景。

综上所述，航空运输比较适于运输那些体积小、价值高的贵重物品，以及时效性强的鲜活、易腐和季节性强的特殊物品。

（五）管道运输

管道运输具有以下特点：

1. 运量大

一条输油管线可以源源不断地完成输送任务，管径是决定输送能力和大小的重要因素之一。当前世界口径最大的输油管道直径达 1m 以上，此类管道每年的运输量可达数百万吨至几千万吨，甚至超过亿吨。

2. 占地少

运输管道通常埋于地下，其占用的土地很少。运输系统的建设实践证明，运输管道埋藏于地下的部分占管道总长度的 95% 以上，因而对于土地的永久性占用很少，分别为公路的 3% 和铁路的 10% 左右。在交通运输规划系统中，优先考虑管道运输方案对于节约土地资源意义重大。

3. 建设周期短、投资少、管理方便

国内外交通运输系统建设的大量实践证明，管道运输系统的建设周期与相同运量的铁路建设周期相比，一般来说要短 1/3 以上。建设一条年运输能力为 1500 万 t 煤的铁路，需投资 8.6 亿美元，而建设一条年运输能力为 4500 万 t 煤的输送管道只需 1.6 亿美元，所需管理人员也只有铁路运输的 1/7。例如，我国建设大庆至秦皇岛全长 1152km 的输油管道，仅用了 23 个月，而若要建设一条同样运输量的铁路，至少需要 3 年。

4. 安全可靠

由于石油和天然气易燃、易爆、易挥发、易泄漏，因此采用埋于地下的管道运输既安全，又可以大大减少挥发损耗，避免了由于泄漏导致的对空气、水和土壤的污染。另外，在管道运输过程中不排放废气粉尘，不产生噪声，减少了环境污染，可以说管道运输较好地满足了运输工程的绿色化要求。

5. 成本低、效益好、连续性强

发达国家采用管道运输石油，每吨千米的能耗不足铁路运输的1/7，大量运输的运输成本与水路运输接近，因此在无水条件下，采用管道运输是一种最为节能的运输方式。管道运输是一种连续工程，运输系统不存在空载行程，可以实现运输系统长期稳定地24h不间断地运输，效率较高。理论分析和实践经验已证明，管道口径越大，运输距离越远，运输量越大，运输成本就越低。以运输石油为例，管道运输、水路运输、铁路运输的运输成本之比为1:1:1.7。

6. 灵活性差

管道运输不如其他运输方式灵活，除承运的货物比较单一外，也不易随便扩展管线，实现“门到门”的运输服务。对一般用户来说，管道运输常常要与铁路运输、公路运输或水路运输相互配合才能完成全程输送。此外，在运输量明显不足时，运输成本会显著地增大。

综上所述，管道运输适宜运输单向、定点、量大的流体状货物，这类货物以油气为主。另外，在管道中运输固态货物（如粮食、砂石、邮件等）也有良好的发展前景。

第三节　物流运输系统及构成要素

【基础知识】

一、物流运输系统

物流运输系统就是在一定的时间和一定的空间内，由运输过程所需的基础设施、运输工具和运输参与者等若干动态要素相互作用、相互依赖和相互制约所构成的具有特定运输功能的有机整体，该系统同时也是物流系统中的核心子系统。运输系统的构成要素包括基础设施、运输工具和运输参与者。

二、基础设施

1. 运输线路

运输线路是供运输工具定向移动的通道，也是运输赖以运行的基础设施之一，是构成运输系统最重要的要素。在现代运输系统中，主要的运输线路有公路、铁路、航线和管道。其中，铁路和公路为陆上运输线路，它们除了引导运输工具定向行驶外，还需承受运输工具、货物或人的重量；航线包括水运航线和空运航线，主要起到引导运输工具定位定向行驶的作用，运输工具、货物或人的重量由水或空气的浮力支撑；管道是一种相对特殊的运输线路，由于其严密的封闭性，所以既充当了运输工具，又起到了引导货物流动的作用。

2. 运输节点

运输节点是指以连接不同运输方式为主要职能，处于运输线路上的承担货物集散、运输业务办理、运输工具保养和维修的基地与场所。运输节点是物流节点中的一种类型，属于转运型节点。公路运输线路上的停车场（库）、货运站，铁道运输线路上的中间站、编组站、区段站、货运站，水运线路上的港口、码头，空运线路上的空港，管道运输线路上的管道站等都属于运输节点的范畴。

在物流网络中，运输节点对优化整个物流网络起到至关重要的作用。运输节点除了具有一般的运输职能外，还具有指挥调度、信息处理等管理职能，是整个运输网络的灵魂，因此，运输节点也被称为运输枢纽。一般而言，由于运输节点处于运输线路上，又以转运为主，所以货物在运输节点上停滞的时间较短。

三、运输工具

运输工具是指在运输线路上用于装载货物并使其发生位移的各种设备和装置，它们是保证运输能够正常进行的基础设备，也是运输得以完成的主要手段。

运输工具根据从事运送活动的独立程度可以分为以下三类：

（1）没有装载货物的容器，只提供原动力的运输工具，如铁路机车、拖船、牵引车等。

（2）没有原动力，只有货物容器的从动运输工具，如机车车辆、挂车、驳船等。

（3）既有装载货物的容器，又有原动力的独立运输工具，如轮船、汽车、飞机等。

四、运输参与者

运输活动的主体是运输参与者，运输活动作用的对象（运输活动的客体）是货物。货物的所有者是物主或货主。运输必须由物主和运输参与者共同参与才能进行。

1. 物主

物主包括托运人（或称委托人）和收货人，有时托运人与收货人是同一主体，有时不是同一主体。

2. 承运人

承运人是指运输活动的承担者，他们可能是铁路货运公司、航运公司、民航货运公司、储运公司、物流公司或个体运输业者，等等。承运人是受托运人或收货人的委托，按委托人的意愿以最低的成本完成委托人委托的运输任务，同时获得运输收入。承运人根据委托人的要求或在不影响委托人要求的前提下合理地组织运输和配送，包括选择运输方式、确定运输线路、进行货物配载等。

3. 货运代理人

货运代理人是根据用户的指示，为获得代理费用而招揽货物、组织运输的人员，其本人不是承运人。他们负责把来自各用户的小批量货物合理组织起来，以大批量装载，然后交由承运人进行运输。待货物到达目的地后，货运代理人再把该大批量装载拆分成原先较小的装运量，送往收货人。货运代理人的主要优势在于大批量装载可以实现较低的费率，并从中获取利润。

4. 运输经纪人

运输经纪人是替托运人、收货人和承运人协调运输安排的中间商，其协调的内容包括装运装载、费率谈判、结账和货物跟踪管理等。

第四节　物流运输市场

【基础知识】

一、物流运输市场的概念及构成要素

（一）物流运输市场的概念

物流运输市场是物流运输供给者和物流运输需求者之间进行物流运输交易的场所和领域，体现物流运输供需双方的经济关系。物流运输市场包含以下内容：

（1）物流运输市场是物流运输产品交换的场所。

（2）物流运输市场是物流运输产品供求关系的总和。

（3）物流运输市场是在一定条件下对运输产品或服务的需求。

（二）物流运输市场的构成要素

1. 物流运输的需求方

物流运输的需求方包括各种经济成分的货物运输需求单位和个人。

2. 物流运输的供给方

物流运输的供给方包括提供货物运输服务的各种运输方式的运输业者，在我国有部属运输企业、地方国有运输企业、集体运输企业、外资运输企业、个体运输户等，有时供给方还包括运输业者的行业协会、公会或类似组织。

3. 物流运输的中介方

物流运输的中介方包括在运输需求和供给双方之间穿针引线，提供服务的各种客货代理企业、经纪人和信息服务公司等。

4. 政府方

物流运输的政府方包括政府代表国家即一般公众利益对物流运输市场进行调控的工商、财政、税务、物价、金融、公安、监理、城建、标准、仲裁等机构和各级交通运输管理部门。在物流运输市场系统中，需求方、供给方、中介方三个要素直接从事货物运输活动，属于行为主体。

二、物流运输市场的功能

物流运输市场是一个典型的服务市场。物流运输企业主要为社会提供没有实物形态的运输服务。其功能体现在以下几个方面：

1. 物流运输市场是联系物流需求与物流供给的桥梁和纽带

在市场经济体制下，运输资源的配置越来越依靠市场机制的作用来实现，物流运输市场联系供求的桥梁和纽带作用越来越重要，因为它能够灵敏地反映国民经济和社会发展所提出的物流运输需求，较好地解决物流需求和供给之间的矛盾，有利于保持物流运输供给与物流运输需求之间的相对平衡。

2. 物流运输市场可为物流运输各方参与者提供运输供求信息

由于物流运输市场是进行运输服务交换的场所，运输供给方与运输需求方都要在这里会面，所有关于供求方面的信息都可以从这里得到。物流运输市场提供的信息是双向的，一方

面它将需求方面的信息提供给从事运输生产、提供运输服务的运输企业和个人，使他们能够根据来自需求方面的信息决定自己的经营方向，确定自己的生产规模，提供相应的运输服务，满足市场的需求；另一方面它也将来自供给方的信息提供给运输需求者即货主，使他们能够根据自身的需求状况选择相应的运输生产者，从而使他们以尽可能小的支出得到最大限度的满足。物流运输市场所提供的信息，同时也为运输市场管理者及国家运输管理机构进行宏观决策提供了可靠的依据，市场管理者和国家运输管理机构可以根据来自物流运输市场的各种信息了解运输市场的运行状况，以便采取相应的手段、制定相应的政策，做好运输市场的管理工作，进行强有力的宏观调控。

3. 物流运输市场能够促进运输企业提高服务水平

随着我国计划经济向市场经济的转轨，民营运输企业纷纷进入物流运输市场，物流运输市场成为所有运输企业平等竞争的场所，无论是国有企业、集体企业，还是个体、私营运输业主，谁的基本素质好、经营管理水平高，谁能够为用户提供周到满意的服务、得到用户的认可，谁就会在平等的市场竞争中占有较高的市场份额，取得良好的经济效益。物流运输企业越来越面临着市场的考验。物流运输市场是检验企业自身素质和经营管理水平的场所，物流运输市场优胜劣汰的机制可以培养传统运输企业进行自主经营的能力，使它们在市场竞争中接受锻炼和考验，不断提高物流服务与管理水平，成为自主经营、自负盈亏、自我发展、自我约束的经营者。

三、物流运输市场的分类

物流运输市场按照不同的分类方法，可将物流运输市场分成不同的类型。

（1）按运输方式的不同，可将物流运输市场分为铁路运输市场、公路运输市场、航空运输市场、海洋运输市场、内河运输市场和管道运输市场等。

（2）按运输距离的远近，可将物流运输市场分为短途运输市场、中途运输市场和长途运输市场等；按空间范围的不同，可将物流运输市场分为地方运输市场、跨区运输市场和国际运输市场等。

（3）按营运方式的不同，可将物流运输市场分为整车运输市场、零担运输市场、集装箱运输市场等。每一种营运方式的运输市场都有其独特的经济特征。

（4）按运输市场客体结构的不同，可将物流运输市场分为基本市场和相关市场。基本市场分为客运市场和货运市场；相关市场分为运输设备租赁市场、运输设备修造市场、运输设备拆卸市场等。

货运市场也可以按照运输条件分为一般货物运输市场和特种货物运输市场。一般货物运输市场可分为干货运输市场、散货运输市场、杂货运输市场、集装箱运输市场。散货运输市场又可细分为煤炭运输市场、粮食运输市场、钢铁运输市场、油品运输市场等。特种货物运输市场可分为大件运输市场、危险货物运输市场、冷藏运输市场、搬家运输市场等。

（5）按运输市场竞争性的不同，可将物流运输市场分为垄断运输市场、竞争运输市场和垄断竞争运输市场以及寡头垄断运输市场等。这种分类是针对特定时间和特定地点等条件而言的，例如有的运输企业在一些地区是垄断的，在另外一些地区则可能是竞争的。

（6）按时间要求的不同，可将物流运输市场分为定期运输市场、不定期运输市场、快捷运输市场等。

第五节　物流合理化运输

【基础知识】

一、物流合理化运输

（一）物流合理化运输的概念

物流合理化运输就是在保证物资流向合理的前提下，在整个运输过程中，确保运输质量，以适宜的运输工具、最少的运输环节、最佳的运输线路、最低的运输费用使物资运至目的地的运输。

（二）物流合理化运输的影响因素

物流合理化运输的影响因素很多，起决定性作用的有以下五个因素，从这五方面考虑物流运输合理化，可以取得预想效果。

1. 运输距离

在运输过程中，运输的时间、运输的货损率、运费、车辆或船舶周转等运输的若干技术经济指标，都与运输距离有一定比例关系，运距长短是运输合理与否的最基本因素。因此，缩短运输距离是保障运输合理化的基本要求。

2. 运输环节

每增加一次运输，不但会增加运输费用，而且还要增加装卸、包装等运输的附属活动带来的费用。因此，减少运输环节，尤其是同类运输工具的环节，能对合理化运输起到有效的促进作用。

3. 运输工具

各种运输工具都有各自的优势，对运输工具进行优化选择，按运输工具的特点进行装卸运输作业，最大限度地发挥所用运输工具的作用，是物流运输合理化的重要环节。

4. 运输时间

运输在物流过程中需要花费大量时间，尤其是远程运输，在全部物流时间中，运输时间占绝大部分。运输时间短有利于运输工具的加速周转，充分发挥运力的作用，提高运输线路的通过能力。所以，运输时间的缩短对整个流通时间的缩短有决定性作用，对物流运输合理化具有促进作用。

5. 运输费用

运输是物流功能中的重要环节之一，运费在全部物流费用中占很大比例，运费的高低，在很大程度上决定了整个物流系统的竞争能力，也是各种合理化实施是否行之有效的最终判断依据之一。因此，降低运输费用，是运输合理化的一个重要目标。

（三）物流合理化运输的意义

（1）物流合理化运输可以充分利用运输能力，提高运输效率，促进各种运输方式的合理分工，以最小的社会运输劳动消耗，及时满足国民经济的运输需要。

（2）物流合理化运输可以使货物走最合理的路线、经最少的环节、以最快的时间、取最短的里程到达目的地，从而加速货物流通，这样既可以及时供应市场，又可以减少物资部门的流通费用，加速资金周转，减少货损货差，取得良好的社会效益和经济效益。

(3) 物流合理化运输可以消除运输中的种种浪费现象，提高商品运输质量，充分发挥运输工具的效能，节约运力和劳动力。否则，运输不合理将造成人力、物力、财力的浪费，并使这些费用相应地转移和追加到产品中去，人为地加大了产品的价值量，提高了产品价格，从而加重需求方的负担。

二、物流不合理运输

(一) 物流不合理运输的概念

物流不合理运输是针对合理运输而言的。不合理运输是指违反客观经济效果，违反商品合理流向和各种动力的合理分工，不充分利用运输工具的装载能力的运输。环节过多的运输是导致运力紧张、流通不畅和运费增加的主要原因。

(二) 物流运输不合理的形式

物流运输不合理主要有以下几种表现形式：

1. 空驶运输

因调运不当，货源计划不周，不采用运输社会化而形成的无载运的货物空车行驶的运输称为空驶运输，这种形式的运输是物流不合理运输中最严重的形式之一。空驶运输主要有以下几种情况：

(1) 能利用社会化的运输体系而不利用，却依靠自备车送货提货，这往往造成单程实车、单程空驶的不合理运输。

(2) 由于工作失误或计划不周而造成货源不实，运输车辆空去空回而造成双程空驶运输。

(3) 由于车辆过分专用，无法搭运回程货，只能单程实车，单程空驶周转。在实际运输组织中，有时候必须调运空车的行为，在运输管理中不能将其当成物流不合理运输。

2. 对流运输

对流运输是指一种物资或两种能够相互代用的物资，在同一运输线或平行线上，作相对方向的运输，与相对方向路线的全部或一部分发生对流。

对流运输又可以分为以下两种情况：

(1) 显性对流运输。显性对流运输是指在同一运输线上对流。如一方面把甲地的物资运往乙地，而另一方面又把乙地的同种物资运往甲地，这种情况大多数是由货主所属的地区和企业的不同造成的。

(2) 隐性对流运输。隐性对流运输是指对同种物资采用不同的运输方式在平行的两条路线上，朝着相反的方向运输。

3. 倒流运输

倒流运输是指物资从产地运往销地，然后又从销地运回产地的一种回流运输现象。倒流运输有两种形式：一种是同一物资由销地运回产地或转运地；另一种是由乙地将甲地能够生产且已消费的某种物资运往甲地，而甲地的同种物资又运往丙地。

4. 迂回运输

迂回运输是指物资运输舍近求远绕道而行的现象。物流过程中的计划不同、组织结构不完善或调运差错都容易造成迂回运输现象。

5. 重复运输

重复运输是指某种物资本来可以从起运地一次直运到达目的地，但由于批发机构或商业仓库设置不当或计划不周,人为地运到中途地点(如中转仓库)卸下后,又二次装运的不合理现象。重复运输增加了一道中间装卸环节,增加了装卸搬运费用,延长了商品在途时间。

6. 过远运输

过远运输是指舍近求远的运输现象。即：销地本可以由距离较近的产地供应物资，却从远地采购进来；产品不是就近供应消费地，而是调给较远的其他消费地。这些都违反了近产近销的原则。

7. 运力选择不当

运力选择不当是指在选择运输工具时，未能运用其优势，不正确地利用运输工具造成的不合理现象。例如，在同时可以采用水运及陆运的情况下，不利用成本较低的水运或水陆联运，而选择成本较高的铁路运输或汽车运输，使水运优势不能得到发挥。

8. 托运方式选择不当

托运方式选择不当主要是指对于货主而言，可以选择最佳托运方式而未选择，造成运力浪费及费用支出增加的一种不合理运输。如可以选择整车运输却选择了零担，应当直达却选择了中转运输，应当中转却选择了直达等，都是没有选择最佳托运方式的表现。

三、运输合理化的有效措施

运输在整个物流系统中占有十分重要的地位，减少运输的浪费对物流总成本的节约具有举足轻重的作用。追求运输合理化可以提高运输效率、节约运输成本。实现运输合理化的有效措施包括以下几个方面：

1. 发展社会化运输体系，实行专业化分工，打破物流企业自成运输体系的格局

运输社会化的含义是发挥运输的大生产优势。一家一户的运输小生产，车辆自有，自我服务，不能形成规模，且一家一户的运量需求有限，难以自我调剂，因而经常容易出现空驶、运力选择不当、不能满载等浪费现象，而且配套的接货、发货设施和装卸搬运设施也很难有效地运行，所以浪费颇大。实行社会化运输，有利于统一安排运输工具，避免对流、倒流、空驶、运力不当等多种形式的不合理运输，不但可以追求组织效益，而且可以追求规模效益，所以发展社会化的运输体系是运输合理化的重要措施。

社会化运输体系中，各种联运体系是目前水平较高的方式。联运方式充分利用面向社会的各种运输系统，通过运输合同或运输协议进行一票到底的运输，有效地打破了一家一户的小生产，受到了物流从业者的欢迎。

2. 提高运输工具实载率，减少空载，进行合理配载运输

提高实载率可以充分利用运输工具的额定能力，减少车船空驶和不满载行驶的时间，减少浪费，从而求得运输的合理化。我国曾在铁路运输上提倡“满载超轴”，其中满载的含义就是充分利用货车的容积和载重量，多载货，不空驶，从而达到运输合理化的目的。这个做法对推动当时运输事业的发展起到了积极作用。在铁路运输中，采用整车运输、合装整车、整车分卸及整车零卸等具体办法，都是提高实载率的有效措施。

配载运输是指充分利用运输工具的载重量和容积，合理安排装载的货物及载运方法以求得运输合理化的一种运输方式。配载运输也是提高运输工具实载率的一种有效形式。配载运输往往是轻重商品的混合配载，在以重质货物运输为主的情况下，同时搭载一些轻泡货物，如海运矿石、黄沙等重质货物时搭运木材、毛竹等，铁路运矿石、钢材等重物上面搭运轻泡农副产品等。配载运输可以实现在不增加运力投入的情况下，不减少重质货物的运输，同时满足轻泡货物的搭运，既节省了运输工具，又降低了运输费用。

3. 减少动力投入，增加运输能力

减少动力投入，增加运输能力是指在运输设施建设已定型和完成的情况下，尽量减少能源和动力的投入，增加产出，降低单位货物的运输成本，实现运输高效益，达到合理化运输的目的。例如，我国在运输竹、木等物资时，利用竹、木本身的浮力，不用运输工具载运，采取拖带法运输，可省去运输工具本身的动力消耗从而节约运输成本，实现合理化运输。又如将无动力驳船编成一定纵列队形，用拖轮拖带行驶，可以提高船舶的载运量，从而求得运输的合理化。与其原理基本相同的汽车挂车、火车加挂列车等，也都是在充分利用动力能力的基础上，增加运输能力。

4. 发展直达运输

直达运输是追求运输合理化的重要形式，其对合理化的追求要点是通过减少中转、过载、换载，从而提高运输速度，节约装卸费用，降低中转货损。直达运输的优势在一次运输批量和用户一次需求量达到一整车时表现得最为突出。在生产资料、生活资料的运输中，通过直达运输可以建立稳定的产销关系和运输系统，有利于提高运输的计划水平。应考虑用最有效的技术来实现这种稳定运输，从而大大提高运输效率。

5. 发展特殊运输技术

有些货物在运输过程中往往存在运输障碍，依靠科技，发展特殊运输技术是运输合理化的有效途径。例如，“滚装船”解决了车载货物整体的运输问题；集装箱船比一般船能容纳更多的箱体；集装箱高速直达车船加快了运输速度；专用罐车解决了粉状、液状货物运输损耗大、安全性低等问题；袋鼠式车皮、大型半挂车解决了大型设备整体运输问题等。以上这些运输都是采用了先进的运输技术实现运输的合理化。

6. 通过必要的流通加工，使运输合理化

有一些货物，由于其自身的形态及特性，在运输过程中很难实现运输的合理化，但如果对其进行适当的加工，就能够有效解决合理运输问题。例如，将造纸用料在产地进行预加工，成为干纸浆后压缩体积运输，就能解决造纸用料运输不满载的问题；将轻泡产品预先捆紧包装成规定尺寸再装车，就容易提高装载量；又如将水产品及肉类预先冷冻，就可提高车辆装载率并降低运输损耗，等等。

本章小结

运输就是人和物的载运和输送，是指人员或物品借助于运力系统在一定空间范围内产生的位置移动。人的载运及输送称为客运，物的载运及输送称为货运。物流运输仅以物为运输对象，不包含人的运输，它涵盖了流通领域和生产领域。运输与物流是系统要素和系统整体之间的关系。运输的种类众多，最为常见的是按照运输工具及运输设备的不同将运输划分为公路运输、铁路运输、水路运输、航空运输和管道运输，各种运输方式有其各自的优缺点。运输方式的合理选择和组织利用，可以提高运输效率，降低运输成本。

本章重点介绍了运输的特点，运输的地位与功能，运输与物流运输的区别，物流运输市场及其构成要素，运输与其他物流环节的关系，运输的分类及各种运输方式的特点，运输合理化问题以及物流运输系统及其构成要素等内容。

第二章　公路货物运输实务

【学习目标】

通过对本章的学习，了解公路货物运输的概念及业务分类，熟悉公路整车货运业务流程、公路零担货运业务流程和国际公路运输业务流程，掌握公路整车和公路零担运输单据的缮制与操作，以及国际公路运输单据的缮制与使用，并且掌握公路运输费用的计算。

第一节　公路货物运输概述

【基础知识】

一、公路货运业务概述

（一）公路货物运输的概念

公路货物运输（Road Transportation）从广义上来说，是指利用一定的载运工具沿公路实现货物空间位移的过程；从狭义上来说，就是指汽车运输。

公路货物运输是现代运输中非常重要的一种运输方式。公路货物运输发挥其机动灵活，适应性强，可实现“门到门”的直达运输，在中、短途运输中运送速度较快，且原始投资少，资金周转快，掌握车辆驾驶技术较容易等优势，在整个运输领域中占有重要的地位，并发挥着越来越重要的作用。公路运输既是一个独立的运输体系，也是铁路车站、水运港口码头和航空机场货物集疏运输的重要手段。

（二）公路货物运输的功能

1. 主要担负中、短途运输

通常情况下，短途运输的运距为50km以内，中途运输的运距为50～200km。

2. 衔接其他运输方式

由其他运输方式（如铁路、水路或航空）担任主要（长途）运输时，由汽车运输担任其起、终点处的货物集散运输。

3. 独立担负长途运输

当汽车运输的经济运距超过200km，或者其经济运距虽短，但基于国家或地区的政治与经济建设等方面的需要时，常由汽车担负长途运输，如因救灾工作的紧急需要而组织的长途运输，以及公路超限货物的门到门长途直达运输等。

二、公路运输业务分类

公路运输业务是依照货物批量的大小及不同货物对货运车辆的不同要求而设计的。当前，公路货物运输的主要业务有以下几类：

（一）整车货物运输

托运人一次托运货物计费重量在3t以上或虽不足3t，但其性质、体积、形状需要一辆或若干辆汽车运输的，称为整车货物运输。整车运输能方便托运人和承运人进行组织操作，简化了作业过程，省去了货站的装卸分拣作业，因此整车货物运输是一种最常用的运输方式。采用整车运输一般应满足货物重量或体积能够装满整车或者货主为自身货物和运输便利考虑而特别提出的整车运输的要求。

1. 整车货物运输的特点

（1）整车货物运输作业过程简单，一般将整车货物从起点直接运到终点，不需要中间环节或中间环节较少，所需时间较短，相应的货运集散成本较低。

（2）整车运输对设备要求不高，一辆运输车就可以从事运输，所以大量分散的小型运输企业或个体车主也能完成整车运输。

（3）为了明确运输责任，整车货物运输一般是一车一票、一个发货人。有时一个托运人整车托运一批货物的重量不足车辆的额定载重量时，为了节约运输成本和合理利用车辆的载重能力，可以要求拼装另一托运人的货物，但货物总重量不得超过车辆的额定载重量。

（4）托运整车货物时由托运人自行装车，如果货物重量未达到车辆的额定载重量，也要按车辆的额定载重量收取运费。

（5）整车货物运输采用多点装卸，需要按照全程合计的最大重量计算，即使合计的最大重量不足车辆的额定载重量，也同样要按车辆的额定载重量计算。

2. 必须采用整车运输的货物

（1）鲜活货物，如鲜鱼、冷冻鱼肉类，活的牛、羊、猪、蜜蜂等。

（2）需用专车运输的货物，如石油、烧碱等危险品，粮食等散装货等。

（3）不能与其他货物拼装的危险品或特种货物。

（4）易污染的货物，如皮毛、垃圾、炭黑等。

（5）不易计数的散装货，如煤、焦炭、矿石、矿砂等。

（二）零担货物运输

我国汽车运输管理部门制定的《公路汽车货物运输规则》规定：零担货物运输是指同一托运人一次托运货物的计费重量不足3t（不足一整车）的运输。

按件托运的零担货物，单件体积一般不小于0.01m^3（单件重量超过10kg的除外），不大于1.5m^3；单件重量不超过200kg；货物长度、宽度、高度分别不超过3.5m、1.5m和1.3m。不符合这些要求的，不能按零担货物托运、承运。各类危险货物，易破损、易污染和鲜活的货物，一般也不能作为零担货物进行托运。

1. 零担货物运输的特点

零担货物运输是公路货物运输中相对独立且重要的一部分，与整车运输的业务对比如表2-1所示。

表2-1　公路零担运输与整车运输的业务运作对比表

对比项目	整车运输	零担运输
承运人责任期间	装车/卸车	货运站/货运站
是否进站存储	否	是
货源与组织特点	货物品种单一，数量大，货价低，装卸地点一般比较固定，运输组织相对简单	货源不确定，货物批量小，品种繁多，站点分散，质高价贵，运输组织相对复杂

（续）

对比项目	整车运输	零担运输
营运方式	直达的不定期运输方式	定线，定班期发运
运输时间长短	相对较短	相对较长
运输合同形式	通常预先签订书面运输合同	通常以托运单或运单作为合同的证明
运输费用的构成与高低	单位运费率一般较低，仓储、装卸等费用的分担需在合同中约定	单位运费率一般较高，运费中往往包括仓储、装卸等费用

（1）零担货物运输的优点有：

1）零担运输的概念是相对于整车运输而提出的，为小批量、多品种货物需求而设置。

2）汽车零担货运机动灵活，可以面向社会各个角落，且批量不限，随交随收，手续简便，运输快速。

3）运输过程安全。零担运输一般采用厢式货车，运行时厢门封闭严紧，有效防止货物失落。

（2）零担货物运输的缺点有：

1）零担货物运输的货源具有不确定性。零担运输多为小批量零散运输，其货源广泛，计划性较差，不如整车运输的货源稳定。

2）零担货物运输的货运组织工作较为复杂。零担运输因其货源广泛，所运货物种类繁多且一般运量较小，这对运输组织者提出了更高要求。从货物装车、组织运输到货物卸车和货物交接，一辆货车所装货物往往由多个托运人的货物汇集而成并由几个收货人接货，因此各环节工作都相对复杂。

3）零担货物运输单位运输成本较高。为了满足零担运输的要求，货运站需要配备仓库、站台、货棚，以及相应的装卸、搬运、堆置的设备和专用厢式货运车辆。

2. 开办零担货物运输业务应具备的条件

（1）建设零担货物仓库。具备仓库是开办零担运输的首要条件。零担运输的货物品种多、批量小、批次多、到站分散，有“集零为整”和“化整为零”的特点，因此必须要建设一定面积的零担货物仓库。

（2）开办货运站（公路运输结点）。货运站是办理零担运输的中介，是货源、货流的直接组织者，一方面起着集结和疏散货物的作用，是货物组织、承运、中转、保管及交付的场所，另一方面还可以为运载工具承揽货运业务，是建立在运载工具与货物之间的纽带。

（3）具有一定规模的零担运输车。零担运输车一般是厢式货车或棚式货车，这类运输车是开办和发展零担货物运输的基本保障。只有具有一定规模的此类零担运输车才能满足零担运输的货物品种多、批量小、批次多、到站分散等特点。

（4）组建零担货物运输网络。根据零担货物运输运量小、批次多、流量分散、品种众多的特点，必须按区域分层次建立零担货运网络，发挥网络化规模经营的优势，在网络内通过往返运输班车派送货物，扩大零担运输服务范围，便利范围内的运输，实现零担货物运输现代化。

（5）组织零担货物联合运输。联合运输是增强零担货运活力的关键。联合运输是指通过两种或两种以上不同运输方式或同种运输方式下需经中转换装的接力运输。零担公路运输必须与铁路、航空、水路运输搞好联运，才能满足托运人的多方面需要。

（三）集装箱货物运输

以集装箱为容器的运输为集装箱运输。目前集装箱运输已成为公路运输的主导，也是海运集装箱运输、铁路集装箱运输、国际多式联运等运输方式中不可缺少的组成部分。

1. 公路集装箱运输业务范围

目前，公路集装箱运输企业主要经营以下五个方面的业务：

（1）海上国际集装箱由港口向内陆腹地的延伸运输、中转运输以及在内陆中转站进行的集装箱交接、堆存、拆装、清洗、维修和集装箱货物的仓储、分发等作业。

（2）国内铁路集装箱由车站接收后发至仓库、车站、堆场间的“门到门”运输及代理货物的拆装箱作业。

（3）沿海、内河国内水运集装箱由港口向腹地的延伸运输、中转运输或至货主间的短途“门到门”运输。

（4）城市之间干线公路直达的集装箱运输。

（5）内地与港澳之间及其他边境口岸出入境的集装箱运输、接驳运输和大陆桥运输。

2. 公路集装箱运输业务运作特点

由于集装箱运输的特殊性，公路集装箱运输与整车货物运输和零担货物运输相比，在业务运作上具有以下特点：

（1）受理的货物种类有限。

（2）采用定期经营方式。

（3）增加了集装箱业务内容。

（4）增加了集装箱单证。

（5）运费计收方法特别。

（6）货物交接地点更多。

（四）特种货物运输

公路特种货物运输是指货物在运输、配送、保管及装卸作业过程中，需要采取特殊措施和方法的公路货物运输。特种货物一般分为四大类，即危险货物、大件（长大笨重）货物、鲜活货物和贵重货物。

1. 危险货物运输

凡具有爆炸、易燃、毒害、腐蚀、放射性等性质，在运输、装卸和贮存保管过程中容易造成人身伤亡和财产损毁而需要特别防护的货物，均属于危险货物。

危险货物分为9类，即爆炸品，压缩和液化气体，易燃液体，易燃固体、自燃物品和遇湿易燃物品，氧化剂和有机过氧化物，毒害品和感染性物品，放射性物品，腐蚀品，杂项危险物质与物品。

2. 大型特型笨重物件运输

大件货物包括长大货物和笨重货物。整件长度在6m以上，宽度超过2.5m，高度超过2.7m的货物，称为长大货物，如大型钢梁、起吊设备等。每件重量在4t以上（不含4t）的货物，称为笨重货物，如锅炉、大型变压器等。

3. 鲜活货物运输

鲜活易腐货物是指在运输过程中，需要采取一定措施防止货物死亡和腐坏变质，并需在规定运达期限内抵达目的地的货物。汽车运输的鲜活易腐货物主要有鲜鱼虾、鲜肉、瓜果、牲畜、观赏野生动物、花木秧苗、蜜蜂，等等。鲜活易腐货物在运输途中容易腐烂变质，冷藏能有效地抑制微生物的滋长，减缓货物呼吸，达到延长鲜活易腐货物保存时间的目的，因此该方法被广泛采用。

4. 贵重货物运输

贵重货物是指价格昂贵、运输责任重大的货物，主要包括黄金、白金、铱、铑、钯等稀有贵重金属及其制品，各类宝石、玉器、钻石、珍珠及其制品，珍贵文物（包括书、画、古玩等），贵重药品，高级精密机械及仪表，高级光学玻璃及其制品，现钞、有价证券以及毛重每公斤价值在2000元以上的物品。

（五）包车货物运输

应托运人的要求，经双方协议，将车辆包租给托运人安排使用，由托运人按里程或时间支付运费的业务称为包车货物运输。一般在下列情况下采用包车运输：

（1）承运人无法控制装卸时间，或托运人有自己特定的时间安排。

（2）多次往返的短途运输，无法以货物重量或运输距离计算运费。

（3）需特殊设计运输过程的货物运输。如某些特种货物的运输往往需要配备辅助工具和辅助人员，而运输过程的时间难以准确掌握。

三、公路运输的设施与装备

（一）公路货运车辆

公路运输使用的车辆可分为载货汽车、牵引车、挂车和专用运输车四种。

1. 载货汽车

（1）载货汽车也称载重汽车。按车厢结构的不同，载货汽车可分为平板车、厢式货车和集装箱载货车。

1）平板车也称敞开式货车，没有车厢，只有不到1m的车帮，一般的平板车都比较大，长度为9～16m，用于运输一些基础材料，如日化用品、化工制品、塑料粒子，等等，如图2-1所示。

图2-1　平板车

2）厢式货车又称封闭式货车，有全封闭和半封闭之分，可使货物免受风吹、日晒、雨淋。厢式载货汽车一般具有滑动式侧门、后开车门、左右开门，货箱和底盘一般连为一体，厢式车后侧可选装后液压托板，可托起0.5～5t的物体，因此采用它进行货物装卸作业非常方便。厢式车具有机动灵活、操作方便，工作高效、运输量大，空间利用充分及安全、可靠等优点，一般用于运距较短、货物批量小、对运达时间要求较高的货物运输。由于其小巧灵便，无论大街小巷均可出入，真正实现“门到门”运输，因此被广泛用于运输各类货物，且各大工厂、超市、个人均可使用，厢式货车如图2-2所示。

图2-2　厢式货车

3）集装箱载货汽车是指用于运载可卸下的集装箱的专用运输车辆，是近年来国际货车市场上的一支主力军，其特点是载货容积大，货厢密封性能好，能快速装卸，具备 $1m^3$ 以上的体积。尤其是近年来轻质合金及合成材料的使用，为减轻车厢自量、提高有效载重量创造了良好的条件。该种货车的长度一般为4～17m，载重量一般为2～35t，如图2-3所示。

图2-3　集装箱载货汽车

（2）载货汽车按载重量的不同可分为微型、轻型、中型和重型四种。

1）微型：总质量≤1.8t，最大载重量为0.75t。

2）轻型：1.8t<总质量≤6t，最大载重量为0.75~3t。

3）中型：6t<总质量≤14t，最大载重量为3~8t。

4）重型：总质量≥14t，载重量为8t以上。

2. 牵引车

牵引车也称拖车，是专门用于拖挂或牵引挂车的汽车。

3. 挂车

挂车有全挂车和半挂车之分。全挂车相当于一个完全独立的车厢，所负荷载全部作用于挂车本身的轮轴，只不过是由牵引车拖着行驶而已；而半挂车所负荷载只有一部分作用于挂车的轮轴，其余则通过连接装置作用于牵引车的轮轴上。

将牵引车和挂车两部分组合在一起，通过连接机构把二者连接成为汽车列车，这种拖挂运输是提高运输生产率的有效手段。

4. 专用运输车

专用运输车是拥有特殊设计和技术的用于运输特殊物品的货车。一些特殊货物如鲜活货物、液体货物、易燃易爆物品和有毒物品等，只能用专用运输车才能保证货物的高质量、安全运达，如冷藏车、运钞车等。

（二）公路

公路是指连接城市、乡村和工矿基地，主要供汽车行驶并具备一定技术标准和设施的道路。公路是汽车运输的基础设施，由路基、路面、桥梁、隧道、防护工程、排水设施与设备等基本部分组成，还包括交通标志、安全设施、服务设施和绿化带等。

公路按行政等级可分为国家公路、省公路、县公路和乡公路以及专用公路。一般把国道和省道称为干线，县道和乡道称为支线。公路按使用任务、功能和适应的交通量可分为高速公路、一级公路、二级公路、三级公路、四级公路。

（三）公路运输货运站

公路运输货运站是公路货物运输过程中进行货物集结、暂存、装卸搬运，信息处理，车辆检修等活动的场所。

公路运输货运站设施包括生产设施、生产辅助设施和生活辅助设施。生产设施包括业务办公设施、库（棚）设施、场地设施、道路设施等；生产辅助设施包括维修维护设施、动力设施、供水供热设施、环保设施；生活辅助设施包括食宿设施等其他服务设施。

1. 公路运输货运站的功能

（1）运输组织功能。公路运输货运站的运输组织功能主要包括货运组织管理、货源组织管理及运力组织管理。

货运组织管理从制订货物运输计划开始，进行货物运输全过程的质量监督与管理工作，包括公路承运货物的发送、中转、到达、装卸、保管等作业，并组织与其他运输方式的换装运输和联合运输作业。

货源是公路运输市场中的基本要素，是货运经营者在市场中竞争的焦点。公路货运站的货源组织管理通过了解货源的分布、流向、流量等特点，掌握货源信息和货流变化规律，实现货物的合理运输。公路货运站可以通过与客户联系洽商，承揽货运业务，与其签订有关运输合同和运输协议，为货运业务的开展提供保障。

货运站可以通过向社会提供货源、货流信息，组织运输车辆从事货物运输，运用市场机制协调货源与运力之间的关系，使运力与运量始终保持相对平衡，使货运车辆有序运行。

（2）中转换装功能。公路货运站不仅要完成公路集装箱和零担货物运输的中转换装，而且还要满足在不同的运输方式、不同企业之间的货物联合运输过程中产生的货物中转换装需求。所以，货运站应为货物中转和因储运需要而进行的换装运输提供服务。货运站内部装卸设备、堆场、仓库及相应的配套设施是中转货物安全可靠地完成换装作业、及时运达目的地的基础保证。

（3）装卸储存功能。装卸储存功能是指公路货运站面向社会开放，为货主提供仓储、保管、包装服务，代理货主销售、运输所仓储的货物，并在货运站场内进行各种装卸搬运作业，利于货物的集、疏、运。

（4）运输代理功能。公路运输货运站的运输代理功能是指货运站为其服务区域内的各有关单位或个体，代办各种货物运输业务，为货主和车主提供双向服务，选择最佳运输线路，合理组织多式联运，实行“一次承运，全程负责”，达到方便货主、提高社会效益和经济效益的目的。

（5）信息化服务功能。通过信息网络系统，使公路货运站与港口、码头等交通设施实现关联、相互衔接，组织联网运输与综合运输。通过计算机及现代通信设施，建立通信信息中心，使公路货运站与本区域有关单位以及周边省、市，乃至全国的货运站场形成信息网络，获取运输信息，进行货物跟踪、仓库管理、运输付款通知、运费结算、托运事务处理、发货事务处理和运输信息交换等作业。同时还可以面向社会提供货源、运力、货流信息和车、货配载信息。

（6）综合配套服务功能。公路运输货运站除开展正常的货物运输业务外，还可以提供与货物运输相关的综合配套服务，如为货主代办货物的销售、运输、结算、报关、报检、保险等业务，开展商品的包装、加工、展示等服务。另外，还可以为货运车辆提供存放、清洗、加油、检测、维修、保养等服务；为货主和司机提供餐饮、住宿等生活服务。

2. 公路运输货运站的选址

公路运输货运站是公路运输的构成要素之一，其选址应符合公路总体布局规划和所在地区货运站的发展规划。选址时应遵循下列原则：

（1）符合城镇总体布局规划。

（2）与综合运输网合理衔接，便于组织多式联运。

（3）靠近较大货源点，并适应服务区域内的货运需求。

（4）尽量利用现有设施，并留有发展余地。

（5）具备良好的给排水、电力、道路、通信等条件。

3. 公路货运站的分级

公路货运站的货物运输以参与完成集装箱运输和零担货物运输为主。

（1）公路零担货运站的站级划分。根据公路零担货运站年货物吞吐量，可将零担货运站划分为一、二、三级。

一级站：年货物吞吐量大于 6 万 t。

二级站：年货物吞吐量大于 2 万 t、小于 6 万 t。

三级站：年货物吞吐量小于2万t。

（2）公路集装箱货运站的站级划分。根据年运输量、地理位置和交通条件的不同，集装箱货运站可分为四级。年运输量是指计划年度内通过货运站运输的集装箱量总称。

一级站：年运输量大于3万标准箱。

二级站：年运输量大于1.6万标准箱，小于3万标准箱。

三级站：年运输量大于0.8万标准箱，小于1.6万标准箱。

四级站：年运输量大于0.4万标准箱，小于0.8万标准箱。

第二节　公路整车货物运输实务

【任务引入】

天津路通物流有限公司是一家拥有公路营运资质和车队，专门从事公路货物运输的物流运输企业，成立于2005年，位于天津市滨海新区。该公司自有货运车辆150余辆，承揽全国各大中小城市的公路干线运输业务。业务人员王欢于2013年6月20日9：00接到一笔运输业务：北京现代乐器专营店李平从雅马哈电子琴有限公司购进100台电子琴，每台电子琴外包装纸箱规格为90cm×60cm×20cm，重量为45kg。这批电子琴6月20日从雅马哈电子琴有限公司（地址：天津开发区地五大街洞庭路130号，发货人：刘雨，联系电话：022-65725896）装货发运，客户要求6月22日前送到北京现代乐器专营店（地址：北京市朝阳区学院路20号，收货人：李平，联系电话：010-89895631）。

结合这一任务，假如你是天津路通物流有限公司的业务员王欢，要顺利承运该批货物，需要做哪些工作？相关运输单据应如何填写？运输费用如何计算？

【任务分析】

作为天津路通物流有限公司的一名业务员，在接到以上业务委托后，首先应详细记录相关信息，确定该批货物的运输是否属于本公司业务范围。确认可以承运货物后，根据客户的需要为客户选择合理的运输方式和运输线路，给出公司的运费报价。如果想顺利完成这笔运输业务，应熟悉相关公路货运业务的工作流程，熟练掌握缮制公路运输单据的要求，会核算运费，掌握货运业务受理、货物发运、在途跟踪、货物签收等一系列公路运输的操作流程，熟悉每个运输环节的注意事项。

下面的“实训知识与技能”部分会介绍公路运输的操作流程，以及在每个流程中应注意的细节问题和涉及的一些运输相关单据的用途及填写要求。

【实训知识与技能】

一、公路整车运输的业务流程

公路整车运输的业务流程如图2-4所示。

（一）托运受理

托运人向公路运输承运方提出运送货物的要求称为公路运输托运；承运方接受运输的行为称为公路运输受理。无论是货物由货主交给承运方还是运输方主动上门承揽货物，双方必须办理托运手续。公路运输业务受理的方式较为灵活，以下介绍几种常用的业务受理方法：

1. 站台受理

站台受理是最常见的公路货运企业受理业务的方式，它是指托运人直接到运输企业客服部门办理公路货运托运手续。

2. 登门受理

所谓登门受理，是指公路运输企业派业务员到客户单位办理托运手续，这种上门服务的托运受理方式常常受到客户欢迎。

3. 产地受理

产地受理是指公路运输企业派业务员到产地联系客户（主要针对农产品生产客户）办理运输托运手续。

4. 驻点受理

所谓驻点受理，是指公路运输企业主要针对生产量较大、调拨集中、对口供应的单位，以及货物集散的矿山、油田、车站、码头、港口等，设立专门服务点或巡回办理货物托运手续。

5. 合同受理

合同受理主要依据承运方和托运方签订的运输合同或运输协议办理货物运输托运手续，这种受理方式往往针对的是长期有合作关系的托运双方。

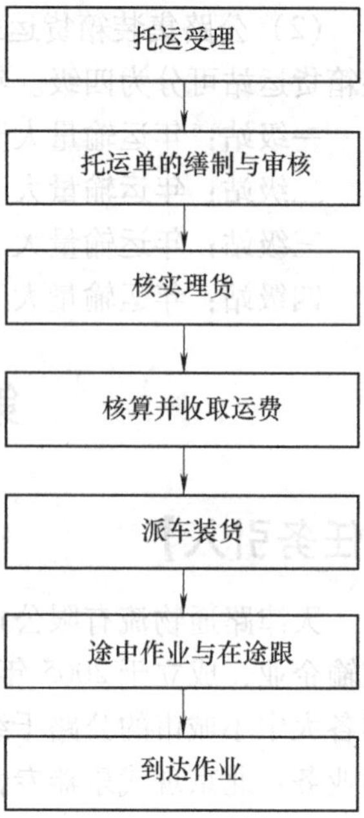

托运受理 → 托运单的缮制与审核 → 核实理货 → 核算并收取运费 → 派车装货 → 途中作业与在途跟 → 到达作业

图 2-4　公路整车运输业务流程图

6. 电话、传真、网络受理

利用电话、传真、网络等通信方式来受理运输业务最为普遍，托运人可以通过这些方式与运输企业客服部门联系，办理托运手续，网络受理还可以在网上填写托运单，受理业务更为便捷。

（二）托运单的缮制与审核

业务人员根据以上托运受理过程中掌握的情况，首先要求托运人或代理人填写公路运输托运单（如表 2-2 所示）。公路运输托运单是托运人与运输单位之间的运输合同，它明确规定了承运双方的权利和义务。托运单一般由承运方统一设计，由托运人填写，然后由承运方对托运人填写的托运单进行审批。

1. 公路运输托运单填写注意事项

（1）准确标明托运人、收货人的名称和地址、联系电话和邮编。

（2）准确标明货物的名称、性质、件数、体积及包装方式。托运的货物不能在一张托运单内逐一填写的，应填写公路运输装货清单（如表 2-3 所示）。

（3）一张托运单的货物必须有同一托运人和收货人。

（4）危险货物与普通货物及性质相抵触的货物不能用同一托运单。

（5）托运人要求自行装卸的货物，需经承运人确认后，在托运单上注明。

（6）托运特种货物，托运人应在托运单中注明运输条件和特约事项。需冷藏的保温货物，托运人应提出货物的冷藏温度和保温要求；托运鲜活货物，托运人应提供最长运输期限及途中管理、照料事宜的说明；托运危险货物，应按照《汽车运输危险货物规则》（JT 617—2004）办理；托运大型笨重货物，应提供货物性质、外廓尺寸及运输要求的说明等。

表 2-2　公路运输托运单

天津路通物流有限公司公路运输托运单

<table>
<tr><td colspan="8">单号：</td></tr>
<tr><td colspan="3">客服代表：</td><td colspan="3">联系方式：</td><td colspan="2">FAX：</td></tr>
<tr><td colspan="3">托运人：</td><td colspan="5">预计装货时间：</td></tr>
<tr><td colspan="3">联系人：</td><td colspan="5">联系方式：</td></tr>
<tr><td colspan="3">装货地址：</td><td colspan="5">FAX：</td></tr>
<tr><td colspan="3">收货人：</td><td colspan="5">要求到货时间：</td></tr>
<tr><td colspan="3">联系人：</td><td colspan="5">联系方式：</td></tr>
<tr><td colspan="3">卸货地址：</td><td colspan="5">FAX：</td></tr>
<tr><td>序号</td><td>产品名称</td><td>件数</td><td>包装材料</td><td>包装尺寸</td><td>单件重量</td><td>总重量</td><td>运输装卸要求</td></tr>
<tr><td></td><td></td><td></td><td></td><td></td><td></td><td></td><td></td></tr>
<tr><td></td><td></td><td></td><td></td><td></td><td></td><td></td><td></td></tr>
<tr><td colspan="8">运输方式：零担
整车：　5t　8t　10t
车厢要求：全封闭　半封闭低栏　高栏　平板
运输条款：　门/门　门/站
运费金额：
特别约定：</td></tr>
<tr><td colspan="4">说明：
1. 上述资料均由托运人提供并确认
2. 客户代表需出具我公司盖章托运单作为提货凭证</td><td colspan="3">盖章
天津路通物流有限公司</td><td>托运方盖章
经办人签名：
收货方盖章
经办人签名：</td></tr>
</table>

（7）相关部门开具的准运及审批文件应提交承运人，随货同行；需押运的，应在托运单上注明押运人姓名。

（8）其他相关要求及特别约定要写清，有改动字迹需盖章证明。

表 2-3　公路运输装货清单

公路运输装货清单

启运地点________　　　　装货日期________

装货人名称________　　　　运单号________

编号	货物名称及规格型号	包装方式	件数	体积	重量

托运人：（签章）承运人：（签章）

2. 托运单审核注意事项

公路运输部门在收到托运单后要对托运单的内容进行审核，审核注意事项包括以下几方面：

（1）对货物情况的审核，以下情况通常不受理运输：

1）法律禁止流通或各级政府部门指令不予运输的物品。

2）国家统管的，没有取得准运证明的货物。

3）托运人未取得卫生检疫合格证明的一些动植物。

4）未取得主管部门准运证明的超高、超重、超长的货物等。

（2）对相关运输凭证的检验。检验涉及的运输凭证包括各级政府法令规定必须提交的证明文件，托运人委托承运部门代为提取货物的证明，动植物检疫证、超限运输许可证等。

（三）核实理货

公路运输货物核实理货一般是在货主提出托运申请，并填写完货物托运单且通过审核后，运输企业派工作人员联系货主进行货物的核实与理货验货，该环节主要包括：

（1）托运单上所列货物是否已处于待运状态。

（2）装运货物数量、货物装车时间及发运日期有无变更。

（3）货物包装是否符合要求。

（4）货物装车时间是否已确定。

（5）货物发运装卸准备工作、搬运设备是否已落实。

（四）核算并收取运费

核实理货完毕，由运输企业核算并向发货人收取运杂费。运杂费是公路运输企业收取托运货物的运输费用和在运输过程中发生运费以外的其他杂费的总称。

运杂费收取后，运输企业要开具公路整车运输货票（如表2-4所示）。公路运输货票是营业性运输企业进行货物运输结算的专用单据，是根据公路托运单填写的。在始发站货票是承运方向发货人核收运费的收费凭据；在目的站货票又可以作为收货人办理货物提取的凭证。除此以外，货票还可以作为运输企业统计完成货运量、核算运营收入的原始凭证。

表2-4　公路整车运输货票

运单号：　　　　　　　　　　　　　　　　　　　　　　　　货票编号：

<table>
<tr><td colspan="3">装货地点：</td><td colspan="2">发货人：</td><td colspan="3">联系地址：</td><td colspan="3">联系电话：</td></tr>
<tr><td colspan="3">卸货地点：</td><td colspan="2">收货人：</td><td colspan="3">联系地址：</td><td colspan="3">联系电话：</td></tr>
<tr><td colspan="2">付款人：</td><td colspan="3">联系电话：</td><td colspan="3">营运里程：</td><td colspan="3">计费里程：</td></tr>
<tr><td rowspan="2">货品名称</td><td rowspan="2">包装形式</td><td rowspan="2">件数</td><td colspan="2">货物重量</td><td colspan="3">运费</td><td colspan="3">杂费</td></tr>
<tr><td>实际重量/t</td><td>计费重量/t</td><td>货物等级</td><td>运价率</td><td>运费小计</td><td>费用项目</td><td>金额</td><td>杂费小计</td></tr>
<tr><td></td><td></td><td></td><td></td><td></td><td></td><td></td><td></td><td></td><td></td><td></td></tr>
<tr><td></td><td></td><td></td><td></td><td></td><td></td><td></td><td></td><td></td><td></td><td></td></tr>
<tr><td colspan="11">运杂费合计金额（大写）：¥</td></tr>
<tr><td colspan="4">开票单位：</td><td colspan="2">开票人：</td><td colspan="2">运货司机：</td><td colspan="3">年　月　日</td></tr>
</table>

（五）派车装货

当承运方收取完运费，开具货票后，运输企业可结合所运货物及货运量情况派出运输车辆，车辆到达后，运输企业与托运人一起，根据托运单标明的货物信息情况，对货物进行装车盘点。

货物在装车盘点的过程中，承运和托运双方应检查货物包装情况是否完好，装车完毕应清点货物数量并与发货人核对实际装车件数，除此以外还应检查货物是否有错装、漏装现象，双方确认无误后，双方办理交接签收手续，在交运货物清单（如表2-5所示）上签字确认。交运货物清单是承运方按照车辆所装实际货物填写的单据，主要反映承运方（运货驾驶员）与发货人的货物交接情况。

表2-5 交运货物清单

交运货物清单

运单号码：

起运地：						目的地：
编号	货物名称及规格	包装形式	件数	体积（长×宽×高）	重量/kg	保险、报价价格
1						
2						
托运人签章：		承运方（运输驾驶员）		签章：		年　　月　　日

在整个装车过程中，为保证装车工作顺利进行，还应注意以下问题：

（1）运输企业所派的装货车辆必须按照客户要求的时间，准时到达客户指定的出货地点进行装车。

（2）装车前所派的车厢必须提前进行清扫，需对车辆进行特殊清洗和消毒的，必须达到规定要求。

（3）货物装载时需要加固和衬垫时，必须达到规定要求，发生的费用由托运人承担；装好后的货物还应及时遮盖篷布防止雨淋。

（六）途中作业与在途跟踪

在货物运送途中发生的各项货运作业称为途中作业，包括途中货物交接、货物整理与货物换装。为保证货物顺利运达目的地，进行以上途中作业时司机与站务工作人员之间要按照规定，办理相关的货物交接手续。另外，整车运输货物启运后可通过GPS智能交通监控调度系统监控车辆运行，实现车辆全程在途跟踪。该系统的车载终端被安装在被监控的移动目标（汽车）上，具有体积小、功耗低、稳定性好等特点，其主要功能包括：

1. 定位跟踪

按照设定的时间间隔、指定的时刻点或者距离间隔，让车载终端上报位置、速度、方向等信息。

2. 轨迹回放

在数据中心服务器上保存车辆一段时间来的行驶数据、位置等信息，可查询回放。

3. 超速报警

当车辆速度超过预先设定限速值时，就会主动上报超速报警数据。

4. 越界报警

调度监控中心可设定一定区域，当车辆进入或离开该区域的时候上报该位置信息并报警。

5. 紧急报警

发生紧急情况时，按住紧急按键3s以上，调度监控中心就会收到该报警信息。

6. 断油断电

在必要的时候，可通过调度监控中心给车辆发送断油断电指令，让车辆无法开动。

7. 信息调度

直接将中心下发的信息显示在调度屏上，并通过语音播报出来。

8. 图像监控

可触发拍摄或通过中心下达拍摄指令，将车辆现场图片上传到中心。

9. 通话监听

当发出紧急信息时，系统自动启动监听功能。

10. 油耗统计

实时将当前车辆油箱油量信息发送到中心，系统软件自动统计出异常的油量减少时间、地点以及实际的加油量、时间及地点。

11. 黑匣子功能

可接汽车行驶记录仪，实现包括车辆自检、车辆状态信息、驾驶员信息、行驶数据、事故疑点、超速报警、疲劳报警等功能。

（七）到达作业

货物在到达站发生的各项作业称为到达作业，包括卸车准备、卸车作业、货物交接工作。

1. 卸车准备

目的站卸货人员在接到货物到货通知后，应提前作好卸车准备，包括了解卸车地点、货位、所卸货物情况、联系卸车设备等工作。

2. 卸车作业

货车抵达后，卸货人员应会同驾驶员、收货人检查车辆装载情况有无异常，如果发现异常应记录后再卸车。对照运单上所列货物卸车后，应进行清点过磅，无异常的货物应与送货司机进行交接；如有货物发生到错站情况，应将货物原车返回起运站；卸货中出现的货物短缺、破损、受潮等情况，应填写事故清单。

3. 货物交接

货物卸车后，收货人应按承运人要求对货物进行查验签收，到付的货物还需先交纳运费，完成了这些则整个运输过程宣告结束。收货人如发现货物短缺、破损现象，经承运人签字确认后，可以申请进行赔偿。如遇货物运达无人接收的情况，承运人有责任为客户妥善保管货物，同时应积极联系收货人，如果保管时间超出保管期限，收货人应交纳一定的保管费用。

二、公路运输的成本核算与运费计收

（一）公路运输成本的计算

根据《企业会计准则》的规定，结合运输生产耗费的实际情况，运输成本项目可划分为直接人工、直接材料、其他直接费用、营运间接费用四个基本部分。

1. 直接人工

直接人工是指支付给营运车辆司机和助手的工资，包括司机和助手随车参加本人所驾驶车辆保养和修理作业期间的工资、工资性津贴、生产性奖金，以及按营运车辆司机和助手工资总额14%计提的职工福利费。

2. 直接材料

物流运输过程的直接材料包括：

（1）燃料。燃料是指营运车辆运行过程所耗用的各种燃料，如营运过程中耗用的汽油、柴油等燃料（自动倾卸车卸货时所耗用的燃料也包括在内）。

（2）轮胎。轮胎是指营运车辆所耗用的外胎、内胎、垫带、轮胎翻新费和零星修补费用等。

3. 其他直接费用

（1）保养修理费。保养修理费是指营运车辆进行各级保养及各种修理所发生的料工费（包括大修理费用计提额）、修复旧件费用和行车耗用的机油、齿轮油费用等。采用总成互换保修法的企业，保修部门领用的周转总成、卸下总成的价值及卸下总成的修理费也包括在内。

（2）折旧费。折旧费是指按规定计提的营运车辆折旧费。

（3）养路费。养路费是指按规定向公路管理部门缴纳的营运车辆养路费。

（4）其他费用。其他费用是指不属于以上各项目的与营运车辆运行直接有关的费用，包括车管费（按规定向运输管理部门缴纳的营运车辆管理费）、行车事故损失（营运车辆在运行过程中，因行车事故发生的损失，但不包括非行车事故发生的货物损耗及由于不可抗力造成的损失）、车辆牌照和检验费、保险费、车船使用税、洗车费、过桥费、轮渡费、司机途中宿费、行车杂费等。

4. 营运间接费用

营运间接费用是指车队、车站、车场等基层营运单位为组织与管理营运过程中所发生的，应由各类成本负担的管理费用和营业费用，包括工资、职工福利费、劳动保护费、取暖费、水电费、办公费、差旅费、修理费、保险费、设计制图费、试验检验费等。

（二）公路运输费用的收取

公路货物运输费用的核算主要依据运输里程和运输货物的重量计算，计算步骤如下：

1. 计费重量的确定

（1）货物的重量一般以起运地过磅为准。起运地不能或不便过磅的货物，由承运和托运双方协商确定计费重量。

（2）对于散装货物，如砖、瓦、砂、石、土、矿石、木材等，按体积由各省、自治区、直辖市统一规定重量换算标准计算重量。

（3）公路整车货物运输的计量单位均以 t 为单位计算，t 以下至 100kg（0.1t），尾数不足 100kg 的，采用四舍五入法计算。

（4）公路整车货物运输均按毛重计算。

（5）每立方米重量不足 333kg 的轻泡货物，在整车装运时货物的长、宽、高一方面不得超过道路交通安全规定的限度，另一方面要按车辆标记吨位计算重量和计收运费。

（6）货物运输计价以元为单位，运费尾数不足 1 元时，采用四舍五入法计算。

2. 货物等级的确定

公路运输中，货物分为普通货物和特种货物。

（1）普通货物的计费标准。普通货物又分为三个等级，即一等货物、二等货物和三等货物（如表 2-6 所示），计收运费时实行分等级计价。一般以一等货物为基础，二等货物加成 15%，三等货物加成 30%。

表 2-6　普通货物分级表

等级	序号	货类	货物名称
一等货物	1	砂	砂子
	2	石	片石、渣石、寸石、石硝、粒石、卵石等
	3	非金属矿石	各种非金属矿石
	4	土	各种土、垃圾
	5	渣	炉渣、炉灰、水渣、各种灰烬、碎砖瓦等
二等货物	1	粮食及加工品	各种粮食（稻、麦、各种杂粮、薯类）及其加工品
	2	棉花、麻	皮棉、籽棉、絮棉、旧棉、棉胎、木棉、各种麻类
	3	油料作物	花生、芝麻、油菜子、蓖麻子及其他油料作物
	4	烟叶	烤烟、土烟等
	5	植物的种子、草、藤、树条	树、草、菜、花的种子，干花、牧草、谷草、稻草、芦苇、树条、树根、木柴、藤等
	6	肥料、农药	化肥、粪肥、土杂肥、农药（具有危险货物性质的除外）等
	7	糖	各种食用糖（包括饴糖、糖稀）
	8	酱菜、调料	腌菜、酱菜、酱油、醋、酱、花椒、茴香、生姜、芥末、腐乳、味精及其他调味品
	9	土产杂品	土产品、各种杂品
	10	皮毛、塑料	生皮张、生熟毛皮、鬃毛绒及其加工品、塑料及其制品
	11	日用百货、一般纺织制品	各种日用小百货、一般纺织品、针织品
	12	药材	普通中药材
	13	纸、纸浆	普通纸及纸制品、各种纸浆
	14	文化体育用品	文具、教学用具、体育用品
	15	印刷品	报刊、图书及其他印刷品
	16	木材	圆木、方木、板料、成材、杂木棍等
	17	橡胶、可塑材料及其制品	生橡胶、人造橡胶、再生胶及其制品、电木制品、其他可塑原料及其制品
	18	水泥及其制品	袋装水泥、水泥制品、预制水泥构件等
	19	钢铁、有色金属及其制品	钢材（管、丝、线、绳、板）、生铁、毛坯、铸铁件、有色金属材料，大、小五金制品配件、小型农机具等
	20	矿物性建筑材料	普通砖、瓦、缸砖、水泥瓦、乱石、块石、级配石、条石、水磨石、白云石、蜡石、萤石及一般石制品、滑石粉、石灰膏、电石灰、矾石灰、石膏、石棉、白垩粉、陶土管、石灰石、生石灰
	21	金属矿石	各种金属矿石
	22	煤	原煤、块煤、可燃性片岩等
	23	焦炭	焦炭、焦炭末、石油焦、沥青、焦木炭等
	24	原煤加工品	煤球、煤砖、蜂窝煤等
	25	盐	原盐及加工精盐
	26	泥、灰	泥土、淤泥、煤泥、青灰、粉煤灰等
	27	废品及散碎品	废钢铁、废纸、破碎布、碎玻璃、废靴鞋、废纸袋等
	28	空包装容器	篓、坛罐、桶、瓶、箱、筐、袋、包、箱皮、盒等
	29	其他	未列入表的其他货物

（续）

等级	序号	货类	货物名称
三等货物	1	蜂	蜜蜂、蜡虫
	2	蚕、茧	蚕、蚕子、蚕蛹、蚕茧
	3	观赏用花、木	观赏用普通长青树木、花草、树苗
	4	蔬菜、瓜果	鲜蔬菜、鲜菌类、鲜水果、甘蔗、瓜类
	5	植物油	各种食用、工业、医药用植物油
	6	蛋、乳	蛋、乳及其制品
	7	肉脂及制品	鲜、腌、酱肉类，油脂及制品
	8	水产品	干鲜鱼、虾、蟹、贝、海带
	9	干菜干果	干菜、干果、子仁及各种果脯
	10	橡胶制品	轮胎、橡胶管、橡胶布类及其制品
	11	颜料、染料	颜料、染料及助剂与其制品
	12	食用香精、树胶、木蜡	食用香精、糖精、樟脑油、芳香油、木榴油、木蜡、橡蜡（橡油、皮油）、树胶等
	13	化妆品	护肤、美容、卫生、头发用品等各种化妆品
	14	木材加工品	毛板、企口板、胶合板、刨花板、装饰板、纤维板、木构件等
	15	家具	竹、藤、钢、木家具
	16	交电器材	普通医疗器械、无线电广播设备、电线电缆、电灯用品、蓄电池（未装酸液）、各种电子元件、电子或电动玩具
	17	毛、丝、棉、麻、呢绒、化纤、皮革制品	毛、线、棉、麻、呢绒、化纤、皮革制品、鞋帽、服装
	18	烟、酒、饮料、茶	各种卷烟、各类瓶罐装的酒、汽水、果汁、食品、罐头、炼乳、植物油精（薄荷油、桉叶油）、茶叶及其制品
	19	糖果、糕点	糖果、果酱（桶装）、水果粉、蜜饯、面包、饼干、糕点
	20	淀粉	各种淀粉及其制品
	21	冰及冰制品	天然冰、机制冰、冰淇淋、冰棍
	22	中西药品、医疗器具	西药、中药（丸、散、膏、丹成药）及医疗器具
	23	贵重纸张	卷烟纸、玻璃纸、过滤纸、晒图纸、描图纸、绘图纸、蜡纸、复写纸、复印纸
	24	文娱用品	乐器、唱片、幻灯片、录音带、录像带、光盘（碟片）及其他演出用具及道具
	25	美术工艺品	刺绣、蜡或塑料制品、美术制品、骨角制品、漆器，草编、竹编、藤编等各种美术工艺品
	26	陶瓷、玻璃及其制品	瓷器、陶器、玻璃及其制品
	27	机器及设备	各种机器及设备
	28	车辆	组成的自行车、摩托车、轻骑、小型拖拉机
	29	污染品	炭黑、铅粉、锰粉、乌烟（墨黑、松烟）涂料及其他污染人体的货物、角、蹄甲、牲骨、死禽兽

（续）

等级	序号	货类	货 物 名 称
三等货物	30	粉尘品	散装水泥、石粉、耐火粉
	31	装饰石料	大理石、花岗岩、汉白玉
	32	带釉建设用品	玻璃瓦、琉璃瓦、其他带釉建设用品、耐火砖、耐酸砖、瓷砖瓦

注：未列入表中的其他货物，除参照同类货物分级外，均列入二等货物。

（2）特种货物的计费标准。特种货物又分为长大笨重货物、危险货物、贵重货物、鲜活货物，其费用核算方法如下：

1）针对长大笨重货物，一级长大笨重货物在整批货物基本运价的基础上加成40%～60%，二级长大笨重货物在整批货物基本运价的基础上加成60%～80%。

2）针对危险货物，一级危险货物在整批（零担）货物基本运价的基础上加成60%～80%，二级危险货物在整批（零担）货物基本运价的基础上加成40%～60%。

3）针对贵重、鲜活货物，在整批（零担）货物基本运价的基础上加成40%～60%。

3. 货物里程的确定

公路货运中运输线路一般由运输或货代公司与客户协商确定，有时也按照客户的要求确定。货物运输的营运里程，可以通过《全国主要城市间公路里程表》（如表2-7所示）查询。计费里程按装货地点至卸货地点的实际载货的营运里程计算，单位为km，尾数不足1km的，进整为1km。

表2-7 全国主要城市间公路里程表（部分） （单位：km）

北京	北京																
天津	118	天津															
锦州	483	470	锦州														
沈阳	717	704	234	沈阳													
长春	1032	1019	549	315	长春												
哈尔滨	1392	1379	909	675	360	哈尔滨											
齐齐哈尔	1739	1726	1256	1022	707	347	齐齐哈尔										
牡丹江	1582	1569	1099	865	550	344	691	牡丹江									
吉林	1142	1129	659	425	110	250	597	440	吉林								
丹东	965	962	482	285	600	930	1277	1047	680	丹东							
大连	903	890	420	419	734	1094	1441	1284	844	323	大连						
济南	457	347	817	1051	1366	1726	2073	1916	1476	1299	1237	济南					
青岛	832	722	1192	1426	1741	2101	2448	2291	1851	1674	1612	375	青岛				
徐州	787	677	1147	1381	1696	2056	2403	2246	1806	1629	1567	330	424	徐州			
合肥	1106	996	1466	1700	2015	2375	2732	2565	2125	1948	1886	649	743	319	合肥		
南京	1141	1031	1501	1735	2050	2410	2757	2600	2160	1983	1921	684	657	354	162	南京	
上海	1490	1380	1850	2084	2399	2759	3106	2949	2509	2332	2270	1033	1006	703	511	349	上海

因自然灾害造成道路中断，车辆需绕道行驶的，按实际行驶里程计算。

城市市区里程按当地交通主管部门确定的市区平均营运里程计算；当地交通主管部门未确定的，由承运和托运双方协商确定。

4. 货物运费的计算

货物运费的计算公式为

整批货物运费 = 吨次费 × 计费重量 + 整批货物运价 × 计费重量 × 计费里程 + 货物运输其他费用

吨次费是指对整批货物运输以吨为基本单位，以单程运输为一次，按货物重量加收的费用。它是在实际制定运价时，因考虑到短途运输中始发地、终止地作业成本的实际支出，另加的一项作为公路货物运价的组成部分的费用。即便是这样，它在基本运价中所占的比重也很小。

整批货物运价是指一吨整批普通货物在等级公路上运输的每吨千米运价。

整批货物运价的计算以元为单位，运费尾数不足一元时，采用四舍五入法计算。

【任务实施】

步骤一：托运人雅马哈电子琴有限公司刘雨向天津路通物流有限公司提出公路运送电子琴的请求，天津路通物流有限公司的业务员王欢接到运输业务委托后，详细记录了相关信息，确定该批货物运输属于本公司的业务范围，可以承运，受理请求。由于客户指定了货物运达地为乐器专营店，所以应采用“门到门”运输。又根据货物情况和货物重量，选择全封闭货车进行整车运输最合理。

步骤二：刘雨作为托运人填写天津路通物流有限公司的托运单（托运单号为 012）并交由天津路通物流有限公司业务员进行托运单审批，托运人填写的托运单如表 2-8 所示。

步骤三：在货主提出托运申请并填写完货物托运单且审核通过后，天津路通物流有限公司业务员联系刘雨，进行货物的核实与理货验货。

步骤四：核算并收取运费。

已知天津路通物流有限公司公布的一级普货费率为 1.1 元/（t·km），吨次费为 15 元/t，途中通行收费 80 元。

（1）电子琴总重 4500kg，可选用 5t 的轻型货车进行整车运输，计费重量为车辆标记重量 5t；

（2）查全国主要城市间公路里程表可知天津开发区距离北京有 118km；查普通货物分类表可知电子琴为普货三级，计价加成 30%。所以

$$运价 = 1.1\ 元/(t \cdot km) \times (1 + 30\%) = 1.43\ 元/(t \cdot km)$$

（3）整批货物运费的计算公式为

整批货物运费 = 吨次费 × 计费重量 + 整批货物运价 × 计费重量 × 计费里程 + 货物运输其他费用

$$= 15\ 元/t \times 5t + 1.43\ 元/(t \cdot km) \times 5t \times 118km + 80\ 元$$

$$= (75 + 843.7 + 80)元 = 998.7\ 元 \approx 999\ 元$$

天津路通物流有限公司根据核算出的运杂费，向托运人刘雨收取运费和杂费后，开具公路整车运输货票（如表 2-9 所示），开票人是会计李辉，司机是张岩，货票编号为 006。

表 2-8　天津路通物流有限公司公路运输托运单

单号：012

客服代表：王欢　　联系方式：022-25218898　　FAX：022-25218898

托运人：雅马哈电子琴有限公司　　预计装货时间：2013 年 6 月 20 日 15：00

联系人：刘雨　　联系方式：022-65725896

装货地址：天津开发区地五大街洞庭路 130 号　　FAX：022-65725896

收货人：北京现代乐器专营店　　要求到货时间：2013 年 6 月 22 日

联系人：李平　　联系方式：010-89895631

卸货地址：北京市朝阳区学院路 20 号　　FAX：010-89895631

序号	产品名称	件数	包装材料	包装尺寸	单件重量	总重量	运输装卸要求
1	雅马哈电子琴	100 台	纸箱	90cm×60cm×20cm	45kg	4500kg	易碎品

运输方式：整车

整车：　5t✓　　8t　　10t

车厢要求：全封闭✓半封闭低栏　　高栏平板

运输条款：　门/门　　门/站

运费金额：999 元

特别约定：

说明： 1. 上述资料均由托运人提供并确认 2. 客户代表须出具我公司盖章托运单作为提货凭证	盖章 天津路通物流有限公司	托运方盖章 经办人签名： 收货方盖章 经办人签名：

表 2-9　公路整车运输货票

运单号：012　　货票编号：006

装货地点：雅马哈电子琴有限公司	发货人：刘雨	联系地址：天津开发区地五大街洞庭路 130 号	联系电话：022-65725896
卸货地点：北京现代乐器专营店	收货人：李平	联系地址：北京市朝阳区学院路 20 号	联系电话：010-89895631
付款人：刘雨	联系电话：022-655725896	营运里程：	计费里程：

货品名称	包装形式	件数	货物重量		运费			杂费		
			实际重量/t	计费重量/t	货物等级	运价率	运费小计	费用项目	金额	杂费小计
电子琴	纸箱	100	4.5	5	三级	1.43	999	通行费	80	80

运杂费合计金额（大写）：壹仟零柒拾玖元整￥1079

开票单位：天津路通物流有限公司	开票人：李辉	运货司机：张岩	2013 年 6 月 20 日

步骤五：刘雨交纳完运费且收到货票后，天津路通物流有限公司便派出轻型货车到指定地点装货，承运和托运双方一起根据托运单标明的货物信息情况，对货物进行装车盘点，双方确认无误后，在交运货物清单上签字确认，交运货物清单如表 2-10 所示。

表 2-10　交运货物清单

运单号码：012

起运地点：雅马哈电子琴有限公司		目的地：北京现代乐器专营店				
编号	货物名称及规格	包装形式	件数	体积（长×宽×高）	重量/kg	保险、报价价格
1	电子琴	纸箱	100	90cm×60cm×20cm	4500	5000 元
2						
托运人签章：天津路通物流有限公司		承运方（运输司机）		签章：张岩		2013 年 6 月 20 日

步骤六：经过途中作业货物顺利抵达目的地并顺利卸车，将所运 100 台雅马哈电子琴交付给收货人北京现代乐器专营店的李平。至此，该批货物运输宣告结束。

第三节　公路零担货物运输实务

【任务引入】

天津路通物流有限公司是一家拥有公路营运资质和车队，专门从事公路货物运输的物流运输企业，成立于 2005 年，位于天津市滨海新区。公司自有货运车辆 150 余辆，承揽全国各大中小城市的公路干线运输业务。业务员王欢于 2013 年 7 月 1 日 10：00 接到一笔运输业务：天津安康制药厂从山东济南药材批发市场购进一批普通中药材，该批药材用编织袋包装，共 60 袋，每袋包装规格为 60cm×30cm×40cm，重量为 30kg。这批中药材要于 7 月 2 日从山东济南药材批发市场（地址：山东省济南市历下区春光路 30 号，发货人：高斌，联系电话：0531-99887788）装货发运，客户要求 7 月 6 日前送到天津安康制药厂（地址：天津市滨海新区塘沽河北路 150 号，收货人：陈静，联系电话：022-65724567）。

结合这一任务，假如你是天津路通物流有限公司的业务员王欢，要顺利承运该批货物，需要做哪些工作？相关运输单据应如何填写？运输费用如何计算？

【任务分析】

作为天津路通物流有限公司的一名业务员，在接到以上业务委托后，首先应详细记录相关信息，根据客户要求的运输起始地和所运货物情况，确定该批中药材的运输是否属于本公司业务范围，确认可以承运货物后，根据客户的需要为客户选择合理的运输方式和运输线路，给出公司的运费报价，并联系公司山东办事处为客户办理托运手续。下面的“实训知识与技能”部分，会介绍相关公路运输的操作流程及其注意事项。

【实训知识与技能】

公路零担运输的业务流程如图 2-5 所示。

1. 托运受理

零担货物运输的托运受理是指承运人根据运输公司营运范围内的运输线路、站点、运距、各车装卸能力、中转范围等业务规定为托运人办理托运手续。因为零担运输的货物批量较小、种类繁多、包装形状各不相同，所以受理人必须熟悉本企业公路运营接货要求，熟悉货物运输线路、服务范围、运输要求、场站装卸能力等。零担运输常见的受理方式包括：

（1）随时受理。随时受理是指承运人对托运人所托运货物的时间没有具体要求，只要在工作时间，都可以受理托运。这种受理形式给货主提供了便利，货主可根据自己的时间随时办理托运。但由于零担运输货运量一般较少，需要几家货主的货物进行拼装，共用同一车辆，货主的这种不定时无规律的托运，会导致承运人集结托运货物的时间较长，使仓库设备利用率降低，而且货源不稳定，缺乏计划性。

（2）预先审批。预先审批是指承运人要求托运人在托运货物前先向承运人提出申请，货运站根据货物集结情况、货流情况和运输设备作业情况进行总体规划后，再告知托运人和货主货物集货时间和启运时间。这种受理形式加强了承运方的计划性，使运输组织管理更有效，提高了仓库和运输设备的利用率。但此种形式需要货主配合进行托运申请、审批，程序较烦琐，往往给货主带来许多不便。

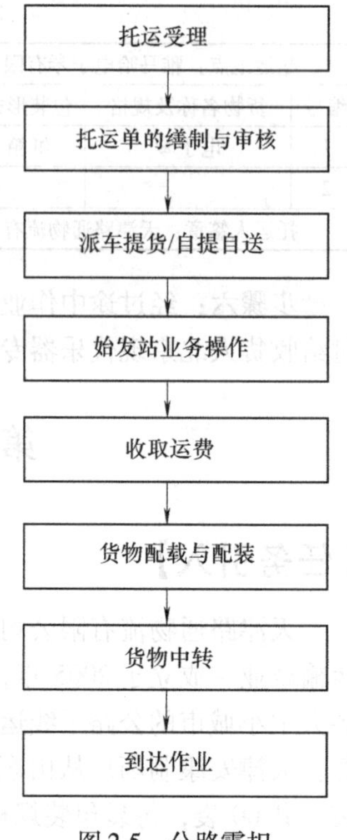

图 2-5　公路零担运输业务流程图

（3）日历承运制。日历承运制是指承运人根据零担货物流量和流向规律，编写承运货物日程表，向托运人公布，托运人按承运人编写日程的计划到货运站办理托运手续。采用该方法，托运人可以按照承运人公布的托运日程表进行前期托运准备，省去了申请和审批手续，只要托运日程表公布了承运日期，一般可以满足托运人的托运需求。对承运方来说，该方法有计划、有组织地进行零担货物托运，便于将出站和到站较分散的零担货物合理集中，组织直达零担班车，可以均衡安排货运站每日承担零担货物的数量，合理使用货运设备，便于物资部门安排生产和物资调拨计划，提前做好货物托运准备工作。但该种制度对零担运输承运方的组织管理经验要求较高，因为编制承运日期表需做大量前期准备工作，不仅需要进行前期调研分析，掌握零担货物流量和流向规律及相关准确数据资料，而且还要掌握编写承运日历的科学方法。因为承运日历表一旦形成，就应在一定期间内保持稳定，这也是该种制度受到欢迎的主要原因。当零担货源、货流发生变化或因其他原因需要调整时，应提前编写承运日历表并及时公布给托运人。

2. 托运单的缮制与审核

业务员在托运受理过程中掌握了托运人托运货物的基本情况后，首先应要求托运人或代理人填写公路运输托运单（如表 2-2 所示）。公路运输托运单填写注意事项与整车运输托运单填写要求相同。公路运输部门在收到托运单后要对托运单的内容进行审核，审核内容和要求也与整车运输托运审核要求相同。

3. 派车提货

派车提货是指承运方车辆调度员调运车辆到客户指定的存货地点，上门提取所要运输的货物，然后运回始发站等待装车运输。这一环节也可以由客户自己把要运输的货物送到始发站的货运仓库，等待装车运输，这种由客户自行运输货物到始发站等待装车运输的方式称为自送货物。派车提货作业流程如图 2-6 所示。

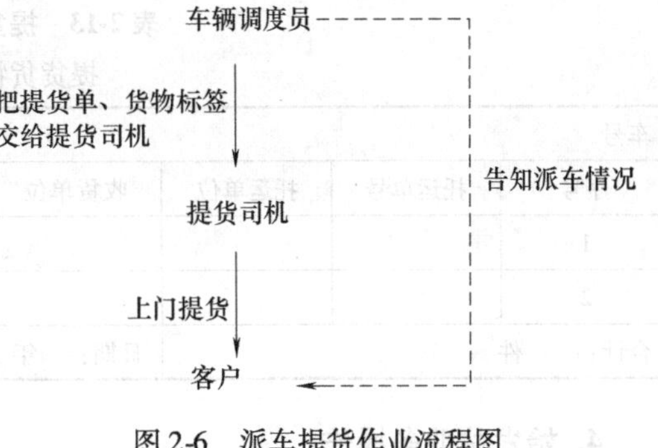

图 2-6　派车提货作业流程图

（1）承运方车辆调度员首先应根据审核后的公路托运单上的托运信息打印提货单和货物标签。提货单是列明提货司机所要提取货物的明细表。货物标签是建立货物本身与其运输票据的联系，是标明货物本身的性质和理货、中转、装卸、交付货物的重要识别凭证。

（2）承运方车辆调度员填制调车单(如表 2-11 所示)和调度命令登记簿(如表 2-12 所示)，发布调度命令。调度命令是汽车运行的命令和口头指令,只能由车辆调度员向司机发布。

表 2-11　天津路通物流有限公司调车单

司机信息					
姓名		性别		年龄	
籍贯			联系方式		
身份证号			以往信誉		
车辆信息					
车辆型号		车长			
车辆载重		车牌号			

始发站____　目的站____　托运单号为____

提货时间____　提货地点____　调度员签名____　　　客户代表签名：

表 2-12　天津路通物流有限公司调度命令登记簿

发布日期	发出时刻	命　令			复诵人姓名	接受命令人姓名	调度员姓名
		号码	受令及抄知处所	内容			

（3）车辆调度员将提货单和货物标签交给调用的提货司机。

（4）提货司机上门提货，按照提货单清点货物，粘贴货物标签，填写提货货物交接清单，提货货物交接清单（如表 2-13 所示）是提货司机按照提货单和实际提取的货物填写的单据，主要反映提货司机与发货人的货物交接情况，也是承运方对所运货物履行运输和保管职责的开始。

（5）司机上门提货的同时，车辆调度员应将派车的情况告知客户，让客户提前准备好所提货物。

表 2-13　提货货物交接清单

提货货物交接清单　　NO：

车号				司机				
序号	托运单号	托运单位	收货单位	货品名称	包装	件数	实际重量	计费重量
1								
2								
合计：　　件			日期：　年　月　日		站务签收：			

4. 始发站业务操作

（1）提货司机回站后首先应配合站务操作员将所提货物进行过磅，在托运单上填写过磅后的货物重量，然后把提货货物交接清单转交给站务操作员。

（2）站务操作员核实托运单填写是否完整，是否单货相符。

（3）站务操作员检查货物包装情况。货物包装是货物在运输、装卸、仓储、中转过程中保护货物质量必须具备的物资条件。货物包装必须符合零担运输要求，对于不符合包装要求的货物，承运方有权要求货主重新进行包装；对于包装不良、无包装但不影响装卸及行车安全的货物，经承运方批准可以受理入库，但应请货主在托运单中注明。

（4）站务操作员检查货物标签是否贴好，然后将货物安排入库。零担货物入库必须逐件清点，按指定货位和所属区域进行堆放，未经查验和办理托运手续的货物禁止进入仓库。

零担货物仓库还要具备良好的通风条件，防潮防火和照明设施也要齐备，露天仓库还要注意上盖下垫，以满足不同品类货物存放的要求。由于零担运输货物品种多，批量小，所以对零担货物仓库要进行严格的货位划分，防止运输组织过程中发生错运现象。仓库货位的划分不仅要区分待运货物和到运货物，货物还要按照流向进行码放；同一批货物要尽量放在同一区域，不要堆放两处；堆放货物要留有通道；货物码放时注意标签全部朝外。

（5）站务操作员根据送货目的地打印装货清单，与送货司机进行交接。

5. 收取运费

零担货物运费同样包括运输费用和杂费。运费计算公式如下

零担货物运费 = 计费重量 × 计费里程 × 零担货物运价 + 货物运输其他杂费

零担货物起码计费重量为 1kg。重量在 1kg 以上、尾数不足 1kg 的，采用四舍五入法计算。零担运输轻泡货物以货物包装最长、最宽、最高部位尺寸计算体积，按每立方米折合 333kg 计算重量。

零担运输的运价单位一般为元/（kg · km）。运费以元为单位，运费尾数不足一元时，采用四舍五入法计算。

零担运输杂费包括标签费、联运服务费、中转包干费、退票费、保管费、快件费等。其中，联运服务费是指需要两种以上运输工具的联合运输以及跨省（市）的公路联运所收取的费用；中转包干费是指联运中转换装所发生的装卸、搬运、仓储、整理包装劳务等费用，实行全程包干，起运站一次核收；退票费是指承运受理后货主要求退运，按规定收取已发生的劳务费用和其他成本费用；快件费是指按照货主要求办理快件运输所收取的快件费。

承运方营收人员收取以上运费后开出公路零担运输货票（如表 2-14 所示）。每日营收人

员工作完毕都需要将当天开出的货票核收联中的营收进款累计数与当天所收现金、支票进行核对，向主管部门上缴。

表 2-14　公路零担运输货票

运单号：　　　　　　　　　　　　　　　　　　　　　　　　　　　　货票编号：

<table>
<tr><td colspan="3">起始站：</td><td colspan="2">发货人：</td><td colspan="3">联系地址：</td><td colspan="3">联系电话：</td></tr>
<tr><td colspan="3">终点站：</td><td colspan="2">收货人：</td><td colspan="3">联系地址：</td><td colspan="3">联系电话：</td></tr>
<tr><td colspan="3">中转站：</td><td colspan="2"></td><td colspan="3">营运里程：</td><td colspan="3">计费里程：</td></tr>
<tr><td rowspan="2">货品名称</td><td rowspan="2">包装形式</td><td rowspan="2">件数</td><td colspan="2">货物重量</td><td colspan="3">运费</td><td colspan="3">杂费</td></tr>
<tr><td>实际重量/t</td><td>计费重量/t</td><td>货物等级</td><td>运价率</td><td>运费小计</td><td>费用项目</td><td>金额</td><td>杂费小计</td></tr>
<tr><td></td><td></td><td></td><td></td><td></td><td></td><td></td><td></td><td></td><td></td><td></td></tr>
<tr><td></td><td></td><td></td><td></td><td></td><td></td><td></td><td></td><td></td><td></td><td></td></tr>
<tr><td colspan="11">运杂费合计金额（大写）：¥</td></tr>
<tr><td colspan="4">车站：</td><td colspan="2">开票人：</td><td colspan="2">托运人签字：</td><td colspan="3">年　月　日</td></tr>
</table>

6. 货物配载与配装

货物配载是指按照站务操作员打印的装货清单中所列货物性质和货物运送方向及中转或直达等要求，选择适当型号和吨位的货车。

货物配装是指把将要发运的货物合理安全地装到车上，保证货车车厢空间得到最大限度的利用。

配装原则：一般应按照先远后进，先重后轻，先大后小，先方后圆的顺序装车。

装车完毕后，还需要检查车辆的门锁、货物遮盖捆扎情况以及货位情况，以免发生错装、漏装。以上工作都完毕后，始发站工作人员就可以与运货司机办理货物交接手续。货物交接过程中，运货司机逐批点交货物，并在货物交接清单上签字。运货司机最后检查完车辆安全状况及遮盖捆扎情况后便可发车。

7. 货物中转

对于需要中转的货物则安排中转零担班车或沿途零担班车运到规定的中转站进行中转。零担货物的中转作业是按照货物流向或到站顺序进行分类整理的。零担货物的中转站除了承担货物的保管工作，还需要进行与中转环节有关的理货、整理、堆码等作业，因此中转站也要配有一定级别的仓库和货棚来满足中转货物存放及相关作业的要求。

8. 到达作业

（1）发到货通知。目的站调度向场站工作人员发出到货通知，场站工作人员准备接车。

（2）到货交付。货物运到目的站场站后，由场站人员检查货物情况，若无异常则与运货司机交接、签字并加盖业务章。如有货物到错站情况，将货物原车返回起运站；货物若有短缺、破损、受潮等情况，应填写事故清单。

（3）目的站场站人员根据托运单上收货人的具体地址，将货物按派送区分区，并与区属递送员交接。

（4）递送员交付货物，客户在核对清单无误后在托运单上签字，如运费到付还需支付运费。

（5）递送员与场站人员交接托运单，与财务交接到付运费。

（6）货物交付完毕后，目的站调度将签收信息进行登记，通过物流信息系统将信息返回货物始发站。

【任务实施】

步骤一：托运人山东济南药材批发市场高斌向天津路通物流有限公司提出公路运送中药材的请求，天津路通物流有限公司的业务员王欢接到运输业务委托后，详细记录了相关信息，确定该批货物运输属于本公司的业务范围，可以承运，受理请求，并联系公司山东办事处为客户办理托运手续。由于客户所运的货物中药材总重量为1800kg，不足3t（一整车），所以应采用“门到门”公路零担货物运输。又根据货物情况和客户要求，选择全封闭货车进行运输最合理。

步骤二：高斌作为托运人填写天津路通物流有限公司的托运单（托运单号为008）并交由天津路通物流有限公司山东办事处的业务员进行托运单的审批，托运人填写的托运单如表2-15所示。

表2-15　天津路通物流有限公司公路运输托运单

单号：008

客服代表：王欢	联系方式：022-25218898	FAX：022-25218898
托运人：山东济南药材批发市场	预计装货时间：2013年7月2日15：00	
联系人：高斌	联系方式：0531-99887788	
装货地址：山东省济南市历下区春光路30号	FAX：0531-99887788	
收货人：天津安康制药厂	要求到货时间：2013年7月6日	
联系人：陈静	联系方式：022-65724567	
卸货地址：天津市滨海新区塘沽河北路150号	FAX：010-65724567	

序号	产品名称	件数	包装材料	包装尺寸	单件重量	总重量	运输装卸要求
1	中药材	60袋	编织袋	60cm×30cm×40cm	30kg	1800kg	防潮

运输方式：零担✓

整车：　5t　8t　10t

车厢要求：全封闭✓半封闭低栏　高栏平板

运输条款：　门/门　门/站

运费金额：

特别约定：

说明：	盖章	托运方盖章 经办人签名：
1. 上述资料均由托运人提供并确认 2. 客户代表需出具我公司盖章托运单作为提货凭证	天津路通物流有限公司	收货方盖章 经办人签名：

步骤三：当托运人填写完货物托运单且审核通过后，天津路通物流有限公司车辆调度员即可调运车辆到客户指定的存货地点，上门提取所要运输的中药材。

（1）车辆调度员名为李亮，他首先应根据审核后的公路托运单上的托运信息打印提货单和货物标签，然后填制调车单（如表2-16所示）和调度命令登记簿（如表2-17所示），发布调度命令。

李亮发布调车命令时应在调度命令登记簿上登记，然后发布命令。根据货物情况，此次调配的车辆车牌号为鲁A99999的一辆长安牌中型载货汽车，载重为5t，司机名为赵军，男，35岁，山东济南人，身份证号为180110197501011234，以往信誉良好。

李亮于2013年7月2日下午13：00向车队呼叫中心发布调度命令，命令号为8，发布的命令内容为：要求司机赵军驾驶货车于2013年7月2日14：00到达货主指定地点进行装货，装货后15：00发车，呼叫中心复诵人刘佳。

表2-16　天津路通物流有限公司调车单

司机信息					
姓名	赵军	性别	男	年龄	35
籍贯	山东济南		联系方式	18699098767	
身份证号	180110197501011234		以往信誉	良好	
车辆信息					
车辆型号	长安牌中型载货汽车		车长	4.2m	
车辆载重	3～8t		车牌号	鲁A99999	

始发站济南历下区站，目的站济南历城区站，托运单号为008

提货时间：2013年7月2日下午15：00。

提货地点：山东省济南市历下区春光路30号。调度员签名：　　　　客户代表签名：

表2-17　天津路通物流有限公司调度命令登记簿

发布日期	发出时刻	命令			复诵人姓名	接受命令人姓名	调度员姓名
		号码	受令及抄知处所	内容			
2013年7月2日	13：00	8	车队呼叫中心	14：00到达货主指定地点装货，装货后15：00发车	刘佳		李亮

（2）车辆调度员李亮将提货单和货物标签交给调用的提货司机赵军。

（3）提货司机赵军上门提货，按照提货单清点货物，粘贴货物标签，填写提货货物交接清单（如表2-18所示）。

（4）司机赵军上门提货的同时，车辆调度员李亮应将派车的情况告知客户，让客户提前准备好所提货物。

表2-18　提货货物交接清单　　NO：001

车牌号：鲁A99999				司机：赵军				
序号	托运单号	托运单位	收货单位	货品名称	包装	件数	实际重量	计费重量
1	008	山东济南药材批发市场	天津安康制药厂	中药材	编织袋	60	1800kg	1800kg
2								
合计：60件			日期：2013年7月2日		站务签收：			

步骤四：始发站业务操作

提货司机赵军回站后配合站务操作员将所提货物进行过磅，在托运单上填写过磅后的货物重量，然后把提货货物交接清单转交给站务操作员。站务操作员核实托运单填写是否完整、是否单货相符，并检查货物包装情况和货物标签是否贴好，然后将货物清点入库。最后，站务操作员根据该批中药材所运目的地打印装货清单，与送货司机进行交接。

步骤五：天津路通物流有限公司收取运费开具货票。已知天津路通物流有限公司公布的一级普货费率为0.004元/(kg·km)，收取标签费60元。

(1) 中药材总重为1800kg，与其他货物进行拼装，到河北沧州进行中转。

(2) 查全国主要城市间公路里程表可知山东济南距离天津有347km；查普通货物分类表可知中药材为普货二级，计价加成15%。所以

$$运价 = 0.004 元/(kg \cdot km) \times (1 + 15\%) = 0.0046 元/(kg \cdot km)$$

(3) 零担货物运费的计算公式为

$$\begin{aligned}零担货物运费 &= 计费重量 \times 计费里程 \times 零担货物运价 + 货物运输其他杂费\\ &= 1800kg \times 347km \times 0.0046 元/(kg \cdot km) + 60 元\\ &= (2873.16 + 60)元 = 2933.16 元 \approx 2933 元\end{aligned}$$

天津路通物流有限公司根据核算出的运杂费，向托运人高斌收取运费和杂费后，开具公路零担运输货票（如表2-19所示），开票人是会计张成，货票编号为005。

表2-19　公路零担运输货票

运单号：008　　　　货票编号：005

起始站：济南			发货人：高斌		联系地址：山东省济南市历下区春光路30号			联系电话：0531-99887788		
终点站：天津			收货人：陈静		联系地址：天津市滨海塘沽河北路150号			联系电话：022-65724567		
中转站：			河北沧州		营运里程：347km			计费里程：347km		
货品名称	包装形式	件数	货物重量		运费			杂费		
			实际重量/t	计费重量/t	货物等级	运价率	运费小计	费用项目	金额	杂费小计
中药材	编织袋	60	1.8	1.8	普货二级	0.0046元/(kg·km)	2873.16元	标签费	60	60
运杂费合计金额（大写）：贰仟玖佰叁拾叁元整￥2933										
车站：济南				开票人：张成		托运人签字：高斌		2013年7月2日		

步骤六：按照站务操作人员打印的装货清单中所列货物明细情况，选择5t轻型货车装运该批药材以及随车装运的货物最适合。再根据货物流向以及该批货物要到沧州进行中转的要求，将货物按照配装原则进行合理配装。装车完毕后，再检查车辆的门锁、货物遮盖捆扎情况以及货位情况。以上工作都完毕后，始发站工作人员就可以与运货司机办理货物交接手续。

步骤七：货物运达中转站进行中转完毕后，驶向天津。货物运到天津后，天津站场站人员检查货物情况，与运货司机进行交接、签字并加盖业务章。然后由场站人员根据托运单上的收货人地址，将货物按派送区分区，并与区属递送员交接。递送员交付货物后，客户在托

运单上签字，天津站调度将签收信息进行登记，将信息发回济南站。至此，零担货物运输全过程结束。

第四节　国际公路运输实务

【任务引入】

天津华安货运代理有限公司业务员赵鹏于2013年7月10日9：00接到一笔运输业务：天津达飞医疗器械有限公司（地址：天津经济技术开发区第五大街35号，托运人：李军）要向俄罗斯哈巴罗夫斯克中俄友谊国际贸易有限公司（地址：俄罗斯哈巴罗夫斯克市马克思大街6号，收货人：王伟）运送1000箱一次性注射针头，每箱的长、宽、高分别为60cm、80cm、70cm，重量为35kg。该批货物需要7月30日前运达。天津华安货运代理有限公司因货运卡车出现季节性短缺，所以公司业务员赵鹏联系天津海杰国际物流有限公司，通过这家物流公司完成此次运输任务。

结合这一任务，假如你是天津华安货运代理有限公司的业务员，要顺利承运该批货物，需要做哪些工作？应如何填写相关单据？

【任务分析】

天津华安货运代理有限公司是一家拥有公路营运资质和车队的货运代理企业，天津达飞医疗器械有限公司李军于7月10日委托该货代公司运送1000箱一次性注射针头，双方就代理费用及相关事项达成一致后，签订了委托代理合同，天津华安货运代理有限公司全权代理天津达飞医疗器械有限公司运输该批货物。但天津华安货运代理有限公司自有的货运卡车出现季节性短缺，所以需要找其他车队完成该运输任务。天津海杰国际物流有限公司是与其合作多年的物流运输企业，于是赵鹏联系到这家企业。下面的“基础知识”和“实训知识与技能”部分，会介绍国际公路货运代理和国际公路运输物流企业要完成此次运输任务的工作流程和相关单据的填写要求。

【基础知识】

一、国际公路运输特点及其分类

国际公路货物运输是指起运地点、目的地点或约定的经停地点位于不同的国家或地区的公路货物运输。在我国，只要公路货物运输的起运地点、目的地点或约定的经停地点不在我国境内均构成国际公路货物运输。目前，世界各国的国际公路货物运输一般以汽车作为运输工具，因此，国际公路货物运输与国际汽车货物运输这两个概念往往是可以相互替代的。

（一）国际公路货物运输的特点

国际公路货物运输，除了具有适应性强、机动灵活、直达性能好、运输成本高、运行持续性较差、对环境污染影响较大等特点外，还具有以下特点：

（1）可以广泛参与国际多式联运。

（2）是邻国间边境贸易货物运输的主要方式。

（3）按有关国家之间的双边或多边公路货物运输协定或公约运作。

（二）国际公路货物运输的作用

目前，主要利用公路运输在中短程货物运输方式的优势，承担以下三个方面的进出口货物运输业务：

1. 公路过境运输

公路过境运输是指根据相关国家政府间的有关协定，经过批准，通过国家开放的边境口岸和公路进行出入国境的汽车运输。根据途径国家的多少，公路过境运输可分为双边汽车运输和多边汽车运输。

2. 我国内地与港澳地区之间的公路运输

由于香港、澳门的特殊性，对于香港、澳门与内地之间的公路运输，并不完全按照国内货物运输进行运作和管理，而是依照国际公路运输进行管理，但管理模式与我国和其他国家或地区间的国际公路运输又不完全一样。

3. 内陆口岸间的公路集疏运

公路承担我国出口货物由内地向港口、铁路、机场集中，进口货物从港口、铁路、机场向内地疏运，以及省与省之间、省内各地间的外贸物资的调拨。

（三）国际公路货物运输的分类

1. 出口货物的集港、集站运输

出口货物的集港、集站运输是指按照国际货运代理公司的委托把出口货物由发货方仓库运至中转仓库、中转仓库运至港口、港口运至船边的运输。

2. 进口货物的疏港运输

进口货物的疏港运输是指按照国际货运代理公司的委托把进口货物由港口运至中转仓库，再由中转仓库运至收货方仓库。

3. 国际多式联运的首末段运输

国际多式联运的首末段运输是指国际多式联运国内段的运输，是按照国际货运代理公司、班轮公司或船舶代理公司的委托，将出口货物由内陆集装点转运至出运港或将进口货物由港区运至内陆转运仓库或最终收货人的运输。

4. 边境公路过境运输

边境公路过境运输是指经向海关申报办理指定海关监管车辆、驾驶员和过境路线，在海关规定的地点停留，并全程受海关的监管和检查，按照有关规定办理报检、报关，放行后运达目的地的运输。其特点有：

（1）距离长，时间久。过境运输与国内运输相比，经历的路线要更长，所需时间要更久，除了运载工具的行驶时间以外，中间的停顿也比国内运输更常见。

（2）关口多，手续繁。过境运输与普通运输相比，至少要经历两道边境，所以，需要经历更多环节，手续更加麻烦，牵涉更多人员和机构。

（3）国家多，风险高。因为过境运输要经历至少两个国家，而不同国家的政策法规不同，制度相异，语言不同，文化相异，甚至基础设施的建设也千差万别，所以过境运输的不确定性极强，需要承担更大的风险。

二、我国主要的国际公路运输线路

（一）通往俄罗斯

我国东北地区的国际公路运输线路主要以通往俄罗斯为主。近年来，随着中俄边贸的日益活跃，连接中俄两国的公路和口岸也日益增多，下面是几条主要线路：

牡丹江—绥芬河—波格拉尼奇内—乌苏里斯克

佳木斯—同江—下列宁斯科耶—比罗比詹

鹤岗—萝北—阿穆尔捷特—比罗比詹

哈巴河—喀纳斯山口

哈尔滨—牡丹江—绥芬河（东宁）—乌苏里斯克—海参崴（纳霍德卡/东方港）

哈尔滨—佳木斯—抚远—哈巴罗夫斯克—共青城

哈尔滨—佳木斯—同江—下列宁斯科耶—比罗比詹—哈巴罗夫斯克

哈尔滨—双鸭山—饶河—波克罗夫卡—哈巴罗夫斯克

哈尔滨—鸡西—密山（虎林）—乌苏里斯克—海参崴

伊春—嘉荫—巴什科沃—比罗比詹

鸡西—密山—图里罗格—乌苏里斯克

鸡西—虎林—马尔科沃—乌苏里斯克

目前，连接中俄两国的公路线路已达到45个。其中，客运线路有22条，货运线路有23条。从事国际货物运输的车辆近1000辆，总吨位为25000t。中俄双方即将延伸鸡西—密山—图里罗格—乌苏里斯克客货运输线路、伊春—嘉荫—巴什科沃—比罗比詹客货运输线路等四条国际道路运输线路。经过多年的发展，中俄国际公路货物运输的过境量达到110万t。

（二）通往中亚地区

我国新疆维吾尔自治区与中亚国家（哈萨克斯坦、吉尔吉斯斯坦、塔吉克斯坦）以及巴基斯坦接壤，以往的主要国际公路运输线路基本与欧亚大陆桥走向一致。近年来，随着我国西部开发战略的实施，新疆与中亚各国的经贸往来日益频繁，也相应开通了多条货运线路。这些线路主要集中在中哈边境上，哈萨克斯坦也成为中国在中亚地区开通国际公路运输线路最多的国家。下面是几条主要线路：

伊宁—都拉塔口岸（中）—科里扎特口岸（哈）—琼扎

伊宁—都拉塔口岸（中）—科里扎特口岸（哈）—阿拉木图

阿勒泰—吉木乃口岸（中）—迈哈布奇盖口岸（哈）—谢米巴拉金斯克

霍尔果斯口岸（中）—霍尔果斯口岸（哈）—雅尔肯特

塔城—巴克图口岸（中）—巴克特口岸（哈）—阿拉木图

乌鲁木齐—吉木乃口岸（中）—迈哈布奇盖口岸（哈）—兹里亚诺夫斯克

乌鲁木齐—吉木乃口岸（中）—迈哈布奇盖口岸（哈）—利德热

乌鲁木齐—阿拉山口口岸（中）—多斯蒂克口岸（哈）—塔尔迪库尔干

乌鲁木齐—霍尔果斯口岸（中）—霍尔果斯口岸（哈）—琼扎

乌鲁木齐—霍尔果斯口岸（中）—霍尔果斯口岸（哈）—塔尔迪库尔干

乌鲁木齐—巴克图口岸（中）—巴克特口岸（哈）—阿拉木图

喀什—奥什—伊尔克什坦—比什凯克

喀什—纳伦—吐尔尕特—比什凯克

喀什—红其拉甫口岸—苏斯特口岸—卡拉奇港/卡西姆港和喀什—红其拉甫口岸—苏斯特口岸—卡拉奇港—瓜达尔港

此外，为了满足中国与中亚地区日益扩大的经贸交流与人员往来的需求，本着推动合作、搞好协调、营造环境、促进便利的宗旨，还开辟了五条（如下所列）通往中亚乃至欧洲的国际公路运输走廊，再现“丝绸之路”，完善了国际公路运输体系，进一步促进了中亚地区经济的快速发展。

乌鲁木齐—阿拉山口口岸—阿克斗卡（哈）—卡拉干达（哈）—阿斯塔纳（哈）—彼得罗巴甫洛夫斯克（哈）—库尔干（俄）

乌鲁木齐—霍尔果斯口岸—阿拉木图（哈）—比什凯克（吉）—希姆肯特（哈）—突厥斯坦（哈）—克孜勒奥尔达（哈）—阿克套（哈）—欧洲

乌鲁木齐—库尔勒—阿克苏—喀什—伊尔克斯坦口岸—奥什（吉）—安集延（乌）—塔什干（乌）—布哈拉（乌）—捷詹（土）—马什哈德（伊）—德黑兰（伊）—伊斯坦布尔（土耳其）—欧洲

喀什—卡拉苏口岸—霍罗格（塔）—杜尚别（塔）—铁尔梅兹（乌）—布哈拉（乌）

卡拉奇港（巴）—白沙瓦（巴）—伊斯兰堡（巴）—红其拉甫口岸—喀什—吐尔尕特口岸—比什凯克（吉）—阿拉木图（哈）—塔尔迪库尔干（哈）—塞米巴拉金斯克（哈）—巴尔瑙尔（俄）

（三）通往东南亚地区

1. 中越公路通道

昆明—河内国际公路全长664km，其中云南境内段长400km，越南境内段长264km。从中国昆明到越南河内，再延伸到海防和广宁，即占据了“两廊一圈”中的一廊。2008年高等级公路全线贯通，极大地促进了旅游业和沿线贸易的繁荣发展，并形成了云南的另一条国际公路运输品牌线路。

2. 中老泰公路通道

昆明—磨憨—南塔—会晒—清孔—清莱—曼谷是目前由我国大西南陆路连接泰国最直接、最便捷的路径，全长约1796km。昆明至曼谷公路全线通车后，昆明到泰国北部城市清莱只有800多km，即一天多的车程；昆明到达曼谷陆路只需要两天时间；到达马来西亚、新加坡也只需要四天时间。公路客运将会成为最便捷的交通方式。公路货运将可以承载20ft或40ft大型集装箱运输，因此陆路运输将会成为中国与东盟市场的主要运输方式。昆明—曼谷公路将实现大西南高等级公路网与亚洲公路网的对接和融合，将中国、老挝、泰国、马来西亚、新加坡等国家连为一体，形成中国—老挝—泰国—马来西亚—新加坡国际公路运输商贸及旅游的黄金线路，有利于推动沿线各国经济社会的发展，昆明也将成为东盟国际运输线路的起发站和终点站。

3. 中缅公路通道

昆明至仰光的公路——昆明—瑞丽—腊戍—仰光，全长约1917km。国内昆明—瑞丽段全长约760km，瑞丽—仰光段长约1157km，均为三、四级公路，需要进行改扩建，还不能形成大通道格局。

4. 经缅甸至南亚公路通道

道路全长2482km，云南境内段长698km，“十一五”期间全线改建为高速公路。缅甸境内段长543km，印度境内段长617km，孟加拉境内段长624km。其中，缅甸境内猴桥至密支那公路长105km，是由中国出资援建的二级公路，已于2010年4月26日建成通车。

中国—东盟自由贸易区于2010年正式启动，处于中国—东盟自由贸易区咽喉要道的中国与上述各国的公路运输必将有极大的发展空间。

三、国际公路运输参与方的责任

1. 承运人的责任

公路运输承运人的责任期限是从接受货物时起至交付货物时止。在此期限内，承运人对货物的灭失损坏负赔偿责任。但不是由承运人造成的货物灭失损坏，承运人不予负责。根据我国公路运输规定，由于下列原因造成货物灭失损坏的，承运人不负责赔偿：

（1）人力不可抗拒的自然灾害或货物本身性质的变化以及货物在运送途中的自然消耗造成货物灭失损坏者。

（2）包装完好无损，而内部短损变质者。

（3）违反国家法令或规定，被有关部门查扣、弃置或作其他处理者。

（4）收货人逾期提取或拒不提取货物而造成霉烂变质者。

（5）有随车押运人员负责途中保管照料者。

对货物赔偿价格，按实际损失价值赔偿。如货物部分损坏，按损坏货物所减低的金额或按修理费用赔偿。

要求赔偿有效期限从货物开票之日起，不得超过六个月。从提出赔偿要求之日起，责任方应在两个月内作出处理。

2. 托运人的责任

公路运输托运人应负的责任基本与铁路运输、海上运输相同，主要包括按时提供规定数量的货载；提供准确的货物详细说明；货物唛头标志清楚；包装完整，适于运输；按规定支付运费。一般均规定有：如因托运人的责任所造成的车辆滞留、空载，托运人需担负延滞费和空载费等损失。

四、国际公路运输代理的资质与行政管理

我国政府部门在对国际公路货代行业的管理上，已从过去的以行政管理为主转变到市场经济条件下宏观调控和依法管理的轨道上来。1995 年 6 月，原外经贸部发布实施了《中华人民共和国国际货物运输代理业管理规定》，2004 年商务部又公布了《中华人民共和国国际货物运输代理业管理规定实施细则》，进一步改善了主管部门实行行业管理的法律环境。

商务部负责对国际公路货代行业实行监督管理，完善国际公路货代行业管理制度，建立了国际公路货代行业企业信息管理系统。

1996 年起，全国的公路货运代理企业实行年度审核制度，商务部对国际公路货代企业实施备案登记管理制度，并对其从事的业务范围进行了规定。

1. 国内投资国际公路货运代理企业的资质

国际货运代理业务的申请人应当是与进出口贸易或国际货物运输有关、有稳定货源的单位，且符合以上条件的投资者应当在申请项目中占大股。

承运人以及其他可能对国际货运代理行业构成不公平竞争的企业不得申请经营国际货运代理业务。禁止具有行政垄断职能的单位申请投资经营国际货运代理业务。

设立国际公路货物运输代理企业，应当具备下列条件：

（1）有与其从事的国际货物运输代理业务相适应的专业人员。具体来讲，至少要有 5 名从事国际货运代理业务 3 年以上的业务人员，其资格由业务人员原所在企业证明，或者取

得对外经济贸易合作部颁发的国际货物运输代理资格证书。

（2）有固定的营业场所。以自有房屋和场地作为经营场所的，应当提供产权证明。以租赁房屋和场地作为经营场所的，应当提供租赁期限在1年以上的租赁契约。

（3）有必要的营业设施。设立国际货物运输代理企业，应当拥有一定数量的电话、传真机、计算机、装卸设备、包装设备和短途运输工具。

（4）有稳定的进出口货源市场。在本地区进出口货物运量较大，具备进一步发展的条件和潜力，并且申报企业可以揽收到足够的货源。

（5）国际公路货物运输代理企业的注册资本最低限额为200万元人民币。

（6）国际货运代理企业成立并经营国际货运代理业务1年以上，形成一定经营规模的条件下，可以申请设立子公司或分支机构。

2. 外商投资国际公路货运代理企业的资质

外商投资国际货运代理企业是指境外的投资者以中外合资、中外合作或外商独资形式设立的接受进出口货物收货人、发货人的委托，以委托人的名义或者以自己的名义，为委托人办理国际货物运输及相关业务并收取服务报酬的外商投资企业。

申请设立外商投资国际货运代理企业的中外合营者必须具备以下条件：

（1）中方合营者中至少有一家是从事国际货运代理业务1年以上的国际货运代理企业或获得进出口经营权1年以上的企业，或者是从事相关的交通运输或仓储业务1年以上的企业，且符合上述条件的中方合营者在中方中应为第一大股东。

（2）外国合营者至少有一家是经营国际货运代理业务3年以上的企业，且符合上述条件的外方合营者在外方中应为第一大股东。

（3）中外合营者在申请之日前3年内没有违反行业规定的行为。

（4）拟在中国投资设立第二家国际货运代理企业的同一个外国合营者在中国境内投资设立的第一家国际货运代理企业经营已满2年。

（5）注册资本最低限额为100万美元。

（6）具有至少5名从事国际货运代理业务3年以上的业务人员或取得相应资格证书的业务人员。

（7）有固定的营业场所和必要的通信、运输、装卸、包装等营业设施。

【实训知识与技能】

一、国际公路运输常规操作流程

国际公路货运业务包括发送业务、途中业务和到达业务三部分。

（一）发送业务

发送业务包括托运受理、验货司磅、货物保管、组织装车和支票收费等内容。

1. 托运受理

托运受理是指承运人根据经营范围内的线路、站点、运距、中转站及各车站的装卸能力、货物的性质及受运限制等业务规则和有关规定接受托运货物、办理托运手续。

2. 验货司磅

货物受理人员在接到托运后，应及时验货过磅，做好记录，核对无误后方可办理交接手续。

3. 货物保管

货物进出仓要照单入库或出库，做到以票对票、票票不漏、货票相符。货物仓库应严格划分货位，一般可分为待运货位、急运货位、到达待交货位。同时，仓库应具备良好的通风能力、防潮能力、防火和灯光设备及安全保卫能力。

4. 组织装车

在进行正式装车时应做到：按交接清单的顺序和要求点件装车；将贵重物品放在防压、防撞的位置，保证运输安全；驾驶员（或随车理货员）清点随车单证并签章确认；检查车辆、关锁及遮盖捆扎情况。

零担货物的装车较为烦琐，在装车前首先应做好装车的准备工作，主要包括：按车辆容积、载重和货物的形状、性质进行合理配载，填制配装单和货物交接清单。填单时应按货物先远后近、先重后轻、先大后小、先方后圆的顺序进行，以便按单顺次装车，对不同到达站和中转的货物要分单填制。将整理后的各种随货单证分别附于交接清单后，按单核对货物堆放位置，作好装车标记。

（二）途中业务

途中业务主要包括途中货物交接、货物整理或换装等内容。

对于需要中转的货物需以中转零担班车或沿途零担班车的形式运到规定的中转站进行中转。中转作业主要是将来自各个方向的仍需继续运输的零担货物卸车后重新集结待运，继续运至终点站。零担货物的中转作业一般有三种方法：

1. 全部落地中转

全部落地中转是指将整车零担货物全部卸下交中转站入库，由中转站按货物的不同到站重新集结，另行安排零担货车分别装运，继续运到目的地。这种方法简便易行，车辆载重量和容积利用较好，但装卸作业量大，仓库和场地的占用面积大，中转时间长。

2. 部分落地中转

部分落地中转是指由始发站开出的零担货车，装运有部分要在途中某地卸下、转至另一路线的货物，其余货物则由原来车辆继续运送到目的地。

采用这种方法部分货物不用卸下汽车，减少了作业量，加快了中转作业速度，节约了装卸劳力和货位，但不易对留在车上的货物的装载情况和数量进行检查清点。

3. 直接换装中转

直接换装中转是指当几辆零担货车同时到站进行中转作业时，将车内部分中转零担货物由一辆车向另一辆车直接换装，而不在仓库货位上卸货。组织过车时，既可以向空车上过，也可以向留有货物的重车上过。

这种方法在完成卸车作业时即完成了装车作业，提高了作业效率，加快了中转速度，但对到发车辆的时间等条件要求较高，容易受意外因素干扰而影响运输计划。

零担货物的中转还涉及中转环节的理货、堆码、保管等作业，零担货物中转站必须配备相应的仓库等作业条件，确保货物安全、及时、准确地到达目的地。

（三）到达业务

到达业务主要包括货运票据的交接、货物卸车和交付等内容。

货物抵达目的地时，收货人应凭有效单证接收货物，同时收货人应在承运货物签收单上签字，加盖收货单位公章。如承运人和发货人对货物的重量和内容有质疑，均可提出查验与复磅要求，查验与复磅费用由责任方承担。

二、国际公路运输代理流程及手续

国际公路运输代理流程如下：

1. 签订货运代理协议

国际公路运输代理企业与客户就所运输的货物、运输要求及代理费用等事宜达成一致，同意为客户代理运输货物，签订货运代理协议。

2. 办理托运

国际公路运输代理企业代表客户寻找运输承运人，按照承运人的要求填写货物托运单，以此作为货物托运的书面申请。承运人接到托运单后，应认真审核查验各项内容，确认无误后在运单上进行签章，则表示接受承运。

3. 订立合同

国际公路货运合同是指合同中规定的接管和交付货物的地点位于不同国家，承运人以营运车辆进行货物运输，托运人支付运费并明确合同双方当事人权利和义务的合同。但在国际公路货运业务中，常常把运单视为运输合同而不另订运输合同。运输合同应以签发运单来确认。无运单、运单不正规或丢失不影响运输合同的成立或有效性。

4. 承运人接收货物

承运人接收货物时，应核对货物的名称、件数、体积、重量、包装方式等是否与运单记载内容相符，不得夹带、隐瞒与运单不符的其他货物。核对结果应记入运单中。如运单中未包含承运人的特殊保留条件，除非有相反证明，否则应认为当承运人接管货物时，货物和包装外表状况良好，件数、标志和号码与运单中的说明相符。

5. 办理海关及其他手续

国际公路运输代理企业代表客户办理报关、准运或审批、检验等手续（客户也可自行办理手续后将相关单据交给货代公司），然后将其交给承运人并随货同行。

6. 货物交付

货物到达指定地点后，收货人可向承运人索取货物并支付运单中应支付的费用。

三、国际公路运输单据的缮制与使用

在国际公路货运业务中，最重要的货运单证为国际道路货物运单（如表2-20所示），俗称托运单。人们习惯认为托运单的签发是运输合同的成立，因此，公路货运公约规定：“托运单是运输合同，是承运人收到货物的初步证据和交货的凭证。”

为了加强对出入境汽车运输单证的管理，我国交通运输部颁布的《中华人民共和国运输管理规定》中对出入境汽车运输企业所使用的国际道路货物运单式样作出了明确的规定，并要求出入境汽车应随车携带国际汽车运输行车许可证、货运单，配有统一标志。

运单应签发有托运人（发货人）和承运人签字的三份正本，这些签字可以是印刷的或经运单签发国的法律允许，由托运人（发货人）和承运人以盖章代替。第一份应交给托运人（发货人）；第二份应交付跟随货物同行，作为货物通关、交接的凭证；第三份应由承运人留存。当待装货物在不同车内或同一车内装有不同种类货物或数票货物时，托运人（发货人）或承运人有权要求对使用的每辆车、每种货物或每票货物分别签发运单。

国际道路货物运单的每个栏目均应由发货人、收货人和承运人填写。相关内容应用钢笔、圆珠笔填写清楚，或用打字机打印或加盖戳记。加盖戳记的印文必须清楚，填写文字必须正确，不得自造简化字。

运单第 1 ~12 栏以及第 16 栏由发货人填写，第 18 栏和第 20 栏由收货人填写，其他栏由承运人填写。

表 2-20　国际汽车货物运单范本

<table>
<tr><td colspan="3">1. 发货人
名称
国籍　　市</td><td colspan="4">2. 收货人
名称
国籍　　市</td></tr>
<tr><td colspan="3">3. 装货地点
国籍　　市
街</td><td colspan="4">4. 卸货地点
国籍　　市
街</td></tr>
<tr><td>5. 标记和号码</td><td>6. 件数</td><td>7. 包装种类</td><td>8. 货物名称</td><td>9. 体积/m³</td><td colspan="2">10. 毛重/kg</td></tr>
<tr><td></td><td></td><td></td><td></td><td></td><td colspan="2"></td></tr>
<tr><td></td><td></td><td></td><td></td><td></td><td colspan="2"></td></tr>
<tr><td></td><td></td><td></td><td></td><td></td><td colspan="2"></td></tr>
<tr><td colspan="7">11. 发货人指示</td></tr>
<tr><td colspan="7">a. 进/出口许可证　从　在　海关</td></tr>
<tr><td colspan="7">b. 货物声明价值</td></tr>
<tr><td colspan="7">c. 发货人随附单证</td></tr>
<tr><td colspan="3">d. 订单或合同号</td><td colspan="4">包括运费交货点</td></tr>
<tr><td colspan="3">e. 其他指示</td><td colspan="4">不包括运费交货点</td></tr>
<tr><td colspan="3">12. 运送特殊条件</td><td>14. 应付运费</td><td></td><td></td><td></td></tr>
<tr><td colspan="3">13. 承运人意见</td><td>运费</td><td>发货人</td><td>币别</td><td>收货人</td></tr>
<tr><td colspan="3" rowspan="5">15. 承运人</td><td></td><td></td><td></td><td></td></tr>
<tr><td></td><td></td><td></td><td></td></tr>
<tr><td></td><td></td><td></td><td></td></tr>
<tr><td>共计</td><td></td><td></td><td></td></tr>
<tr><td></td><td></td><td></td><td></td></tr>
<tr><td colspan="3">编制日期</td><td colspan="4">17. 收到本运单货物日期</td></tr>
<tr><td colspan="3">16. 到达装货　时　分</td><td colspan="4">达到卸货　时　分</td></tr>
<tr><td colspan="3">离去　时　分
发货人签字盖章　承运人签字盖章</td><td colspan="4">18. 离去　时　分
收货人
签字盖章</td></tr>
<tr><td rowspan="2">19. 海关机构记载</td><td colspan="2" rowspan="2">20. 收货人可能提出的意见</td><td colspan="4">21. 汽车号
拖挂车号
司机姓名
行车许可证号</td></tr>
<tr><td colspan="4">22. 运输里程
过境里程
收货人境内里程
共计</td></tr>
</table>

【任务实施】

步骤一：天津华安货运代理有限公司与客户就所运输的货物、运输要求及代理费用等事宜达成一致，同意为客户代理运输货物，签订货运代理协议。天津达飞医疗器械有限公司将相关单据交给天津华安货运代理有限公司。

步骤二：办理托运。天津华安货运代理有限公司联系天津海杰国际物流有限公司，按要求填写货物托运单，以下为托运单的填写样本（如表 2-21 所示）。

表 2-21　国际汽车货物运单

<table>
<tr><td colspan="3">1. 发货人
名称　天津达飞医疗器械有限公司
国籍　中华人民共和国　　市　天津市</td><td colspan="4">2. 收货人
名称　中俄友谊国际贸易有限公司
国籍　俄罗斯　　市　哈巴罗夫斯克市</td></tr>
<tr><td colspan="3">3. 装货地点　天津经济技术开发区
国籍　中华人民共和国　市　天津市开发区
街　　　第五大街 35 号</td><td colspan="4">4. 卸货地点
国籍　俄罗斯　　市　哈巴罗夫斯克市
街　　　马克思大街 6 号</td></tr>
<tr><td>5. 标记和号码</td><td>6. 件数</td><td>7. 包装种类</td><td>8. 货物名称</td><td>9. 体积/m³</td><td colspan="2">10. 毛重/kg</td></tr>
<tr><td>N/M</td><td>1000</td><td>纸箱</td><td>一次性注射针头</td><td>336</td><td colspan="2">35000</td></tr>
<tr><td></td><td></td><td></td><td></td><td></td><td colspan="2"></td></tr>
<tr><td>11. 发货人指示</td><td></td><td></td><td></td><td></td><td colspan="2"></td></tr>
<tr><td colspan="7">a. 进/出口许可证　　从　　　　在　　　　　　海关</td></tr>
<tr><td colspan="7">b. 货物声明价值 40000 元人民币</td></tr>
<tr><td colspan="7">c. 发货人随附单证</td></tr>
<tr><td colspan="3">d. 订单或合同号 SCN0123456</td><td colspan="4">包括运费交货点 哈巴罗夫斯克市</td></tr>
<tr><td colspan="3">e. 其他指示</td><td colspan="4">不包括运费交货点</td></tr>
<tr><td colspan="3">12. 运送特殊条件</td><td>14. 应付运费</td><td></td><td></td><td></td></tr>
<tr><td colspan="3">13. 承运人意见</td><td>运费</td><td>发货人</td><td>币别</td><td>收货人</td></tr>
<tr><td colspan="3" rowspan="5">15. 承运人</td><td>4600</td><td>天津达飞医疗器械有限公司</td><td>人民币</td><td>中俄友谊国际贸易有限公司</td></tr>
<tr><td></td><td></td><td></td><td></td></tr>
<tr><td></td><td></td><td></td><td></td></tr>
<tr><td>共计</td><td>4600</td><td></td><td></td></tr>
<tr><td></td><td></td><td></td><td></td></tr>
<tr><td colspan="3">编制日期</td><td colspan="4">17. 收到本运单货物日期</td></tr>
<tr><td colspan="3">16. 到达装货　　　　时　　分
离去　　　　　　时　　分
发货人签字盖章　　　　承运人签字盖章</td><td colspan="4">达到卸货　　　　时　　分
18. 离去　　　　　　时　　分
收货人
签字盖章</td></tr>
<tr><td rowspan="2">19. 海关机构记载</td><td colspan="2" rowspan="2">20. 收货人可能提出的意见</td><td colspan="4">21. 汽车号
拖挂车号
司机姓名
行车许可证号</td></tr>
<tr><td colspan="4">22. 运输里程
过境里程
收货人境内里程
共计</td></tr>
</table>

步骤三：天津海杰国际物流有限公司接收货物，核查货物是否与运单相符。

步骤四：办理海关及其他手续。天津华安货运代理有限公司代表客户办理报关手续及准运或审批、检验等手续。

步骤五：货物到达指定地点后，收货人可向承运人索取货物同时支付运单中写明的应支付的费用（或者运单中应支付的费用由货代公司垫付）。

本章小结

公路运输是指利用一定载运工具沿公路实现货物空间位移的过程，从狭义上说，就是指汽车运输。公路运输以其机动灵活、适应性强、可实现“门到门”直达运输、在中短途运输中运送速度较快、原始投资少、资金周转快等优势在整个运输领域中占有重要地位，是现代运输中非常重要的一种运输方式。它既是一个独立的运输体系，也是铁路车站、水运港口码头和航空机场的货物集疏运输的重要手段。

本章重点介绍了公路货物运输的概念和功能，还分别介绍公路整车运输、公路零担运输、集装箱货物运输、特种货物运输、包车运输等公路运输业务。其中整车运输和公路零担运输较为常见，本章用两节篇幅重点介绍了公路整车运输和公路零担运输的货运流程，包括运输流程及流程中涉及的相关运输单据的缮制及单据的流转程序。此外，还介绍了国际公路运输常规操作流程、国际公路运输代理流程及相关手续的办理以及国际公路运输单据的缮制与使用。

第三章　铁路货物运输实务

【学习目标】

通过对本章的学习，了解铁路货物运输的概念与构成要素，以及铁路货物运输的发展历程，熟悉铁路货物运输的种类和运输货物的分类，掌握国内和国际铁路货物运输业务流程、铁路货物运输费用的计算、国内和国际铁路货物运输相关单据的缮制和使用。

第一节　铁路货物运输概述

【基础知识】

一、铁路货物运输及其发展

铁路运输是一种陆上运输方式，铁路货物运输就是利用铁路设施、设备运送货物的一种运输方式。铁路货物运输按运输区域可分为国际铁路货物联运和国内铁路货物运输。铁路货物运输是现代化运输业的主要运输方式之一，是国民经济的大动脉，铁路运输具有载运量较大、运行速度较快、运费较低廉、运输准确、遭受风险较小的特点。铁路运输的地位仅次于海洋运输，与海洋运输相比，一般不易受气候条件的影响，可保障全年的正常运行，具有高度的连续性，因此，铁路运输更适宜承担远距离、大宗、重货运输。

1825 年 9 月 27 日，世界上第一条行驶蒸汽机车的英国斯托克顿——达灵顿铁路正式通车。很快铁路运输便在英国和世界各地通行起来，且成为世界交通的领导者近一个世纪之久。货物运输是铁路运输的主要部分，铁路的货物运输在各种运输方式中，曾经占到 45% 的份额。20 世纪 70 年代以后，各个国家铁路货物运输的运量不断攀升，到 2012 年底，我国铁路货物发送量完成 38. 92 亿 t。但是近几年，由于受公路货运、产业结构变化影响，各发达国家铁路货运量市场占有率呈下降趋势。铁路货运的最大缺点是缺乏弹性，在不少国家铁路货运正逐渐被道路货运取代，零散货物大量流向公路，相当一部分由铁路运输的大宗物资改走公路和水路，铁路货物运输原有的垄断地位面临着越来越严峻的挑战。铁路货物运输要向集中化、重载化、直达化、快速化和物流化方向发展，才会迎来更广阔的发展空间。

近几年，我国铁路实现了跨越式发展，保障了国民经济平稳运行，满足了人民生产生活的需要，但也存在政企不分、与其他交通运输方式衔接不畅等问题。为推动铁路建设，保障铁路运营秩序和安全，充分发挥各种交通运输方式的整体优势和组合效率，有必要实行铁路政企分开，加快推进综合交通运输体系建设。2013 年 3 月 10 日，我国公布了《国务院机构改革和职能转变方案》，对铁路系统的各大机构及其职能作了如下改革和调整：①将铁路系统一分为二，实现铁路政企分开。②将原铁道部（现中国铁路总公司）拟订铁路发展规划和政策的行政职责划入交通运输部。交通运输部统筹规划铁路、公路、水路、民航的发展，加快推进综合交通运输体系建设。③组建国家铁路局，由交通运输部管理，承担铁道部的其他行政职责，负责拟订铁路技术标准，监督管理铁路安全生产、运输服务质量和铁路工程质量等。④组建中国铁路总公司，承担原铁道部的企业职责，负责铁路运输统一调度指挥，经营铁路客货运输业务，承担专运、特运任务，负责铁路建设，承担铁路安全生产主体责任等。同时，不再保留铁道部。改革后，中国铁路总公司统一调度指挥铁路运输，实行全路集中统一管理，确保铁路运营秩序和安全，确保重要运输任务的完成，不断提高管理水平，为人民群众提供安全、便捷、优质的服务。

二、铁路运输的构成要素

铁路运输的构成要素包括运输线路、运输工具和铁路车站。

（一）铁路运输线路

运输线路是供运输工具定向移动的通道，是运输工具运行的基础。铁路运输线路是在路基上铺设轨道，供机车车辆和列车运行，进行铁路运输所修建的固定路线。可以说铁路运输线路是铁路机车和列车运行的保障。

铁路运输线路按其存在的意义和在整个铁路网中的作用的不同，可划分为三个等级。一级铁路是保证全国运输联系，具有重要政治、经济、国防意义和在铁路网中起骨干作用的铁路；二级铁路是具有一定的政治、经济、国防意义，在铁路网中起联络、辅助作用的铁路；三级铁路是为某一地区服务，具有地方意义的铁路。

铁路由铁路轨道、轨枕、路碴组成，它们各自的构成及功能如下：

铁路轨道简称路轨、铁轨或轨道等，铁路轨道用于铁路上，并与转辙器合作，令火车无需转向便能行走。铁路轨道最早是由两根木轨条组成，后改用铸铁轨，最后发展为今天的工字形钢轨。铁路轨道通常由两条平衡的钢轨组成，钢轨固定在轨枕上，轨枕之下为路碴。以钢铁制成的铁路轨道，可以比其他材料承受更大的重量。

轨枕也称枕木、灰枕或路枕。轨枕一般为横向铺设，用木、钢筋混凝土或钢制成，其作用是把钢轨的重量分开散布，保持路轨固定，维持路轨的轨距。

路碴也称道碴、碎石或道床。路碴通常采用碎石、卵石、矿渣等材料，其作用是为轨道提供弹性及排水功能。铁轨也可以铺在混凝土筑成的基座上（在桥上就相当常见），甚至嵌在混凝土中。

钢轨、轨枕、道床是由一些不同力学性质的材料，以不同的方式组合起来的。钢轨以连接零件扣紧在轨枕上，轨枕埋在道床内，道床直接铺在路基上面。轨道承受着多变化的垂直、横向、纵向的静荷载和动荷载，荷载从钢轨通过轨枕和道床传递到路基。通过力学理论，分析研究在各种荷载条件下，轨道各组成部分所产生的应力和应变，从而确定其承载能力和稳定性。

铁路两条钢轨之间的距离（以内距为准）就是轨距，科学表述为轨距是“钢轨头部踏面下 16mm 范围内两股钢轨工作边之间的最小距离”。国际上通用的标准轨距为 1435mm，世界上大约 60% 的铁路采用的都是这个轨距，中国的铁路也是。

（二）铁路运输工具

铁路货物运输是由铁路机车和铁路车辆组成货物列车在铁路轨道上进行运输的。铁路机车具有动力装置，而铁路车辆一般不具备动力装置，它必须在机车的牵引和推送下行驶和作业。铁路机车按动力来源可分为蒸汽机车、内燃机车、电力机车。铁路车辆一般可分为敞车、棚车、罐车、平车、保温车、专用车。

1. 敞车

敞车是指具有端壁、侧壁、地板而无车顶的货车，主要供运送煤炭、矿石、矿建物资、木材、钢材等大宗货物用，也可用来运送重量不大的机械设备，如图3-1所示。敞车的各种车型如表3-1所示。

图3-1 敞车

表3-1 敞车车型（部分）

车种代码	车种车型	自重/t	载重/t	轴数	商业运行速度/（km/h）	有效容积/m³	车辆最大宽×高/mm	车内长×宽×高/mm	车体材质
C	C16	19.7	60	4	100	50	3192×2527	12488×2888×1400	普碳钢
C	C16A	19.5	64.5	4	100	44	3180×2503	10990×2890×1400	耐候钢
C	C5D	25.6	65	5	100	79.6	3180×3283	12500×2890×2200	耐候钢
C	C61K	23.4	61	4	120	69.4	3242×3300	11000×2890×2200	耐候钢
C	C61T	23.4	61	4	100	69.4	3242×3297	11000×2890×2200	耐候钢
C	C61Y	23.2	60	4	100	67	3242×3260	11000×2890×2170	耐候钢
C	C61YK	23.5	60	4	120	67	3242×3260	11000×2890×2170	耐候钢
C	C62	20.6	60	4	100	68.8	3190×2993	12488×2798×2000	全钢

2. 棚车

棚车是指具有侧壁、端壁、底板和车顶，在侧壁上有门和窗的货车，用于运送怕日晒、雨淋、雪侵的包括各种粮谷、日用工业品及贵重仪器设备等的货物，如图3-2所示。棚车的各种车型如表3-2所示。

表3-2 棚车车型（部分）

车种代码	车种车型	自重/t	载重/t	轴数	车底架尺寸长×宽/mm	商业运行速度/（km/h）	有效容积/m³	车辆最大宽×高/mm
P	P50	21.6	50	4	13100×2900	80（重）	100	3320×4461
P	P60	22.6	60	4	15500×3030	80（重）	120	3338×4547
P	P61	24	60	4	15500×3030	80（重）	120	3336×4220
P	P62	24	60	4	15500×2820	80（重）	120	3312×4220

（续）

车种代码	车种车型	自重/t	载重/t	轴数	车底架尺寸长×宽/mm	商业运行速度/（km/h）	有效容积/m^3	车辆最大宽×高/mm
P	P62N	23.4	60	4	15500×2820	80（重）	120	3312×4220
P	P62NT	23.4	60	4	15500×2820	120	120	3312×4220
P	P62T	24	60	4	15500×2820	120	120	3312×4220
P	P63	24	60	4	15750×2783	80（重）	137	3274×4546

图 3-2　棚车

3. 罐车

罐车是指车体呈罐形的车辆，用来装运各种液体、液化气体和粉末状货物等，如图 3-3 所示。罐车的各种车型如表 3-3 所示。

图 3-3　罐车

表 3-3　罐车车型（部分）

车种代码	车种车型	自重/t	载重/t	轴数	车底架尺寸长×宽/mm	商业运行速度/（km/h）	有效容积/m^3	总容积/m^3	车辆最大宽×高/mm
G	G10	20.6	50	4	10500×2850	80（重）	27.3	28.2	2850×4098
G	G11	21.76	42.8	4	11050×2880	80（重）	35.5	37.4	2910×4127
G	G11	20	63	4	11050×2880	80（重）	34	38.3	2912×4127
G	G11B	18.96	54.9	4	11050×2880	80（重）	36	38.3	2912×4127
G	G11J	20.5	62.5	4	11050×2880	80（重）	47.3	41	2912×4322
G	G11S	20.1	63	4	11050×2880	80（重）	34	36	2912×4127
G	G12	23.2	50	4	10700×2830	80（重）	51	52.5	2892×4638
G	G12S	21.4	50	4	10700×2890	80（重）	54.3	57	2950×4477
G	G12SH	21.7	54	4	10700×2890	80（重）	54	56.7	2912×4523

4. 平车

平车主要运送钢材、木材、汽车、机械设备等体积或重量较大的货物，也可借助集装箱运送其他货物，如图 3-4 所示。平车的各种车型如表 3-4 所示。

图 3-4　平车

表 3-4　平车车型（部分）

车种代码	车种车型	自重/t	载重/t	轴数	车底架尺寸长×宽/mm	商业运行速度/(km/h)	车辆最大宽×高/mm	车体材质	面积/m^2
N	N60	18	60	4	13000×3000	90	3192×1921	木地板	39
N	NX17	22.1	60	4	13000×2980	100	3170×1937	木地板	41.9
N	NX17A	23	60	4	13000×2980	100	3180×1937	木地板	38.7
N	NX17AK	22.4	60	4	13000×2980	120	3170×1486	木地板	38.7
N	NX17AT	22.5	60	4	13000×2980	100	3170×1490	木地板	38.7
N	NX17B	22.4	61	4	15400×2960	100	3165×1942	木地板	45.6
N	NX17BH	22.8	61	4	15400×2960	120	3165×1409	木地板	45.6

5. 保温车

保温车又称冷藏车，用于运送易腐货物，外形似棚车，周身遍装隔热材料。车内有降温装置，可使车内保持需要的低温；有的保温车还有加温装置，在寒冷季节可使车内保持高于车外的温度，如图 3-5 所示。

图 3-5　保温车

6. 专用车

在铁路货车中，一般将家畜车、矿石车、水泥车、粮食车、毒品车、集装箱车和长大货车划分为专用车，专用车一般只运送一种或少数几种货物，用途较单一，同一种车辆要求装载的货物重量或外形尺寸比较统一。

（1）矿石漏斗车。为了适应大型冶金企业生产的需要，设计了该种用于采矿点至储矿槽间运送碎矿石的自卸式矿石漏斗车，如图 3-6 所示。

（2）散装水泥车适用于粉煤灰、水泥、石灰粉、矿石粉、颗粒碱等颗粒散装物的运输，主要供水泥厂、水泥仓库和大型建筑工地使用，可节约大量包装材料和装卸劳动，如图 3-7 所示。

图 3-6　矿石漏斗车

图 3-7　散装水泥车

（3）粮食车是装运散装谷物的车辆，常在粮食产量大的地区见到。此类运输车一般装有漏斗式卸粮系统，如图 3-8 所示。

（4）毒品车可装运农药等毒害品和有毒物品，如图 3-9 所示。

（5）集装箱车是指专为运送国内和国际标准集装箱而设计和制造的车辆。在我国铁路集装箱运输的发展初期，通常是采用通用车辆（主要是敞车）来装运集装箱。20 世纪 80 年代以后，为了适应国际多式联运的要求，车辆又进一步向大型化和高速化方向发展，为了加快铁路和公路的联运，还出现了公路铁路两用集装箱运输车，如图 3-10 所示。集装箱各种箱型如表 3-5 所示。

图 3-8　粮食车

图 3-9　毒品车

图 3-10　公路铁路两用集装箱车

表 3-5　集装箱箱型

箱型	箱　类	自重/t	总重/t	内部尺寸/mm			外部尺寸/mm			容积/m^3
				长	宽	高	长	宽	高	
20	通用集装箱	1.86~2.98	30.48	5898	2352	2393	6058	2438	2591	33.2
20	弧型罐式集装箱	6.3	30.48				6058	2438	2896	33.5
20	干散货集装箱	3.1	30.48	5900	2370	2323	6058	2438	2591	32.5
20	散装水泥罐式集装箱	4.95	30.48				6058	2438	2896	22
20	水煤浆罐式集装箱	4.25	30.48				6058	2438	2591	22
20	折叠式台架集装箱	2.5	30		2868	3180	5610	3155	3400	
20	改进型折叠式台架集装箱	2.1	30		2886	3330	5663	3165	3745	
20	石油沥青罐式集装箱	6.3	30.48				6058	2438	2591	24
20	框架罐式集装箱	4-4.64	30.48				6058	2438	2591	26
25	板架式汽车集装箱	4.68	34.48				7675	3300	348	
40	通用集装箱	3.88	30.48	12032	2352	2698	12192	2438	2896	76.4
45	冷藏集装箱	7.18	30.48	12716	2294	2554	13716	2438	2896	74.5
50	板架式汽车集装箱	10.9	60				15400	3300	270	

（三）铁路车站

铁路车站也称火车站，是从事铁路客运、货运业务和列车作业的处所，是客货运输的基地，旅客上下车和货物装卸车以及相关的作业都是在车站进行的，是铁路与旅客、货主之间的纽带。

铁路货运站是专门办理货运业务或以办理货运业务为主的车站。以办理货物装卸作业为主并办理少量客运或货车中转作业的车站也属于货运站。铁路运输货物必须由货运站办理货运作业。铁路货运站是铁路货物运输不可缺少的生产单位，是为办理货物的承运、装卸、交付、中转和联运货物的换装而修建的车站，或为专用线、专用铁路作业服务而设置的车站。

铁路货场是铁路车站办理货物承运、保管、装卸和交付作业的场所，也是铁路与其他运输工具相衔接的场所。铁路货场是铁路货物运输生产过程的起点，也是终点，是铁路货物运输对外开展业务的营业场所，也是铁路货运产品的营销窗口。货运作业量较大的车站一般都设有铁路货场。

铁路车站有多种分类方法，按办理的货物种类与服务对象可分为综合性货运站和专业性货运站；按运输对象可分为客运站、货运站和客货运站；按铁路车站所担负的货运量可分为特等站、一等站、二等站、三等站、四等站和五等站共六个等级；按技术作业性质可分为中间站、区段站和编组站三种。

三、铁路货物的分类

铁路运输具有运量较大、运行速度较快、运费较低廉、运输准确、风险较小和连续性较强等优点，通过铁路运输的货物涉及农、林、牧、渔、工、矿等各种产品和商品，且种类众多。铁路运输的货物按照运输条件的不同，可分为普通货物和按特殊条件运送的货物。

（一）普通货物

普通货物是指在铁路运输过程中，按照一般条件办理的货物，如煤、矿石、谷物、粮食、钢材、木材、棉布等。

（二）按特殊条件运输的货物

按特殊条件运输的货物是指由于货物的性质、体积或状态等在运输过程中需要使用特别的车辆装运或需要采取特殊运输条件和措施才能保证货物完整和行车安全的货物，如危险货物、鲜活货物、超限货物、超长货物、集重货物等。

1. 危险货物

危险货物是指在铁路运输中，具有爆炸、易燃、毒蚀、毒害、放射性等特性，在运输、装卸和储存保管过程中，容易造成人身伤亡或使货物发生损毁的货物。对于危险货物，在运输过程中要分别按其特性在包装、标志、承运、装卸、编组、防护和管理等方面采取妥善的安全措施。

2. 鲜活货物

鲜活货物是指在铁路运输过程中需要采取制冷、加温、保温、通风、上水等特殊措施，以防止腐烂变质或死亡的货物，以及其他托运人认为需按鲜活货物运输条件办理的货物。鲜活货物分为易腐货物和活动物两大类。易腐货物主要包括肉、鱼、蛋、奶、鲜水果、鲜蔬菜、鲜活植物等；活动物主要包括禽、畜、蜜蜂、活鱼、鱼苗等。

3. 超限货物

超限货物是指货物装车后，车辆停留在水平直线上，货物的任何部位超出机车车辆限界或车辆行经半径为300m 的铁路线路曲线时，货物的计算宽度超出机车车辆限界，以及超过特定段的装载界限的货物。根据货物的超限程度，超限货物分为三个等级：一级超限货物、二级超限货物和超级超限货物。对于超限货物，要在车辆选择、装载方案、装车和挂运方面采取妥善措施以确保运输安全。

4. 超长货物

超长货物是指长度超过所装平车的长度，需要使用游车或跨装运输而不超限的货物。超长货物通常有两种装载方法：一车负重一端或两端突出装载；用两辆或两辆以上平车跨装装载。无论使用哪一种方法，运输过程中均要保证货物装载和加固的安全。

5. 集重货物

集重货物是指装车后，重量不是均匀分布在车辆的底板上，而是集中在底板的小部分上的货物。集重货物的特点是重量大、支重面小、货车负重面承载重量大。对于集重货物，应在确定装载方案时，避免车底架受力过于集中而导致其工作负荷超过设计的限度。

四、铁路货物运输种类

铁路货物运输种类即铁路货物运输方式。铁路货物运输作业根据托运货物的重量、体积、形状，结合铁路的车辆和设备等情况，可分为整车运输、零担运输和集装箱运输等多种类型。

（一）整车运输

一批货物按照它的重量需要超过一辆的货车装运，或者虽然不能装满一辆货车，但是由于货物的性质、形状或运送条件等的限制，必须单独使用一辆货车装运时，都应以整车的方式运输。铁路运输的大部分货物都使用整车运输的方式，这正体现了铁路在远距离运输、大宗货物运输、大批货物运输、大件货物运输、笨重货物运输等方面的优势。

1. 办理整车运输的条件

一批货物凡因重量、性质、体积、形状需要以一辆或一辆以上货车装运的，均按整车条件运输。

2. 整车分卸

托运人托运同一到站的货物数量不足一车而又不能按零担办理，或要求将同一线路上两个或最多不超过三个到站的货物合装一车时，按整车分卸办理。整车分卸由于在运输途中需要办理分卸，中途分卸站既办理到达作业，又办理途中作业，增加了铁路运输组织工作的难度，因此，对整车分卸规定了必要的限制条件：

（1）托运的货物必须是规定不得按零担托运的货物（密封、使用冷藏车装运需要制冷或保温的货物和不易计算件数的货物除外）。

（2）到达分卸站的一批货物数量不足一车。

（3）到站必须是同一线路上的两个或三个到站。

（4）货物必须在站内卸车。

（5）在发站装车时货物必须装在同一货车内作为一批货物托运。

按整车分卸办理的货物，除派有押运人员外，托运人需在每件货物上拴挂标记，在分卸站卸车后，必须对车内货物进行整理，以防偏重或倒塌。

3. 站界内搬运

装车和卸车地点不跨及两个车站或不越过装车地点车站的站界的运输称为站界内搬运。

4. 途中作业

货车装车或卸车地点不在公共装卸场所，而在相邻的两个车站站界间的铁路沿线的作业称为途中作业。

整车分卸和途中作业只限按整车托运的货物。危险货物不办理站界内搬运和途中作业。托运人要求途中作业和站界内搬运时，需在月度要车计划（铁路运输服务订单）上注明，经铁路批准后方可办理。

（二）零担运输

一批货物如果按照性质、形状、运送条件等不需要单独使用一辆货车运输，可以与其他几批货物拼装为一辆货车运送时，则按零担的方式运输。

1. 办理零担货物运输的条件

凡不够整车运输条件的货物，可按零担货物托运。零担货物的体积不得小于 $0.02m^3$/件，但一件重量在10kg以上时，则不受此最小体积限制。零担货物每批件数不得超过300件。下列货物不得按零担货物托运：

（1）需要冷藏或保温运输的货物。

（2）规定限按整车办理的货物（装入铁路批准使用爆炸品保险箱运输的除外）。

（3）易污染其他货物的污秽品（经过卫生处理不致污染其他货物的除外）。

（4）蜜蜂。

（5）不易计算件数的货物。

（6）未装入容器的活动物（铁路局规定可按零担运输办理的除外）。

（7）一件重量超过2t、体积超过 $3m^3$ 或长度超过9m的货物（发站认为不致影响中转站或到站卸车作业者除外）。

零担货物一般在公共作业场所组织运输。专用线、专用铁路内组织直达整装零担运输，需与铁路分局协商并签订运输协议后方可办理。

2. 个人托运物品运输

个人托运物品按《个人物品运输办法》的规定办理。个人托运物品中禁止夹带金银珠宝、文物字画与贵重物品、有价证券、货币凭证和危险货物。

个人托运的物品除按规定拴挂货签、涂写与货签相同的标记外，还需在有包装的物件内放入写有与货物运单记载一致的到站、收货人名称和地址的字条。

（三）集装箱运输

铁路货物运输中，符合集装箱运输条件而使用集装箱进行的货物运输称为集装箱运输。符合集装箱运输条件的货物包括以贵重、易碎、怕湿货物为主的“适箱货物”和其他适合集装箱运输的货物。集装箱运输可节约货物包装材料，降低商品成本，简化运输手续，提高装卸作业效率，加速货物和车辆周转。

（四）铁路快运

铁路快运是指以快速货运列车进行的货物运输。为加速货物运输，提高货物运输质量，适应市场经济的需要，铁路开办了货物快速运输业务，在全铁路的主要干线上开行了各式的快速货运列车。

按整车、集装箱、零担运输的货物，除不宜按快运办理的煤、焦炭、矿石、矿建等品类的货物外，托运人都可要求铁路部门按快运办理。

（五）班列运输

班列运输是指铁路开行的发到站间直通、运行线和车次全程不变，发到日期和时间固定，实行以列、组、车或箱为单位报价、包干办法，即定点、定线、定车次、定时、定价的货物列车。班列按其运输内容可分为集装箱货物班列、鲜活货物班列、普通货物班列。班列运输的特点如下：

（1）运达迅速。班列运行速度双线区间为800km/天以上，单线区间为500km/天以上，运达速度快。

（2）手续简便。托运人可在车站的一个窗口一次性办理好手续。

（3）运输费用标准固定，透明度高。

（4）班列在运输组织上实行“五优先、五不准”原则，即优先配车、优先装车、优先挂运、优先放行、优先卸车，除特殊情况报铁路部门批准外，不准停限装、不准分界口拒接、不准保留、不准途中解体、不准变更到站。

五、铁路货物运输相关参与方

在铁路货物运输过程中，铁路货物运输的参与者主要是铁路货运合同的当事人，即承运人、托运人与收货人。

（一）承运人

承运人是铁路运输的承担者，承运人应承担的义务是将承运的货物按照铁路运输合同规定的期限，将货物完好、按期运抵到站交给收货人，并有权向托运人或收货人收取运输费用。由于托运人或收货人的责任给铁路或第三者造成财产损失的，承运人有权要求托运人或收货人进行赔偿。在运输过程中货物发生货损货差、承运人多收运输费用或运输违约，托运人有权要求承运人赔偿或退款。在我国，铁路货物运输的承运人指中国铁路总公司。

（二）托运人

托运人是铁路货物运单中“托运人”栏下记载的人，根据铁路货物运输合同，托运人是指与承运人订立运输合同的人。托运人应承担的义务是按运输合同约定的时间和有关要求，向承运人交付所要托运的货物和规定的运输费用。有时我们将货物实际交与承运人的人也称为发货人，发货人可以是货物的所有人，也可以是货物所有人的代理人，即从事铁路货运代理的物流公司。

（三）收货人

收货人一般是发货人的各分支机构或客户，是铁路货物运单中“收货人”栏下记载的人。收货人的义务是在货物免费暂存期限内将货物搬出车站，缴清托运人未交或少交的一切运输费用，按铁路规定处理其他未尽事宜。因承运人的责任发生货损货差或运输违约的，收货人有权要求承运人进行赔偿和退款。

第二节　国内铁路货物运输实务

【任务引入】

北京同辉物流有限公司是一家专门从事铁路货物运输的第三方物流企业，其总部设在北京市朝阳区，该物流企业在全国都有分公司。2013 年 5 月 9 日，天合粮油集团有限公司

（地址：北京市朝阳区大连道125号，联系电话：010-6677889）想从北京给上海富祥食品有限公司（地址：上海市徐汇区华海路5号，联系电话021-4422335）运一批黄豆，共计110t，该批黄豆用编织袋包装，每袋100kg，共1100袋。天合粮油集团有限公司委托北京同辉物流有限公司完成该批货物的运输，请模拟北京同辉物流有限公司的业务员，完成该批货物的铁路运输任务。

【任务分析】

作为北京同辉物流有限公司的业务员，在接到以上运输任务后，应首先确定此次运输是否属于自己公司的业务范围，确定可以代理后，要与客户签订委托代理合同。代理合同签订后，北京同辉物流有限公司就代表客户天合粮油集团有限公司与铁路运输部门联系，帮助客户完成该批黄豆的运输。要想顺利完成运输任务，必须熟悉铁路运输的整个业务流程，下面在“实训知识与技能”部分向大家介绍铁路运输的发送作业、途中作业、到达作业等运输业务流程以及流程当中涉及的铁路运输单据的填写方法，同时介绍铁路运输费用核算和运输逾期等问题。

【实训知识与技能】

一、国内铁路货物运输业务流程

我国铁路货物运输主要是在车站内完成的，按照其作业流程可以分为发送作业、途中作业和到达作业，具体流程如图3-11所示。

（一）发送作业

铁路货物运输在始发站进行的各项货运作业统称为货物的发送作业。发送作业是铁路货运业务的开始，包括签订合同、托运受理、装车作业、货物承运四个环节。

1. 签订合同

铁路货物运输合同是承运人将货物从始发站运输至指定地点，托运人或收货人支付运输费用的合同。货运合同的当事人是承运人、托运人与收货人。根据我国《合同法》和《铁路货物运输合同实施细则》的规定，承运人和托运人双方必须签订货运合同，货运合同可以使双方权益得到保障。铁路货运合同分为预约合同和承运合同两种形式。

（1）预约合同。预约合同以铁路货物运输服务订单（简称为“订单”）作为合同书，订单分为铁路货物运输服务订单（整车）和铁路货物运输服务订单（零担、集装箱、班列）两种（如表3-6和表3-7所示），预约合同签订过程就是订单的提报与批准过程。

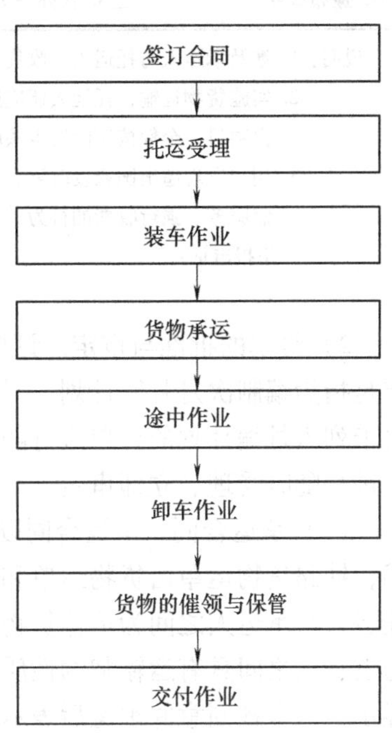

图3-11 铁路货物运输作业流程图

1）订单的提报。为了方便统一安排、重点保证，托运人应于每月19日前向铁路部门提报次月集中审定的订单，订单内容应填写正确、字迹清楚，不得涂改。与铁路联网的托运人，可通过网络向铁路部门提报。

表 3-6　铁路货物运输服务订单（整车）

铁路货物运输服务订单（整车）

年＿＿＿＿月份

<table>
<tr><td rowspan="2">提表时间：　　年　月　日
要求运输时间：　　日至　　日
受理号码：</td><td>发　站</td><td>名称：　　　略号</td></tr>
<tr><td>发货单位盖章</td><td>省/部名称:＿＿＿＿代号:＿＿＿＿
发货单位名称:＿＿＿＿代号:＿＿＿＿
地址:＿＿＿＿＿＿＿电话:＿＿＿＿</td></tr>
</table>

<table>
<tr><td rowspan="3">顺号</td><td>到局：</td><td colspan="2">代号：</td><td colspan="4">收货单位</td><td colspan="2">货物</td><td>车种代号</td><td rowspan="3">车数</td><td rowspan="3">特征代号</td><td rowspan="3">换装港</td><td rowspan="3">终到港</td><td rowspan="3">报价
/(元/t)
/(元/车)</td><td rowspan="3">备注</td></tr>
<tr><td rowspan="2">到站</td><td rowspan="2">到站电报略号</td><td rowspan="2">专用线名称</td><td colspan="2">省/部</td><td rowspan="2">名称</td><td rowspan="2">代号</td><td colspan="2">品名</td><td rowspan="2">吨数</td></tr>
<tr><td>代号</td><td>名称</td><td>名称</td><td>代号</td></tr>
<tr><td></td><td></td><td></td><td></td><td></td><td></td><td></td><td></td><td></td><td></td><td></td><td></td><td></td><td></td><td></td><td></td><td></td></tr>
<tr><td></td><td></td><td></td><td></td><td></td><td></td><td></td><td></td><td></td><td></td><td></td><td></td><td></td><td></td><td></td><td></td><td></td></tr>
<tr><td></td><td></td><td></td><td></td><td></td><td></td><td></td><td></td><td></td><td></td><td></td><td></td><td></td><td></td><td></td><td></td><td></td></tr>
<tr><td colspan="10">供托运人自愿选择的服务项目（由托运人填写，需要的项目打“✓”）
□1. 发运综合服务　　□5. 清运、消纳垃圾
□2. 到达综合服务　　□6. 代购、代加工装载加固材料
□3. 仓储保管　　□7. 代对货物进行包装
□4. 篷布服务　　□8. 代办一关三检手续</td><td colspan="3">说明或其他要求事项

□保价运输</td><td colspan="4">承运人签章

年　月　日</td></tr>
</table>

说明：1. 涉及承运人与托运人、收货人的责任和权利，按《铁路货物运输规程》办理。

2. 实施货物运输，托运人还应递交货物运单，承运人应按报价核收费用，装卸等需要发生后的费用，应先列出项目，金额按实际发生核收。

3. 用户发现超出国家发改委、铁路部门、省级物价部门公告的铁路货运价格及收费项目标准收费的行为和强制服务、强行收费的行为，有权举报。

举报电话：　　　　物价部门　　　　铁路部门

2）订单的批准与审定。订单的审定方式有集中审定、随时审定、立即审定等。集中审定是指为编制次月月统计划，对每月 19 日前提报的次月订单进行定期审定；随时审定是指对未列入月编计划的订单进行随时受理随时审定；立即审定是指对抢险救灾、紧急运输的物资进行随时受理、立即审定。

（2）承运合同。承运合同以铁路货物运单（简称为“运单”，如表 3-8 所示）作为合同书，铁路货物运单由货物运单和领货凭证两部分组成。领货凭证如表 3-9 所示。货物运单是托运人与承运人之间为运输货物而签订的一种货运合同或货运合同的组成部分，即铁路部门与发货人之间具有运输契约性质的一种运送单据，托运人按要求填写运单并提交给承运人，经承运人审核同意并承运后表示合同成立。因此，铁路货物运单既是确定托运人、承运人、收货人之间在运输过程中的权利、义务和责任的原始依据，又是托运人向承运人托运货物的申请书，以及承运人承运货物和核收运费、填制货票以及编制记录和理赔的依据。

1）铁路货物运单的种类。铁路货物运单共有四种：黑色印刷的为现付运单；红色印刷的为到付或后付运单；黄色印刷的为剧毒品专用运单，且运单上印有剧毒品标志图形；黑色印刷且运单表头印有“快运货物运单”字样的为快运货物运单。

表 3-7 铁路货物运输服务订单（零担、集装箱、班列）

铁路货物运输服务订单（零担、集装箱、班列）

××铁路局　　　　编号：

托运人： 地址： 电话：　　　　邮编：		收货人： 地址： 电话：　　　　邮编：	
发站：	到站（局）：	车种/车数：	箱型/箱数
装货地点：		卸货地点：	

货物品名	品名代码	货物价值	件数	货物重量	体积
要求发站装车日期　月　日或班车列次		日期　月　日		付款方式	

供托运人自愿选择的服务项目（由托运人填写，需要的项目打“✓”）

☐1. 发运综合服务	☐5. 清运、消纳垃圾
☐2. 到达综合服务	☐6. 代购、代加工装载加固材料
☐3. 仓储保管	☐7. 代对货物进行包装
☐4. 篷布服务	☐8. 代办一关三检手续

说明或其他要求事项　　　　☐保价运输

托运人报价：　　　　元，具体项目、金额列后：

序号	项目名称	单位	数量	收费标准	金额/元	序号	项目名称	单位	数量	收费标准	金额/元

托运人/收货人签章	承运人签章	车站指定装车日期及货位
年　月　日	年　月　日	

说明：1. 涉及承运人与托运人、收货人的责任和权利，按《铁路货物运输规程》办理。

2. 实施货物运输，托运人还应递交货物运单，承运人应按报价核收费用，装卸等需要发生后的费用，应先列出项目，金额按实际发生核收。

3. 用户发现超出国家发改委、铁路部门、省级物价部门公告的铁路货运价格及收费项目标准收费的行为和强制服务、强行收费的行为，有权举报。

举报电话：　　　　物价部门　　　　铁路部门

2）运单的填写要求。铁路货物运单是托运人与承运人签订的货物运输协议，具有法律效力，对承运和托运双方都具有约束力，因此填写必须认真且符合规定，做到正确、完备、真实、详细、清楚。运单填写的具体要求有：①铁路货物运单填写和记录的内容要符合规定；②记录的事项必须填写齐全，不得遗漏，如危险货物不仅要填写货物的名称，而且要填写其编号；③实事求是地填写，内容不得虚假隐瞒，如不能错报、匿报货物品名；④填写的品名应具体，有具体名称的不能简写或填概括名称，如双人床、沙发、立柜不能填写为家具；⑤填写时应保证字迹清晰，使用钢笔、水笔或通过加盖戳记、打印等方法填写，不能用红色水笔填写，文字要规范，以免造成办理上的错误。

在实际工作中，还应注意以下几点：

表 3-8 铁路货物运单

铁路货运单

货物指定于　　月　　日搬入　　××铁路局

承运人/托运人装车
承运人/托运人施封

货位：　　　　货物运单

计划号码或运输号码：　　　　　　　货票第　　号

送到期限　　日　　托运人→发站→到站→收货人

托运人填写				承运人填写			
发站		到站（局）		车种车号		货车标重	
到站所属省（市）自治区				施封号码			
托运人	名称			经由		铁路货车篷布号码	
	住址		电话		集装箱号码		
收货人	名称			运价里程			
	住址		电话				

货物名称	件数	包装	货物价格	托运人确定重量/kg	承运人确定重量/kg	计费重量	运价号	运价率	运费
合计									
托运人记载事项	保险：			承运人记载事项					

注：本单不作为收款凭证，托运人签约须知见背面。规格：350×185mm。

托运人盖章或签字

年　月　日

到站交付日期戳

发站承运日期戳

领货凭证

车种及车号

货票第　号

运到期限　日

发站		
到站		
托运人		
收货人		
货物名称	件数	重量
托运人盖章或签字		
发站承运日期戳		

注：收货人领货须知见背面

表 3-9 领货凭证

领货凭证

领货凭证（正面）

车种车号

货票第　　号

运输期限　日

发站		
到站		
托运人		
收货人		
货物名称	件数	重量
托运人盖章签字		
发站承运日期戳		

领货凭证（背面）

收货人领货须知

1. 托运人应及时将领货凭证寄交收货人。收货人接到领货凭证后，及时向到站联系领取货物。

2. 收货人领取货物超过免费暂存期限时，应按规定支付暂存费。

3. 收货人在到站领取货物时，如遇到货物未到，应要求到站在本证背面加盖车站日期戳证明货物未到。

①托运人填写部分的托运人记载事项栏，已上保险的需盖“已投保运输险，保险凭证××号”章。

②承运人填写部分的经由栏在绕行时填写站名和线名。

③运价里程栏填写最短里程，绕行时填写绕行里程。

④运单内填写各栏有更改时，在更改处，属于托运人记载事项的应由托运人盖章证明，属于承运人记载事项的应由车站加盖站名戳记。

⑤按一批托运的货物品名过多不能在货物运单上逐一填写，或同一包装内有两种或两种以上的货物时，托运人必须在填写货物运单外另附“物品清单”一式三份（如表3-10所示）。

表3-10 物品清单

物品清单

发站　　　　　　　　　　　　　　　　　　　　　　　　货票第______号

货件编号	包装	详述内容			件数或尺寸	重量	价格
		物品名称	材质	新旧程度			

托运人盖章或签字　　　　　年　　月　　日

托运人填写物品清单时应保证所填事项属实，匿报、错报货物品名、重量时应按规定支付违约金。物品清单由车站加盖承运日期戳后，一份留发站存查，一份给托运人留底，还有一份随同运送票据递交车站。

2. 托运受理

（1）托运。托运人向承运人提交货物运单和货物，提出运输要求，称为货物的托运。托运人向承运人交运货物，应向车站按批提出货物运单一份。托运人所托运的货物应符合一批的要求，不得将不能按一批托运的货物作为一批货物托运。托运人向车站提交货物运单，即说明其向铁路部门详细而正确地提出了书面申请，并愿意遵守铁路货物运输的有关规定，履行义务，且货物已准备就绪，随时可以移交承运人。

（2）受理。车站接到托运人提交的货物运单后，应认真审查（整车货物应有货物运输计划），确认可以承运后，车站在货物运单上签好货物搬入日期或装车日期，即为受理。

1）审查货物运单。审查货物运单时重点审查货物运单各栏填写是否齐全、正确，填写字迹是否清晰；领货凭证与运单是否一致；货物名称是否准确；托运人和收货人的地址是否填写完整；需要声明的事项是否已在“托运人记载事项”栏中注明清楚；托运易腐和放射性货物时，填写运单是否符合运输期限的要求。

2）签证货物运单。货物运单经审查符合要求后可进行签证。零担货物和集装箱运输的货物，应在货物运单上签证运输号码、货物搬入日期及地点，托运人按运单签证内容要求搬入货物。整车货物如果在站内装车，应在货物运单上签证计划号码、货物搬入日期和地点，托运人按运单签证内容要求搬入货物。整车货物如果在专用线装车，则应在货物运单上签证计划号码和装车日期，然后将货物运单交给指定的专用线货运员，按时到装车地点检查货物。

（3）进货与验货：

1）进货。进货是指托运人凭车站签证后的货物运单，按指定日期将货物搬入货场指定的货位。托运人进货时，应根据货物运单核对所运货物品名与现货是否相符，按照指定位置和指定的搬入日期将货物搬入货场。

2）验货。验货是指承运人为了保证货物运输全过程的安全，划清承运人与托运人之间的责任，货场管理人员对搬入货场的货物进行有关事项的检查与核对，确认符合运输要求并同意货物进入场、库指定货位的过程。验货主要包括以下几方面：

①货物的名称、件数是否与货物运单的记载相符。

②货物的状态是否良好。

③货物的运输包装和标记及加固材料是否符合规定。托运人托运货物应根据货物的性质、重量、运输种类、运输距离、气候以及货车装载等条件，使用符合运输要求、便于装卸和保证货物安全的运输包装。

④货物的标记（货签）是否齐全、正确。

⑤货件上的旧标记是否撤换或抹消。

⑥装载整车货物所需要的货车装备物品或加固材料是否齐备。

（4）货物的件数、重量。在铁路运输过程中，货物的重量不仅是承运人与托运人、收货人之间交接货物和收取运费的重要依据，而且直接关系到列车运行的安全性，影响铁路运营指标。保证货物的件数和重量的准确是承运人必须履行的义务。因此，铁路明确规定了确定货物件数和重量的范围。

按整车运输的货物，原则上按件数和重量承运，但有些非成件货物或一批货物件数过多而且规格不同，在承运、装卸、交接和交付时，点件费时、费力，只能按重量承运，不再计算件数。只按重量承运、不计算件数的货物有：

1）散堆装货物。

2）以整车运输的规格相同的（规格在3种以内视为规格相同）件数超过2000的货物。

3）规格不同、一批数量超过1600件的成件货物。

由托运人确定重量的整车货物与集装箱货物，承运人应进行抽查；零担货物除标准重量、标记重量或有过秤清单及一件重量超过车站衡器最大称量的货物外，由承运人确定重量，并核收过秤费。

（5）货物的标记。货物的运输标记也称货签，是由货物名称、托运人、收货人、发站、到站、一批货物的总件数及运输号码等内容构成的用文字形式显示的货物运输指示标记。为确保货物运输安全，针对货物性质的不同，指示标记的要求也不同。货物标记的图形必须符合国家标准《包装储运图示标志》的规定。这些标记除在运单上有记载外，还必须在货物本身得到反映，一则与运输票据相联系，二则当运输票据丢失或发生票货分离时，也便于将货物运抵到站，交付收货人。货物标记的存在方便了货物的清点、核对与交接，提高了货物搬运、装卸与存查作业的效率。

货物标记必须书写清晰，拴挂、粘贴或钉固在明显处，记载事项必须与运输票据相应内容一致。纸质货签必须用坚韧的纸张制作。不适宜用纸质标记的货物，应使用油漆在货件上标记或使用金属、木材、布、塑料板等材料制成标记。对包装规格相同而到站或收货人不同的货物，可选用颜色不同的标记加以区别，防止混淆。包装不适宜粘贴或钉固时，可将其拴挂起来。托运行李或搬家时，还应在货物包装袋内部放置标签，以便外部货物标记失落时仍可确定货物的所属和去向。危险货物还需使用危险货物包装标记。整车货物一车一批，故一般无需货物标记。零担货物的受理和交付需凭货物标记进行票货核对，以防货物零散而导致错运或误交等事故发生。

3. 装车作业

（1）装卸车责任范围的划分如下：

1）承运人装卸的范围。货物装车或卸车的组织工作，在车站公共装卸场所以内由承运人负责。有些货物虽在车站公共装卸场所内进行装卸作业，但由于在装卸作业中需要特殊的技术、设备、工具，仍由托运人或收货人负责组织。

2）托运人、收货人装卸的范围。在车站公共装卸场所以外进行的装卸作业，装车由托运人负责，卸车由收货人负责。此外，如前所述，对于性质特殊的货物，在车站公共场所以内装卸也由托运人、收货人负责。符合该种情况的货物有：

①罐车运输的货物。

②冻结的易腐货物。

③未装容器的活动物、蜜蜂、鱼苗等。

④一件重量超过1t的放射性同位素。

⑤由人力装卸带有动力的机械和车辆。

其他货物由于性质特殊，经托运人或收货人要求，并经承运人同意，也可由托运人或收货人组织装车或卸车，如气体放射性物品、尖端保密物资、特别贵重的展览品、工艺品等。货物的装卸无论由谁负责，都应在保证安全的条件下，积极组织快装、快卸，昼夜不断地作业，以缩短货车停留时间，加速货物运输。

（2）装车作业包括装车前检查、装车的基本要求和装车后检查。具体内容如下：

1）装车前检查。为保证装车工作质量和装车工作顺利进行，装车前应提前清理货场内部，限制车辆和闲杂人进入，安排好相关装卸、运输设备及搬运工人并做好相关的检查工作，包括检查运单、检查待装货物和检查货车等工作。

检查运单即检查运单的填记内容是否符合运输要求，有无漏填和错填。检查待装货物即根据运单所填记的内容核对待装货物品名、件数、包装，检查标志、标签和货物状态是否符合要求。集装箱还需检查箱体、箱号和封印。检查货车即检查发车的技术状态和卫生状态，其主要内容包括：

①检查货车是否符合使用条件。

②检查货车状态是否良好，主要检查车体（包括透光检查）、车门、车窗、盖、阀是否完整良好，车内是否干净，是否被毒物污染。装载食品、药品、活动物和有押运人乘坐时，还应检查车内有无恶臭异味，

③检查货车“定检”是否过期，有无扣修通知、货车洗刷回送标签或通行限制。

2）装车的基本要求有：

①装车时要由货运员核对车号和货物后才可作业，不得错装、漏装、超载装，包装不符合规定的不准装车。

②装载的货物不得超重、超高，成件货物应排列紧密、整齐，重心稳定，货物重量应均匀分布在车底板上，不得偏重和集重。

③装载货物时应认真做到轻拿轻放，大不压小、重不压轻，堆码整齐、牢固、紧密，捆绑牢固，严禁货物侧放、卧装，保证在运输中不发生移动、滚动、倒塌或坠落等情况。包装破损的货物不准装车。

④货场内搬运货物时，机械设备的行驶速度不得大于15km/h。

⑤使用敞车装载怕湿货物时应堆码成屋脊形，苫盖好篷布，并用绳索捆绑牢固。篷布不得破、漏，打开后不得积水，装载不足时要使用篷布支架。车号须露在篷布外。遮盖两块篷布时，应按列车前进的方向顺向压缝，压缝宽度大于70cm。最后把使用篷布的号码、块数填在运单上。自备篷布的应在“托运人记载事项”栏标明。

⑥使用棚车装载货物时，放在车门口的货物，应与车门保持适当距离，以防挤住车门或失损货物。

⑦使用罐车、敞车或平车装运货物时，应各按其规定办理装车。

⑧装车后需要施封的货车由装车单位进行施封。施封是货物交接、划分运输责任的一项手段。在货物运输过程中，可以通过观察和检查施封状态判断货物是否保持完整，从而划分承运人与托运人对货物完整应负的责任。

3）装车后检查。为保证正确运送货物和行车安全，货物装车后还需要检查下列内容：

①检查有无超重、超限现象，以及装载是否稳妥，捆绑是否牢固，施封是否符合要求，表示牌插挂是否正确。对装载货物的敞车，要检查车门插销、底开门搭扣和篷布的苫盖、捆绑情况。

②检查运单有无漏填和错填，车种、车号和运单所记载的内容是否相符。

③检查货位有无误装或漏装的情况。

4. 货物承运

（1）货票。货票是铁路运输货物的凭证，也是一种具有财务性质的票据，可以作为承运货物的依据和交接运输的凭证，如表3-11所示。整车货物装车后、零担货物过秤后、集装箱货物装箱后，货运员将签收的运单移交货运室填制货票，核收运杂费。货票应根据货物运单记载的内容填写，手工制票时，金额不得涂改，填写错误时按作废处理，字迹必须清晰，如有更改，必须盖章证明。

货票一式四联，各联正面内容完全相同。甲联为发站存查联；乙联为报告联，由发站每日按顺序整理好，定期由发站报发局；丙联由发站给托运人作为报销凭证；丁联为运输凭证，由发站随货物递交到站，到站由收货人签章交付，作为完成运输合同的唯一依据。

车站在货物运单和货票上加盖车站日期戳并收取运费后，即将领货凭证和货票丙联一起交给托运人。

（2）货物承运包括承运前的保管和承运两部分：

1）承运前的保管。托运人将货物搬入车站验收完毕后，一般不能立即装车，需在货场内存放，这就产生了承运前保管的问题。对于整车货物，发站实行承运前保管的，从收货完毕填发收货证起，即负责承运前保管责任。对于零担货物和集装箱运输的货物，车站从收货完毕时即负承运前保管责任。

表 3-11 货　　票

<u>××　铁　路　局</u>

<u>货　　票</u>

计划号码或运输号码　　　　　　　　　　　　　　　　　　　　甲联

货物运到期限　　　日　　　　　　　　发站存查

发站			到站(局)		车种车号		货车标重	承运人/托运人 装车	
托运人	名称				施封号码			承运人/托运人 施封	
	地址				铁路货车篷布号码				
收货人	名称				集装箱号码				
	地址				经由		运价里程		
货物名称	件数	包装	货物重量/kg		计费重量	运价号	运价率	现　付	
			托运人确认	承运人确认				费别	金额
								运费	
								装费	
								联送车费	
								过秤费	
合计									
记事								合计	

发站承运日期戳

经办人盖章

2）承运。零担货物和集装箱运输的货物由发站接收完毕，整车货物装车完毕，发站在货物运单上加盖车站日期戳时起，即为承运。承运是货物运输合同的成立，从承运起承运和托运双方就要分别履行运输合同规定的义务和责任。因此，承运意味着铁路负责运输的开始，是承运人与托运人划分责任的时间界线，同时承运标志着货物正式进入运输过程。

（3）货物的押运。在铁路货物运输中，活动物、需要浇水运输的鲜活植物、生火加温运输的货物、挂运的机车和轨道起重机以及特殊规定应派人押运的货物，必须派人押运，承运人向托运人收取押运人乘车费。派人押运的货物，托运人应在货物运单的“托运人记载事项”栏内注明押运人姓名和证明文件的名称和号码以及押运人数，除特定者外，每批不应超过 2 人。押运人应注意以下内容：

1）押运人应随身携带证明文件，严格遵守押运货物的有关规定，不得擅离职守。

2）押运人应熟悉所押货物的特性，负责所押货物的安全。

3）押运人严禁在货车下乘凉避雨，不得蹬坐车帮和探身车外，不得在货车顶部或货垛的高处坐卧、走动或停留，也不得乘坐在易于窜动货物的空隙间，严禁携带危险品，不得在货车内吸烟、生火。

4）发现危及货物、人身、行车安全的情况，要立即通知车长、车站处理。

（二）途中作业

1. 货运合同的变更和解除

（1）货运合同的变更。相关内容如下：

1）货运合同变更的种类。货运合同变更主要有两种情况，即变更到站和变更收货人：

①变更到站。货物已经装车挂运，托运人或收货人可按批向货物所在的中途站或到站提出变更到站。

②变更收货人。货物已经装车挂运，托运人或收货人可按批向货物所在的中途站或到站提出变更收货人。

2）货运合同变更的限制。铁路是按计划运输货物的，货运合同变更必然会给铁路运输工作的正常秩序带来一定的影响。所以，对于下列情况承运人不受理货运合同的变更：

①违反国家法律、行政法规。

②违反物资流向。

③违反运输限制。

④运输对象为蜜蜂。

⑤变更到站后的货物运到期限长于容许运到期限。

⑥变更一批货物中的一部分。

⑦第二次变更到站的货物。

3）货运合同变更的处理。托运人或收货人要求变更货运合同时，应提交领货凭证和货物运输变更要求书，无法提交领货凭证时，应提交其他有效证明文件，并在货物运输变更要求书内注明。提交领货凭证是为了防止产生托运人要求铁路办理变更，而原收货人又持领货凭证向铁路要求交付货物的矛盾。

（2）货运合同的解除。整车货物和大型集装箱货物在承运后挂运前，零担和其他型集装箱货物在承运后装车前，托运人可向发站提出取消托运，经承运人同意，货运合同即告解除。

解除合同后，发站应向托运人退还全部运费与押运人乘车费，但特种车使用费和冷藏车回送费不退。此外，托运人或收货人还应按规定支付变更手续费、保管费等费用。

2. 运输阻碍的处理

因不可抗力的原因致使行车中断，货物运输发生阻碍时，铁路局对已承运的货物可指示绕路运输，或者在必要时先将货物卸下妥善保管，待恢复运输时再装车继续运输。

（三）到达作业

铁路运输货物在到达站进行的各种作业，称为到达作业。货物到达后，运输货物顺利交付表明运输合同的终止。

1. 重车到达

铁路货运列车到达后，车站应派人接收重车。在交接货车时，应详细进行货运票据与现车的核对，对货车装载状态进行检查，最后与车长或列车乘务员办理重车及货运票据的交接签证。

2. 卸车作业

（1）卸车前工作。卸车前首先应接收卸车计划，安排卸车货位，确认卸车货位清扫状态；检查卸车票据，确认票据记载到站货物与实际到站货物是否相符，待卸车辆的车型、车号、标记载重是否与票据记载相符；检查线路安全距离；有作业车时通知装卸班组整理原作业车内货物，撤出人员，停止原有装卸作业，撤除防护信号；检查货车、货物的装载、篷布及施封状态，核对篷布号码，发现问题及时通知有关人员会同检查和处理。

(2) 卸车作业。在卸车作业过程中，货运员要正确开封、开启车门或取下苫盖篷布，逐批核对和清点货物，合理使用货位，根据货位和货物有关尺寸、包装、重量及性质和安全的要求等，选择合理的货物堆码方法。

(3) 卸车后工作。检查票据上记载的货位与实际堆放货位是否相符；检查货票是否已填写卸车日期；检查货物件数与运单是否相符，货物堆放是否符合要求；检查车内货物是否卸净，车内是否进行了清扫、不残留货底；检查用于捆绑加固的铺垫物、索具是否清理干净，货车内壁、底板上的钉固物是否清除干净；检查卸后车辆的车门、车窗、端侧板，冷藏车的顶盖、仪表盖，罐车的盖、阀、螺栓是否关闭、拧牢；检查装运活动物、鲜鱼类和某些易腐货物的车辆，是否按规定进行了洗刷除污，装运剧毒品和受到危险品、污秽品污染的货车，是否按规定进行了洗刷消毒。

3. 货物的催领

为了保障货场作业效率，一般情况下，当货运员收到到达货运票据并核对完毕后，在票据上加盖到达日期戳记，并登记到达登记簿，计算出交付货物时应收或应退的一切费用后，应及时发出催领通知。由铁路部门组织卸车的货物，应不晚于卸车完毕后的第二天发出催领通知；由收货人组织卸车的货物，应在货车调到前，将调到时间及时通知发货人。发出货物催领通知时，车站应在货票有关栏内记明通知的方式和时间、发送电报和书信的收据及接电话人的姓名等内容，以便备查。

4. 货物交付

货物交付是指收货人凭领货凭证到铁路货运部门办理货物领取手续，与铁路货运部门交接票据和货物的作业过程。货物交付完毕表示货物运输过程终止。收货人领货时需携带收货人身份证进行领取，收货人为单位的需携带单位出具的证明文件及个人身份证进行领取。

收货人持领货凭证和规定的证件到货运室办理货物领取手续时，应首先支付货票中核算的费用，并在货票丁联盖章（或签字）。货物在运输途中发生的费用（如包装整修费、托运人责任的整理或换装费、货物变更手续费等）和到站发生的杂费，应由收货人在到站支付。

运输相关费用支付完毕，收货人可与铁路货运部门在规定的地点进行货物和货车的交付。由铁路货运部门组织卸车和在发站由铁路货运部门组织装车的，以货物卸车完毕为交付完毕；由收货人组织卸车的，以货车到达卸货地、货车交接完毕为交付完毕。货物和货车交付完毕，铁路货运部门在货物运单上加盖货物交付日期戳记，并记录货物和货车交付完毕的时间，至此货物运输合同宣告终止。

收货人持加盖过货物交付日期戳记的运单将货物搬出货场，门卫对搬出的货物应认真检查品名、件数、交付日期与运单记载是否相符，经确认无误后方可将货物放行搬运出货场。

5. 货物的保管

对到达的货物，收货人应及时将货物搬出。对于未按时领取的货物，铁路货运部门有义务提供一定的免费保管期限，以便收货人安排搬运车辆、办理仓储手续。

由承运人组织卸车的货物，从催领通知发出次日零时算起，24h 内为免费保管期，过期未将货物搬出的，收货人应支付暂存费。

货物运抵到站，收货人应及时领取。拒绝领取时，应出具书面说明，自拒领之日起，3日内到站应及时通知托运人和发站，征求处理意见。托运人自接到通知之日起，30日内提出处理意见答复到站。

催领通知发出次日起30日仍无人领取或收货人拒领、托运人也未按规定期限提出处理意见的货物，承运人可按无主货处理，并应及时对货物进行收集和专库保管，不得以车或箱代替仓库。对性质不宜长期保管的货物，承运人根据具体情况，可缩短通知和处理期限。

二、铁路货物运价的确定

铁路货物运价又称铁路运费，是铁路货运部门向货主核收的运输费用，包括铁路运输费用、装卸费和附带作业费。我国的铁路运价是国家计划运输价格，它的形成以运输价值为基础，在运输成本基础上加利润和税金。铁路运价按运输地区、运送方式、车辆类型、货物种类、运输速度、运输距离、运输条件等不同情况制定并实行差别定价。其中，运输费用的计算公式如下

$$
\begin{aligned}
\text{运输费用} &= \text{货物运价率} \times \text{计费重量} \\
&= (\text{发到基价} + \text{运行基价} \times \text{运价里程}) \times \text{计费重量}
\end{aligned}
$$

计算步骤如下：

（1）按《全国铁路主要站间货运里程表》（如表3-12所示）查询并计算出发站至到站的运价里程。

表3-12 全国铁路主要站间货运里程表 （单位：km）

北京	北京											
天津	137	天津										
沈阳	741	707	沈阳									
长春	1046	1012	305	长春								
哈尔滨	1288	1354	547	242	哈尔滨							
济南	497	360	1067	1372	1614	济南						
合肥	1074	973	1680	1985	2227	613	合肥					
南京	1160	1023	1730	2035	2277	663	312	南京				
上海	1463	1326	2033	2335	2577	966	615	303	上海			
杭州	1589	1452	2159	2464	2706	1092	451	429	201	杭州		
南昌	1449	1444	2151	2456	2689	1137	478	838	837	636	南昌	
福州	2334	2197	2904	3209	3451	1837	1196	1174	1173	972	622	福州

（续）

石家庄	277	419	1126	1431	1673	301	914	964	1267	1393	1293	1915	石家庄															
郑州	689	831	1538	1843	2085	666	645	695	998	1124	927	1549	412	郑州														
武昌	1225	1367	1972	2277	2519	1202	1181	1231	1230	1029	391	1013	948	536	武昌													
长沙	1583	1725	2330	2635	2877	1560	1222	1200	1199	998	418	984	1306	894	358	长沙												
广州	2289	2431	3036	3341	2928	2151	1826	1804	1803	1602	1022	1588	2012	1600	1064	706	广州											
南宁	2561	2703	3411	6313	3855	2538	2098	2076	2075	1874	1294	1860	2282	1870	1336	978	1334	南宁										
西安	1159	1301	1906	2211	2453	1177	1156	1206	1509	1635	1412	2389	923	511	1047	1405	2111	2383	西安									
兰州	1811	1948	2552	2962	3099	1853	1832	1182	2185	2311	2088	3065	1599	1187	1723	2081	2787	3059	676	兰州								
西宁	2092	2235	2839	3144	3386	2069	2048	2098	2401	2527	2304	3281	1815	1403	1939	2297	3003	3275	892	216	西宁							
乌鲁木齐	3768	3911	4515	4820	5062	3745	3724	3774	4077	4065	4391	4957	3491	3079	3615	3973	4679	4951	2568	1892	2108	乌鲁木齐						
成都	2042	2185	2789	3094	3336	2019	1998	2048	2351	2552	2239	2805	1765	1353	1737	1923	2527	1832	842	1172	1388	3026	成都					
贵阳	2539	2681	3286	3591	3833	2516	2076	2054	2053	1852	1272	1838	2262	1850	1314	956	1560	865	1809	2139	2355	3993	967	贵阳				
昆明	3178	3320	3925	4230	4472	3119	3098	2693	3069	2868	1911	2477	2901	2489	1953	1595	2199	1504	1942	2272	2488	4126	1100	639	昆明			
太原	514	650	1255	1560	1802	532	1145	1195	1498	1624	1944	2521	231	577	1179	1537	2243	2515	651	1327	1543	3219	1493	2460	2593	太原		
呼和浩特	667	804	1408	1713	1955	1164	1777	1827	2130	2256	2674	3303	871	1362	1898	2256	2962	3234	1291	1144	1360	3036	2133	3100	3233	640	呼和浩特	
银川	1343	1480	2084	2389	2631	1840	2002	2052	2355	2481	2258	3235	1547	1357	1893	2251	2957	3229	846	468	684	2008	1342	2309	2442	1316	676	银川

注：本里程表是根据铁路货运运价里程表规定的接算站计算的。当两站之间有两条以上路径时，是选择最短的路径或直通快车运行的路径计算的。

（2）根据货物运单上填写的货物名称查找《铁路货物运输品名分类与代码表》（如表3-13所示）确定适用的运价号（也称货价号）。

表3-13　铁路货物运输品名分类与代码表（部分）

货物品类	整车运价号	零担运价号	货物品类	整车运价号	零担运价号
原煤	4	21	黄豆	4	21
石油	4	22	塑料	4	22
动植物油脂	5	22	原油	6	22
装饰材料	5	22	润滑油	6	22

（3）在铁路货物运价率表（如表3-14所示）中查询运价号对应的发到基价和运行基价。

表 3-14　铁路货物运价率表

办理类别	运价号	发到基价		运行基价	
		单位	标准	单位	标准
整车	1	元/t	6.20	元/(t·km)	0.0360
	2	元/t	6.80	元/(t·km)	0.0432
	3	元/t	8.50	元/(t·km)	0.0484
	4	元/t	10.50	元/(t·km)	0.0537
	5	元/t	11.40	元/(t·km)	0.0612
	6	元/t	16.80	元/(t·km)	0.0845
	机械冷藏车	元/t	12.5	元/(t·km)	0.0850
零担	21	元/10kg	0.122	元/(t·km)	0.00060
	22	元/10kg	0.171	元/(10kg·km)	0.00087
集装箱	1t 箱	元/箱	10.70	元/(箱·km)	0.0414
	20ft 箱	元/箱	249.20	元/(箱·km)	1.1730
	40ft 箱	元/箱	436.30	元/(箱·km)	1.8346

（4）代入公式计算得出运输费用。

（5）其他费用。在计算国内铁路运输费用时，除了基本运费外，一般还附加电气化附加费和建设基金等费用。

1）电气化附加费。电气化附加费是指凡货物运输中途经过电气化区段时，均按《铁路电气化附加费核收办法》的规定收取电气化附加费。

电气化附加费的计算公式为

$$电气化附加费 = 电气化附加费费率 \times 计费重量 \times 电气化里程 \tag{3-2}$$

其中，电气化附加费费率可以通过电气化附加费费率表（如表 3-15 所示）确定，电气化里程可以查询电气化里程表得到。

表 3-15　电气化附加费费率表

种类＼项目		计算单位	费率	种类＼项目		计算单位	费率
整车货物		元/(t·km)	0.01200	集装箱	40ft 箱	元/(箱·km)	0.40800
零担货物		元/(10kg·km)	0.00012	集装箱 空自备箱	1t 箱	元/(箱·km)	0.00360
自轮运转货物		元/(轴·km)	0.03600		10t 箱	元/(箱·km)	0.05040
集装箱	1t 箱	元/(箱·km)	0.00720		20ft 箱	元/(箱·km)	0.09600
	10t 箱	元/(箱·km)	0.10080		40ft 箱	元/(箱·km)	0.20400
	20ft 箱	元/(箱·km)	0.19200				

2）铁路建设基金。铁路建设基金是指铁路部门收取建设基金专款专用，用于保证铁路建设的不断发展。

铁路建设基金的计算公式为

$$铁路建设基金 = 铁路建设基金费率 \times 计费重量 \times 基金里程 \quad (3\text{-}3)$$

其中，铁路建设基金费率可以通过铁路建设基金费率表（如表 3-16 所示）确定，基金里程就是货运里程，可以查询全国铁路主要站间货运里程表得到。

表 3-16　铁路建设基金费率表

<table>
<tr><th colspan="2">项目种类</th><th>计费单位</th><th>农药</th><th>磷矿石棉花</th><th>其他货物</th></tr>
<tr><td colspan="2">整车货物</td><td>元/(t · km)</td><td>0. 019</td><td>0. 028</td><td>0. 033</td></tr>
<tr><td colspan="2">零担货物</td><td>元/(10kg · km)</td><td>0. 00019</td><td colspan="2">0. 00033</td></tr>
<tr><td colspan="2">自轮运装货物</td><td>元/(轴 · km)</td><td colspan="3">0. 099</td></tr>
<tr><td rowspan="4">集装箱</td><td>1t 箱</td><td>元/(箱 · km)</td><td colspan="3">0. 0198</td></tr>
<tr><td>10t 箱</td><td>元/(箱 · km)</td><td colspan="3">0. 02772</td></tr>
<tr><td>20ft 箱</td><td>元/(箱 · km)</td><td colspan="3">0. 528</td></tr>
<tr><td>40ft 箱</td><td>元/(箱 · km)</td><td colspan="3">1. 122</td></tr>
</table>

【例题】 从北京站运输一批润滑油（重 56000kg）到哈尔滨，需用 60t 的棚车进行装运，请计算北京站应核收的运费。(已知北京到哈尔滨的电气化里程为 1257km)。

解答：

查全国铁路主要站间货运里程表可知北京到哈尔滨的货运里程为 1288km。

查铁路货物运输品名分类与代码表可知润滑油的整车运价号为 6。

查铁路货物运价率表可知发到基价为 16. 80 元/t，运行基价为 0. 0845 元/（t · km）。

将所得数据代入式（3-1）得

$$\begin{aligned} 运费 &= 货物运价率 \times 计费重量 = (发到基价 + 运行基价 \times 运价公里) \times 计费重量 \\ &= (16.80\ 元/t + 0.08450\ 元/(t \cdot km) \times 1288km) \times 60t = 7545.888\ 元 \end{aligned}$$

查电气化附加费率表可知电气化附加费费率为 0. 01200 元/(t · km)，代入式（3-2）得

$$\begin{aligned} 电气化附加费 &= 电气化附加费费率 \times 计费重量 \times 电化里程 \\ &= 0.01200\ 元/(t \cdot km) \times 60t \times 1257km = 905.04\ 元 \end{aligned}$$

查铁路建设基金费率表可知铁路建设基金费率为 0. 033 元/(t · km),代入式(3-3)得

$$\begin{aligned} 铁路建设基金 &= 铁路建设基金费率 \times 计费重量 \times 运价里程 \\ &= 0.033\ 元/(t \cdot km) \times 60t \times 1288km = 2550.24\ 元 \end{aligned}$$

基本运费与附加费合计为(7545. 888 + 905. 04 + 2550. 24)元 = 11001. 168 元。

三、运到逾期

1. 运到期限

铁路货运部门承运货物后，应在最短期限内将货物运送至最终到站。货物从发站至到站所允许的最大限度的运送时间即为货物运到期限。

货物运到期限由发送期间、运送期间以及特殊作业时间三部分组成。

（1）发送期间。无论慢运还是快运，随旅客列车挂运的整车或大吨位集装箱货物、由货物列车挂运的整车或大吨位集装箱以及零担货物的发运期间均为 1 天（昼夜）。

（2）运送期间。运价里程每 250km 或其未满为 1 天；按快运办理的整车货物，运价里程每 500km 或其未满为 1 天。

（3）特殊作业时间。以下几种特殊作业时间应分别计算，当一批货物同时具备几项时，应累加计算。

1）需要途中加冰的货物，每加冰1次，另加1天。

2）运价里程超过250km的零担货物和1t、5t型集装箱另加2天。

3）一件重量超过2t、体积超过$3m^3$或长度超过9m的零担货物，另加2天。

4）整车分卸货物，每增加一个分卸站，另加1天。

5）准、米轨间直通运输的整车货物，因需在接轨站换装而另加1天。

2. 运到逾期

铁路货物运输作业中，若货物实际运到天数超过规定的运到期限天数，则该批货物运到逾期。如果货物运到逾期，铁路货运部门应按该线路所收取运费的一定比例，向收货人支付逾期罚款。收货人有权在货物到达后两个月内向铁路货运部门提出逾期赔偿的要求。要求赔偿时由收货人提交运单正本和货物到达通知书以及货物运到逾期赔偿请求书一式两份。

货物实际运到日期应从承运货物的次日零时起开始计算，不足一天按一天计算。在到站由铁路组织卸车的，至卸车完终止；在到站由收货人组织卸车的，至货车调到卸车地点或交接地点时终止。逾期罚款的计算方法如下：

$$逾期罚款 = 运费 \times 罚款率$$

$$逾期百分率 = \left(\frac{实际运送天数 - 按规定计算运到期限天数}{按规定计算运到期限天数}\right) \times 100\%$$

按《国际铁路货物联合运输协定》（简称《国际货协》）的规定，罚款率如表3-17所示。

表3-17　罚款率表

逾期总天数占运到期限天数的比例	罚款率	逾期总天数占运到期限天数的比例	罚款率
不超过1/10	6%	超过3/10，但不超过4/10	24%
超过1/10，但不超过2/10	12%	超过4/10	30%
超过2/10，但不超过3/10	18%		

【例题】 从甲站于2013年4月10日将一整车新鲜蔬菜发往乙站，用加冰冷藏车按快运办理，甲乙两站之间的运价里程为2150km，途中加冰2次，该批货物于4月20日到达。已知铁路所收的运费为5000元。请问该批货物是否逾期到达？若逾期，铁路部门应向收货人支付多少逾期款？

解答：

（1）先计算运到期限：已知发送期间为1天，运输期间为2150km/500km/天≈5天，特殊作业时间为2天，则

$$运到期限 = (1 + 5 + 2)天 = 8天$$

（2）实际运送时间为10天，可判断为逾期到达。

（3）计算逾期罚款

$$\begin{aligned}逾期百分率 &= [(实际运送天数 - 按规定计算运到期限天数)/按规定计算运到期限天数] \\ &= (10天 - 8天)/8天 \times 100\% = 25\% = 2.5/10\end{aligned}$$

$$逾期罚款 = 运费 \times 罚款率 = 5000元 \times 18\% = 900元$$

【任务实施】

在任务分析中已经明确了北京同辉物流有限公司作为天合粮油集团有限公司的代理，帮助其联系铁路货运部门完成把黄豆从北京运往上海的任务。具体操作步骤如下：

步骤一：天合粮油集团有限公司指定北京同辉物流有限公司作为自己的法定代表人，与铁路货运部门办理运输手续时，应首先与北京同辉物流有限公司签订运输委托书（如下所示）。

委托书

现委托北京同辉物流有限公司为天合粮油集团有限公司的代表人，在你站办理有关货物托运、领取等手续。

北京同辉物流有限公司应履行义务：代理天合粮油集团有限公司办理铁路货物托运及领取货物手续。

天合粮油集团有限公司应履行义务：提供货物随运证明并按约定支付北京同辉物流有限公司代理费。

委托权利和义务有效期从2013年5月10日生效至2013年6月10日终止。

委托人：天合粮油集团有限公司（盖章）

地址：北京市朝阳区大连道125号

2013年5月9日

步骤二：北京同辉物流有限公司接受天合粮油集团有限公司委托后，帮其代办铁路运输事宜，需填写铁路货物运单。

步骤三：北京同辉物流有限公司向铁路货运部门提交铁路货物运单，经铁路货运部门审查，确认可以承运。托运受理后，铁路货运部门在货物运单上填写货物搬入日期为2013年5月15日，填写北京至上海的运价里程1463km，因为该批货物采用整车进行运输，需用两辆60t的棚车，故计费重量为货车载运量120t，运费的计算步骤如下：

查铁路货物运输品名分类与代码表可知黄豆的整车运价号为4。

查铁路货物运价率表可知发到基价为10.50元/t，运行基价为0.0537元/(t·km)。

将所得数据代入式（3-1），得

$$
\begin{aligned}
\text{运输费用} &= (\text{发到基价} + \text{运行基价} \times \text{运价里程}) \times \text{计费重量} \\
&= (10.50\text{元/t} + 0.0537\text{元/(t·km)} \times 1463\text{km}) \times 120\text{t} \\
&= 10688\text{元}
\end{aligned}
$$

最后托运人凭铁路货运部门签证后的货物运单，按指定日期将货物搬入货场指定的货位，托运人和承运人填写的铁路货物运单如表3-18所示。

步骤四：货场管理人员对托运人搬入货场的货物进行检查与核对后，进行装车。装车前与装车后要注意上述“实训知识与技能”环节中提到的注意事项，按要求进行作业。

步骤五：整车货物装车后，发生装车费1550元，货运员将签收的运单移交货运室填制货票，核收运杂费，5月16日发站在货物运单上加盖车站日期戳，货物正式开始运输，货票填写如表3-19所示。

表 3-18　铁路货物运单

铁路货物运单

货物指定于 5 月 15 日搬入　　××铁路局

承运人/托运人装车
承运人/托运人施封

货位：　　　　　　　　　　货物运单

计划号码或运输号码：　　　　　　货票第　　　号

运到期限　　日　　　托运人→发站→到站→收货人

<table>
<tr><td colspan="5">托运人填写</td><td colspan="5">承运人填写</td></tr>
<tr><td>发站</td><td>北京</td><td colspan="2">到站(局)</td><td>上海</td><td>车种车号</td><td>P60</td><td colspan="2">货车标重</td><td>60t</td></tr>
<tr><td colspan="3">到站所属省(市)自治区</td><td colspan="2">上海</td><td>施封号码</td><td colspan="4"></td></tr>
<tr><td rowspan="2">托运人</td><td>名称</td><td colspan="3">天合粮油集团有限公司</td><td>经　由</td><td colspan="3">铁路货车篷布号码</td><td></td></tr>
<tr><td>住址</td><td>北京市朝阳区大连道 125 号</td><td>电话</td><td>010-6677889</td><td>济南</td><td colspan="4"></td></tr>
<tr><td rowspan="2">收货人</td><td>名称</td><td colspan="3">上海富祥食品有限公司</td><td>运价里程</td><td rowspan="2">集装箱号码</td><td colspan="3" rowspan="2"></td></tr>
<tr><td>住址</td><td>上海市徐汇区华海路 5 号</td><td>电话</td><td>021-4422335</td><td>1463</td></tr>
<tr><td>货物名称</td><td>件数</td><td>包装</td><td>货物价格</td><td>托运人确定重量/kg</td><td>承运人确定重量/kg</td><td>计费重量</td><td>运价号</td><td>运价率</td><td>运费/元</td></tr>
<tr><td>黄豆</td><td>1100</td><td>编织袋</td><td>48730000</td><td>110000</td><td>110000</td><td>120000</td><td>4</td><td>89.0631</td><td>10688</td></tr>
<tr><td></td><td></td><td></td><td></td><td></td><td></td><td></td><td></td><td></td><td></td></tr>
<tr><td></td><td></td><td></td><td></td><td></td><td></td><td></td><td></td><td></td><td></td></tr>
<tr><td></td><td></td><td></td><td></td><td></td><td></td><td></td><td></td><td></td><td></td></tr>
<tr><td></td><td></td><td></td><td></td><td></td><td></td><td></td><td></td><td></td><td></td></tr>
<tr><td>合计</td><td></td><td></td><td></td><td></td><td></td><td></td><td></td><td></td><td></td></tr>
<tr><td>托运人记载事项</td><td colspan="4">保险：每件重 100kg，已投保运输险，保险凭证 35</td><td>承运人记载事项</td><td colspan="4"></td></tr>
</table>

注：本单不作为收款凭证，托运人签约需知见背面。规格：350×185mm。	托运人盖章或签字 2013 年 5 月 10 日	到站交付日期戳	发站承运日期戳

步骤六：经过运输，该批黄豆 5 月 25 日到达上海站，按照规定计算运到期限可以判断为逾期到达，铁路货运部门应支付相应的罚款，计算步骤如下：

（1）先计算运到期限：已知发送时间为 1 天，运输时间为 1463km/250km/天≈6 天，特殊作业时间为 0 天，则

$$运到期限=(1+6)天=7天$$

（2）实际运送时间为 9 天，可判断为逾期到达。

（3）计算逾期罚款

逾期百分率＝[(实际运送天数－按规定计算运到期限天数)/按规定计算运到期限天数]

$$=(9天-7天)/7天\times100\%=28.57\%=2.857/10$$

表 3-19 货　票

××铁路局

货　票

计划号码或运输号码　　　　　　　　　　　　　　　　　　　　　　　　　　　　甲联

货物运到期限　　　日　　　　　　　　　　　　发站存查

发站	北京	到站(局)	上海		车种车号	P60	货车标重	承运人/托运人 装车	
托运人	名称	天合粮油集团有限公司			施封号码			承运人/托运人 施封	
	地址	北京市朝阳区大连道 125 号			铁路货车篷布号码				
收货人	名称	上海富祥食品有限公司			集装箱号码				
	地址	上海市徐汇区华海路 5 号			经由	烟台		运价里程	1463
货物名称	件数	包装	货物重量/kg		计费重量	运价号	运价率	现　付	
			托运人确认	承运人确认				费别	金额
黄豆	1100	编织袋	1100000	11000	120000	4	89.0631	运费	10688
								装费	1550
								取送车费	
								过秤费	
合计	1		110000	110000	120000				
记事								合计	12238

发站承运日期戳

经办人盖章

逾期罚款 = 运费 × 罚款率 = 10688 元 × 18% = 1924 元

综上所述，铁路货运部门应支付 1924 元的逾期运到罚款。

步骤七：在货物到达后，待铁路货运部门卸车完毕，上海富祥食品有限公司派人持领货凭证和规定的证件到货运室办理货物领取手续，支付相应费用共计 12238 元，最后与铁路货运部门交接货物。货物交接完毕铁路货运部门在货物运单上加盖货物交付日期戳记，记录货物和货车交付完毕的时间，货物运输全过程宣告终止。

第三节　国际铁路货物运输实务

【任务引入】

天津祥和进出口有限公司是一家专门进行机械设备部件进出口的外贸生产加工企业，其产品主要销往中亚和俄罗斯。2013 年 4 月 10 日该公司委托天津福安国际货运代理有限公司代理出口一批铸件，以铁路运输快运到俄罗斯秋尔托克钢铁有限公司，该批铸件都用木箱包装，共有 5 箱，每箱货重 1250kg，每箱箱重 300kg，货物唛头和收货人信息如下：

货物唛头：

MKMKU65217878

收货人信息：俄罗斯秋尔托克钢铁公司

OAO Koertorker Metalugisches Kombinat

Chfrgbsrsk Kilona 25

678905 Nakitagask, Russia

联系电话：+7-7356-252136

该批货物从天津塘沽出发，经过阿拉山口/多斯德克到俄罗斯马格尼托戈尔斯克货站，于2013年4月21日运达。假如你是天津福安货运代理有限公司的工作人员，你应怎样承运该批货物？相关单据应怎样填制？应收取天津祥和进出口有限公司多少运费？

【任务分析】

天津祥和进出口有限公司委托天津福安国际货运代理有限公司代理货运出口该批铸件，天津祥和进出口有限公司首先应向天津福安国际货运代理有限公司下委托运输申请，当天津福安国际货运代理有限公司接受申请时，视为双方达成合作关系，天津福安货运代理有限公司正式接手该批货物的运输任务。在托运和承运该批货物前，天津福安货运代理有限公司将集装箱提出堆场，待天津祥和进出口有限公司交货后由理货人员装箱，并发运到指定堆场。与此同时，天津祥和进出口有限公司应向天津福安货运代理有限公司提供箱单、发票、合同、报关委托书、核销单、出口货物明细单等全套报关单据和随车单据，待天津福安货运代理有限公司接单人员审核无误后方可委托报关行办理转关放行，然后再向铁路货运部门办理托运。在下面的“实训知识与技能”部分，会介绍国际铁路联运出口货物运输全部流程、单据的缮制以及核算运费的方法。

【实训知识与技能】

国际铁路货物联运是指使用一份统一的国际铁路联运票据，由跨国铁路承运人办理两国或两国以上铁路的全程运输，并承担运输责任的一种连贯运输方式。国际铁路联运有以下特点：

（1）涉及国家多。凡是办理国际联运，都要涉及两个或两个以上的国家，有时还要通过与《国际货协》有关的国家向与《国际货协》无关的西北欧国家办理转发送，才能完成全程的运送工作，最后运到目的地。

（2）要求高。由于国际联运参加国多，涉及多个国家的铁路、车站和国境站，有时还要有收转人参加，这就要求每批货物的办理必须高标准、严要求，符合有关规章和协议的规定，否则将造成货损、货差、延迟交货等运输事故。

（3）运距远。国际联运货物至少有两个国家参加，因此运距较长，有时还要通过其他国家的铁路，特别是通过前苏联铁路运送的，运距长达8000km。

（4）运输时间短、成本低。国际铁路联运的始发站和最终目的站大多是内陆车站，或发、收货的铁路专用线。货物从发货人的专用线或就近的车站出发，直接到达收货人的专用线或就近的车站。对内陆收发货人来说，铁路运输时间比海运短，运输成本也比海运低。

（5）涉及面广，手续复杂。国际联运不仅涉及几个国家的铁路、车站和国境站，而且要涉及外贸、海关、商检、发货人、收货人、收转人等各方面，同时各国的规章制度又比较多，故办理起来比较复杂。

从1951年3月开始，我国相继与前苏联、朝鲜、蒙古等国家签署双边铁路联运协定以开展国际铁路货物联运。到目前，我国铁路办理国际铁路货物联运业务的共有14个铁路局、52个分局、5000多个车站，每年通过国际铁路联运进出口的货物约有1000万t。

自1980年以来，我国成功试办了通过西伯利亚铁路的集装箱国际铁路运输。在采用集装箱铁路运输的基础上，又开展了西伯利亚大陆桥运输方式，使海、陆、海集装箱运输有机地联系起来并形成一定规模。1990年，我国又开通了一条东起连云港，西至鹿特丹的亚欧大陆桥，为国际新型运输发展开辟了又一条通道。国际铁路联运的成功经验和良好基础，为开展陆桥运输提供了便利条件。

一、国际铁路联运出口货物运输流程

国际铁路货物联运出口货物运输组织工作主要包括铁路联运出口货物运输计划的编制、货物托运和承运、国境站的交接和出口货物的交付等。

（一）国际铁路货物联运出口货物运输计划的编制

国际铁路货物联运出口货物运输计划一般是指月度要车计划，它是对外贸易运输计划的组成部分，体现了对外贸易国际铁路货物联运的具体任务，也是日常铁路联运工作的重要依据。凡发送整车货物，均需具备铁路部门批准的月度要车计划和旬度要车计划；发送零担货物则不必向铁路部门编报月度要车计划，但发货人必须事先向发站办理托运手续。国际铁路货物联运要车计划采用“双轨（铁路、外贸）上报、双轨下达”的方法。各省、市、自治区发货单位应按当地铁路部门的规定，填制“国际铁路联运”月度要车计划表，向铁路局（分局、车站）提出下月的要车计划，并在规定的时间内分别报各主管部门；各铁路局汇总发货单位的要车计划后，上报交通运输部；各省、市、自治区经贸厅（局）和各进出口总公司在审核汇总所属单位的计划后，报送商务部；商务部汇总审核计划后，与交通运输部平衡核定；商务部和交通运输部将核定结果下达给各相关部门。

（二）国际铁路货物联运的托运和承运

货物的托运是发货人组织货物运输的一个重要环节。发货人在托运货物时，应向车站提出货物运单，以此作为货物托运的书面申请。车站接到运单后，应进行认真审核。

办理整车货物托运时，车站应检查是否有批准的月度、旬度货物运输计划和要车计划，检查运单上的各项内容是否正确。如确认可以承运，应予签证。运单上的签证表示货物应进入车站的日期或装车日期，表示铁路货运部门已受理托运。发货人应按签证指定的日期将货物搬入车站或指定的货位，铁路货运部门根据运单上的记载查对实货，查明货物符合《国际货协》和有关规章制度的规定后车站方可接受货物并开始负保管责任。整车货物装车完毕后，发站应在运单上加盖承运日期戳，即为承运。

零担货物与整车货物不同，发货人在办理零担货物托运时，不需要编制月度、旬度要车计划，可凭运单直接向车站申请托运。车站受理托运后，发货人应按签证指定的日期将货物搬进货场，送到指定的货位上，经查验、过磅后，即交由铁路货运部门保管。车站将发货人托运的货物连同货物运单一同接收完毕，在货物运单上加盖承运日期戳后，即表示货物已被承运。

托运、承运完毕，铁路运单作为运输合同即开始生效。铁路货运部门按《国际货协》

的规定对货物负保管、装车并运送到指定目的地的一切责任。

（三）国际铁路货物联运出口货物在国境站的交接

在相邻国家铁路的终点，从一国铁路向另一国铁路办理移交或接收货物和车辆的车站称为国境站。我国国境站除设有一般车站应设的机构外，还设有国际联运交接所、海关、国家出入境检验检疫所、边防检查站及中国对外贸易运输（集团）总公司所属的分支机构等单位。

1. 国际联运出口货物交接的一般程序

（1）出口国境站货运调度根据国内前方站列车到达预报，通知交接所和海关作好接车准备。

（2）出口货物列车进站后，铁路会同海关接车，并将列车随带的运送票据送交接所处理，货物及列车接受海关的监管和检查。

（3）交接所实行联合办公，由铁路、海关、外运公司等单位参加，并按照业务分工开展流水作业，协同工作。铁路主要负责整理、翻译运送票据，编制货物和车辆交接单，以此作为向邻国铁路办理货物和车辆交接的原始凭证。外运公司主要负责审核货运单证，纠正出口货物单证差错，处理错发错运事故。海关则根据申报，经查验单、证、货相符，符合国家法令及政策规定，即准予解除监督，验关放行。最后由双方铁路具体办理货物和车辆的交接手续，并签署交接证件。

对于特殊货物的交接，如鲜活、易腐、超重、超限、危险品等货物，则按合同和有关协议规定，由贸易双方商定具体的交接办法和手续。属贸易双方自行交接的货物，国境站外运公司则以货运代理人的身份参加双方交接。如果在换装交接过程中需要鉴定货物品质和数量，应由国内发货单位或委托国境站商检所进行质检、量检，必要时邀请双方检验代表复验。外运分公司则按商检部门提供的检验结果对外签署交接证件。属于需要随车押运的货物，国境站外运分公司应负责两国国境站间的押运工作，并按双方实际交接结果对外签署交接证件，作为货物交接凭证和货款结算的依据。

2. 国际联运出口货物交接中的相关问题

（1）联运出口货物单证资料的审核。审核出口货物单证是国境站的一项重要工作，它对正确核放货物，纠正单证差错和错发错运事故，保证出口货物顺利交接具有重要意义。

出口货物运抵国境站后，交接所应将全部货运单证送外运分公司进行审核，外运分公司作为国境站的货运代理公司，在审核单证时，要以运单内容为依据，审查出口货物报关单、装箱单、商检证书等记载的内容和项目是否正确、齐全。如正确无误，则可核放货物，做到差错事故不出国。如出口货物报关单项目有遗漏或记载错误，或份数不足，应按运单记载内容进行订正或补制；运单、出口货物报关单、商检证书三者所列项目如有不符，有关运单项目的订正或更改由国境站联系发站并按发站通知办理；需要更改或订正商检证书、品质证明书或动植物检疫证书时，应由出证单位通知国境站出入境检验检疫所办理；海关查验实货时如发现货物与单证不符，需根据合同和有关资料进行订正，必要时应联系发货人解决。总之，国境站外运分公司在订正、补制单据时，只限于代发货人缮制单证，而对运单内容和项目，以及商检证书、品质证明书、检疫证、兽医证等国家行政管理机关出具的证件，均不代办订正或补制。

出口货物单证经复核无误后，应将出口货物报关单、运单及其他随附单证送海关，作为向海关申报和海关审核放行的依据。

(2) 办理报关、报验等法定手续。铁路联运出口货物报关由发货人委托铁路在国境站办理。发货人在货物发运前，应填制出口货物报关单，作为向海关申报的主要依据。

出口货物报关单的格式由我国海关总署统一制定。发货人或其代理人需按海关规定逐项填写，要求内容准确、详细，并与货物、运单及其他单证记载的内容相符。字迹要端正、清晰，不可任意省略或简化。对于填报不清楚或不齐全的报关单，以及未按海关法的有关规定交验进出口许可证等有关单证者，海关将不接受申报；对于申报不实者，海关将按违章案件处理。

铁路发站在承运货物后，即在货物报关单上加盖发站戳记，并与运单一起随货同行，以便国境车站向海关办理申报。

需办理检验检疫的货物，要向当地出入境检验检疫部门办理检验检疫手续，取得证书。

上述各种证书在发站托运货物时需连同运单、报关单一起随车同行，在国境站由海关执行监管，查证放行。

(四) 国际联运出口货物的交付

国际联运出口货物抵达到站后，铁路货运部门应通知运单中所记载的收货人领取货物。在收货人付清运单中所记载的一切应付运送费用后，铁路货运部门必须将货物连同运单交付给收货人。收货人必须支付运送费用并领取货物。收货人只有在货物因毁损或腐坏而使质量发生变化，以致部分货物或全部货物不能按原用途使用时，才可以拒绝领取货物。收货人领取货物时，应在运行报单上填记货物领取日期，并加盖收货戳记。

二、国际铁路联运进口货物运输流程

国际铁路联运进口货物的发运站工作是由国外发货人根据合同规定向该国铁路车站办理的。我国国内有关订货及运输部门对联运进口货物的运输工作主要包括联运进口货物在发运前编制运输标志，审核联运进口货物的运输条件，向国境站寄送合同资料，国境站的交接、分拨，进口货物交付给收货人以及运到逾期计算等。

(一) 联运进口货物运输标志的编制

运输标志又称唛头 (Mark)，一般印制在货物外包装上。我国规定，联运进口货物在订货工作开始前，由商务部统一编制向国外订货的代号，作为收货人的唛头，各进出口公司必须按照统一规定的收货人唛头对外签订合同。

(二) 审核联运进口货物的运输条件

联运进口货物的运输条件是合同不可缺少的重要内容，因此必须认真审核，使之符合国际联运和国内的有关规章。

审核联运进口货物运输条件的内容主要包括收货人唛头是否正确，商品品名是否准确具体，货物的性质和数量是否符合到站的办理种别，包装是否符合有关规定等。

(三) 向国境站寄送合同资料

合同资料是国境站核放货物的重要依据，各进出口公司在贸易合同上签字以后，要及时将一份合同中文抄本寄给货物进口口岸的外运分公司。合同资料包括合同的中文抄本和它的附件、补充书、协议书、变更申请书、更改书和有关确认函电等。

(四) 联运进口货物在国境站的交接与分拨

1. 联运进口货物交接的一般程序

联运进口货物的交接程序与出口货物的交接程序基本相同。其做法是：进口国境站根据邻国国境站货物列车的预报和确报，通知交接所及海关做好到达列车的检查准备工作。进口货物列车到达后，铁路会同海关接车，由双方铁路进行票据交接，然后将车辆交接单及随车带交的货运票据呈给交接所，交接所根据交接单办理货物和车辆的现场交接。海关则对货物列车执行实际监管。

我国进口国境站交接所通过内部联合办公，开展单据核放、货物报关和验关工作，然后由铁路货运部门负责将货物调往换装线，进行换装作业，并按流向编组向国内发运。

2. 联运进口货物交接中的相关问题

（1）进口合同资料是国境站核放货物的唯一依据，也是纠正并处理进口货物在运输中出现错乱的重要资料。口岸外运分公司在收到合同资料后，如发现内容不齐全、有错误、字迹不清，应迅速联系有关进出口公司修改更正。

联运进口货物抵达国境站时，口岸外运分公司根据合同资料对各种货运单证进行审核，只有单、证、票、货完全相符，才可核放货物。通常联运进口货物货运事故大约有以下几类：

1）合同资料与随车单证不符。

2）单证与货物不符，包括有票无货、有货无票等情况。

3）货物错经国境口岸。

4）货物混装、短装或超过合同规定的数量。

5）货物不符合《国际货协》的规定，铁路予以拒收等。

对于上述情况，口岸外运分公司应本着以下原则处理：因铁路过失造成的，联系铁路处理；因发货人过失造成的，根据合同资料和有关规定认真细致地查验货物，确有可靠依据的可予以纠正，否则联系有关公司处理。

（2）联运进口货物变更到站和变更收货人的工作。国际铁路联运货物，根据发货人和收货人的需要，可以提出运输变更。运输变更申请应由发货人或收货人提出。

联运进口货物变更到站、变更收货人时，首先应通过有关进出口公司向国外发货人提出变更申请。在国外发货人不同意办理变更时，可向国境站外贸运输机构申请，在国境站办理变更。

联运进口货物变更应在货物到达国境站前受理。如由收货人申请变更到站和收货人，则只可在货车开至到达国进口国境站且货物尚未从该站发出时提出变更。

（3）联运进口货物的分拨与分运。对于小额订货（具有零星分散的特点）、合装货物和混装货物，通常以口岸外运分公司作为收货人。因此，在双方国境站办妥货物交接手续后，口岸外运分公司应及时向铁路提取货物，进行开箱分拨，并按照合同编制有关货运单证，向铁路货运部门重新办理托运手续。在分运货物时，必须做到货物包装牢固，单证与货物相符，并办好海关申报手续。

如发现有货损、货差现象，属于铁路货运部门责任的，必须由铁路货运部门出具商务记录；如属于发货人的责任，则应由各有关进出口公司向发货人提出赔偿。

三、铁路货物的提取

用领货凭证联系取货，对收货人来说既安全又方便。为维护托运人、收货人的正当经济权益，要求收货人使用领货凭证领取货物，并做到以下几点：

收货人应要求发货人在发站填写运单时，正确填写收货人的名称、住址和邮编。领货凭证要与运单一致，不能简写、缩写、误写，防止在到站时查询困难，致使收货人不能及时领取货物，产生不必要的经济损失。

货物在发站承运后，收货人应要求托运人用既快又安全的邮寄方式，将领货凭证寄给收货人。收货人收到领货凭证后，及时到车站联系领取货物。发货人委托代办单位托运货物时，收货人必须要求发货人邮寄有发站戳记的领货凭证，无发站戳记的领货凭证为无效领货凭证。

四、铁路货物到达交付的程序

（1）收货人出具领货凭证和有关证明文件。收货人为个人的，需出具领货凭证和本人身份证；收货人为单位的，需出具领货凭证和领货人姓名的证明文件及领货人本人身份证；不能提交领货凭证的，可凭由车站同意的、有经济担保能力的企业出具担保书取货。

（2）交付铁路运费、运杂费、装卸费等费用，取回货物运单及到达货物作业单。

（3）在到达货物作业单指明的货位交付处办理货物交付手续。

（4）凭出站放行条将货物提出车站。

五、国际铁路联运单据及其使用

国际铁路联运货运单据主要是国际铁路联运运单以及为发送路和过境路准备的必要份数的补充运行报单，此外还有添附文件。我国出口货物必须添附出口货物明细单、出口货物报关单以及出口外汇核销单。此外，根据规定和合同的要求还要添附出口许可证、品质证明书、商检证、卫生检疫证、动植物检查以及装箱单、磅码单、化验单、产地证及发运清单等有关单证。

（一）联运运单的组成

国际铁路联运运单（International Through Railwaybill）是发货人与铁路货运部门之间缔结的运输契约，它规定了铁路货运部门与发货人和收货人在货物运送中的权利、义务和责任，对铁路货运部门和发货人、收货人都具有法律效力。国际铁路联运运单（如图 3-12 所示）由以下几部分组成：

第 1 张：运单正本（随货物至到站，并连同第 5 张和货物一起交给收货人）。

第 2 张：运行报单（随货物至到站，并留存到达路）。

第 3 张：运单副本（运输合同签订后，交给收货人）。

第 4 张：货物交付单（随同货物至到站，并留存到达站）。

第 5 张：货物到达通知单（随同货物至到站，并连同第 1 张和货物一起交给收货人）。

在实际业务中，可视需要增加若干补充运行报单。我国铁路补充运行报单分为带号码的和不带号码的两种。带号码的补充运行报单是为发送路准备的，一般填制三份，一份留站存查，一份报所属铁路局，一份随同货物至出口国境站截留。不带号码的补充运行报单是为过境路准备的，而且每过境一个国家的铁路要填制一份。运单和补充运行报单分慢运和快运两种，慢运单据不带红边，而快运单据则带有红边。

（二）联运运单的填写

第 1 栏：发货人及其通信地址。该栏应填写发货人的名称及通信地址。发货人只能是一个自然人或法人。由中国、朝鲜、越南发货时，准许填写这些国家规定的发货人及其通信地址的代号。

第 2 栏：合同号码。该栏应填写出口单位和进口单位签订的供货合同号码。

运单正本 – Оргинал накладной
(给收货人) – (для получателя)

批号 – Отправка N　运输号码

25（检查标签 – контрольная этикетка）　2 合同号码 – Договор N

发送路简称（Сокращенное наименование дороги отправления）中铁 КЖД **1**

1 发货人，通信地址 – Отправитель, почтовый адрес

3 发站 Станция отправления

4 发货人的特别声明 – Особые заявления отправителя

5 收货人，通信地址 – Получатель, почтовый адрес

26 海关记载 – Отметки таможни

6 对铁路无约束效力的记载 – Отметки, необязательные для железной дороги

27 车辆 – Вагон / 28 标记载重(吨) Подьемная сила(т) / 29 轴数 – Оси
30 自重 – Вес тары / 31 换装后的货物重量 – Массагруза после перегрузки

27	28	29	30	31

7 通过的国境站 – Пограничные станции перехода

8 到达路和到站 – Дорога и станция назначения

国际货协 – 运单 慢运 СМГС – Накладная мадой скорости

9 记号、标记、号码 Знаки, марки, номера	10 包装种类 Род упаковки	11 货物名称 Наименование груза	50 附件第2号 прил. 2	12 件数 Число мест	13 发货人确定的重量(公斤) – Масса(в кг)определена отправителем	32 铁路确定的重量(公斤) – Масса (в кг)определена железной дорогой

14 共计件数（大写） – Итого мест прописью

15 共计重量（大写） – Итого масса прописью

16 发货人签字 – Подпись отправителя

17 互换托盘 – Обменные поддоны
数量 – Количество

集装箱/运送用具 – Контейнер / Перевозочные средства
18 种类 – Вид
类型 – Категория
19 所属者及号码 Владелец и N

20 发货人负担下列过境铁路的费用 – Отправителем принять платежи за следующие транзитные дороги

21 办理种别 – Род отправки
整车*）повагонная*）　零担*）мелкая*）　大吨位集装箱*）Крупнотоннажного Контейнера*）

22 由何方装车 – Погружено
发货人*）отправителем*）　铁路*）железной дорогой*）

*）不需要的划掉 – Ненужное зачеркнуть

23 发货人添附的文件 – Документы, приложенные отправителем

24 货物的声明价格 Объявленная ценность груза　卢布 руб

45 封印 Пломбы
个数 Количество　记号 – Знаки

33 34 35 36 37 38 39 40 41 42 43 44

46 发站日期戳 – Календарный штемпель станции отправления

47 到站日期戳 – Календарный штемпель станции назначения

48 确定重量方法 Способ определения массы

49 过磅站戳记，签字 – Штемпель станции взвешивания, подпись

图 3-12　国际铁路联运运单

第 3 栏：发站。该栏应填写运价规程中所载发站全称。

第 4 栏：发货人的特别声明。发货人可在该栏中填写自己的声明，如关于对运单的修改及易腐货物的运送条件等。

第 5 栏：收货人及其通信地址。该栏应注明收货人的名称及通信地址，收货人只能是一个自然人或法人。从《国际货协》参加路向未参加《国际货协》的铁路发货而由站长办理转发送时，则在该栏填写“站长”。

第 6 栏：对铁路无约束效力的记载。发货人可以对该批货物作出记载，该项记载仅作为对收货人的通知，铁路部门不承担任何义务和责任。

第 7 栏：通过的国境站。该栏应注明货物应通过的发送路和过境路的出口国境站。如有可能从一个出口国境站通过邻国的几个进口国境站办理货物运送，则还应注明运送所要通过的进口国境站。根据发货人注明的通过国境站确定经路。

第 8 栏：到达路和到站。在斜线之前，应注明到达路的简称，在斜线之后，应用印刷体字母（中文用正楷粗体字）注明运价规程上到站的全称。运往朝鲜的货物，还应注明到站的数字代号。运往非货协国的货物而由站长办理转发时，记载《国际货协》参加路最后过境路的出口国境站，并在该站站名后记载“由铁路继续办理转发送至____铁路____站”。

第 9 栏：记号、标记、号码。该栏应填写每件货物上的记号、标记和号码。货物如装在集装箱内，则还要填写集装箱号码。

第 10 栏：包装种类。该栏应填写包装的具体种类，如纸箱、木桶等，不能笼统地填“箱”“桶”，如用集装箱运输，则记载集装箱。如货物运送时不需要容器或包装，并在托运时未加容器或包装，则应记载“无包装”字样。

第 11 栏：货物名称。货物名称应按《国际货协》的规定填写，或按发送路或发送路和到达路现行的国内运价规程品名表的规定填写，但需注明货物的状态和特征。两国间的货物运送，可按两国商定的直通运价规程品名表中的名称填写。

在填写第 9 ~ 11 栏事项时，可不受各栏间竖线的严格限制。但是，有关货物事项的填写顺序，应严格符合各栏的排列次序。填写全部事项时，如篇幅不足，则应添附补充清单。

第 12 栏：件数。该栏应注明一批货物的件数。用敞车类货车运送不盖篷布或盖有篷布而未加封的货物，其总件数超过 100 时，或运送仅按重量不按件数计的小型无包装制品时，应注明“堆装”，不注明件数。

第 13 栏：发货人确定的重量（公斤）。该栏应注明货物的总重量。

第 14 栏：共计件数（大写）。该栏应用大写填写第 12 栏中所记载的件数。

第 15 栏：共计重量（大写）。该栏应用大写填写第 13 栏中所记载的总重量。

第 16 栏：发货人签字。发货人应在该栏签字证明列入运单中的所有事项正确无误。发货人的签字也可用印刷或加盖戳记的方法处理。

第 17 栏：互换托盘。该栏内的记载事项仅与互换托盘有关。该栏应注明托盘互换办法，并分别注明平托盘和箱式托盘的数量。

第 18 栏：种类、类型。在发送集装箱货物时，应在该栏注明集装箱的种类和类型。使用运送用具时，应注明该用具的种类。

第 19 栏：所属者及号码。运送集装箱时，应在该栏注明集装箱所属记号和号码。对不属于铁路的集装箱，应在集装箱号码之后标注大写字母“P”。使用属于铁路的运送用具时，应注明运送用具所属记号和号码。使用不属于铁路的运送用具时，应标注大写字母“P”。

第 20 栏：发货人负担下列过境铁路的费用。如发货人负担过境铁路运送费用，则填写所负担过境铁路名称的简称；如发货人不负担任何一个过境铁路的运送费用，则填写“无”字。

第 21 栏：办理种别。办理种别可分为整车、零担、大吨位集装箱。将不需要的划掉。

第 22 栏：由何方装车。该栏应注明由谁装车，将不需要的划掉，无划消记载时，视为由发货人装车。

第 23 栏：发货人添附的文件。该栏应注明发货人在运单上添附的所有文件名称和份数，如“出口货物明细单”“出口货物报关单”等。

六、国际铁路联运运费的核算

在我国，国际铁路联运货物运送费用计算的主要依据是《国际货协统一过境运价规程》（简称《统一货价》）《国际货协》和我国的《铁路货物运价规则》（简称《国内价规》）。国际铁路联运运费包括国内段运送费用和国际货物铁路联运过境运费，国内段运送费用的计算在前面章节中已介绍过，下面重点介绍国际货物铁路联运过境运费的计算。

国际铁路货物联运过境运费是按照《统一货价》的规定计算的。其计算程序及公式如下：

（1）根据运单记载的应通过的过境站，在《统一货价》过境里程表中分别找出货物所通过的各个国家的过境里程。

（2）根据货物品名，查阅《统一货价》中的通用货物品名表，确定所运货物应适用的运价等级和计费重量标准。

（3）根据货物运价等级和各过境路的运送里程，在《统一货价》中查出符合该批货物的运价率。

（4）《统一货价》对过境货物运费的计算是以慢运整车货物的运费额为基础的（即基本运费额），其他种别的货物运费则在基本运费额的基础上分别乘以不同的加成率。快运货物运费按慢运运费加 100%，零担货物运费加 50% 后再加 100%。随旅客列车挂运的整车货物运费，另加 200%。

过境运费的计算公式为

$$货物运价率\times计费重量=基本运费额$$

$$运费总额=基本运费额\times加成率$$

【任务实施】

在任务分析中，已经介绍了天津福安货运代理有限公司在正式托运货物前的相关工作。下面结合以上所学知识概括具体的托运和承运的一般流程。

步骤一：确定所要托运的货物有无限制。

步骤二：制订申报计划。申报计划有两种形式，一种是月计划，另一种是日常计划。天津福安货运代理有限公司将货主提供的信息填入计划，向发送站提交，等待批准。

步骤三：进货。在计划得到批准后，可以向车站提出进货的要求，并申请货位，得到允许后，即可进货。

步骤四：报请求车。货物备齐后，按批准的月计划和日常计划，每个车皮要由货代公司制单人员负责提交一份填写好的货物运单，申报日请求车。

运单填制样本如图 3-13 所示：

运 单 正 本 – Оргинал накладной
(给收货人) – (для получателя)

发送路简称 (Сокращенное наименование дороги отправления) 中铁 КЖД 1	1 发货人，通信地址 – Отправитель, почтовый адрес TIANJIN XIANGHE EX&INPORT TRADING CO.， LTD. 天津祥和进出口有限公司	批号 – Отправка № 25 (检查标签 – контрольная этикетка) 运输号码	2 合同号码 – Договор № 123456
		3 发站 Станция отправления	TIANJI TANGGU 天津塘沽
		4 发货人的特别声明 – Особые заявления отправителя	
	5 收货人，通信地址 – Получатель, почтовый адрес 俄罗斯 秋尔托克钢铁公司 OAO Koertorker Metalugisches Kombinat Chfrgbsrsk Kilona 88 678905 Nakitagask, Russia OKPO Code 00215050 / UMN 6833327582 MKK 25215038 / Oniojk 18160 Tel: +7 7356-252150	26 海关记载 – Отметки таможни	

6 对铁路无约束效力的记载 – Отметки, необязательные для железной дороги

27 车辆 – Вагон / 28 标记载重(吨) Подъемная сила(т) / 29 轴数 – Оси 30 自重 – Вес тары / 31 换装后的货物重量 – Массагруза после перегрузки				
27	28	29	30	31

7 通过的国境站 – Пограничные станции перехода
阿拉山口/多斯特克
Алашанькоу/Достык-эксп (708507) – Петропавловск-эксп

8 到达路和到站 – Дорога и станция назначения
RZD Magnitogorsk Gruzuvoy 817600
俄铁　马格尼托戈尔斯克-货站,站码:817600

国际货协 – 运单 慢运 СМГС – Накладная мадой скорости	9 记号、标记、号码 Знаки, марки, номера	10 包装种类 Род упаковки	11 货物名称 Наименование груза	50 附件第2号 прил. 2	12 件数 Число мест	13 发货人确定的重量(公斤) – Масса(в кг)определена отправителем	32 铁路确定的重量(公斤) – Масса (в кг)определена железной дорогой
	OKPO Code 00217878 UMN 5633352847 MKK 66312588 Oniojk 25874 **DVTU5831265**	木箱	铸件			货重 6250KG 箱重 1500KG 总重 7750KG	

14 共计件数（大写） – Итого мест прописью	15 共计重量（大写） – Итого масса прописью	16 发货人签字 – Подпись отправителя
壹个肆拾英尺集装箱	柒仟柒佰伍拾公斤	

17 互换托盘 – Обменные поддоны　数量 – Количество

集装箱/运送用具 – Контейнер / Перевозочные средства
18 种类 – Вид　类型 – Категория　19 所属者及号码 Владелец и №　DVTU345346+P

20 发货人负担下列过境铁路的费用 – Отправителем принять платежи за следующие транзитные дороги
无

21 办理种别 – Род отправки：整车 *) повагонная *)　零担 *) мелкая *)　大吨位集装箱 *) Крупнотоннажного Контейнера *)
22 由何方装车 – Погружено：发货人 *) отправителем *)　铁路 *) железной дорогой *)
*) 不需要的划掉 – Ненужное зачеркнуть

23 发货人添附的文件 – Документы, приложенные отправителем

24 货物的声明价格 Объявленная ценность груза　卢布 руб

45 封印 Пломбы
个数 Количество　记号 – Знаки

33 34 35 36 37 38 39 40 41 42 43 44

46 发站日期戳 – Календарный штемпель станции отправления	47 到站日期戳 – Календарный штемпель станции назначения	48 确定重量方法 Способ определения массы	49 过磅站戳记、签字 – Штемпель станции взвешивания, подпись

图 3-13　运单填制样本

步骤五：装车。空车皮送到装车地点后，车站即应迅速组织装车。由托运人组织装车的，托运人也应及时组织好，保证快速、安全装好车。此任务由铁路部门负责完成。

步骤六：运送。车辆装好以后，铁路运输部门及时联系挂车，使货物尽快运抵到站。国境站交接后货代公司还要和口岸代理及报关行、铁路部门保持密切联系，跟踪货物的情况。

步骤七：交货。在收货人付清运单中所记载的一切应付运送费用后，铁路部门将货物连同运单交付给收货人。此项任务应支付的运费计算步骤和方法如下：

按照过境里程和运价等级，查出该货物在《统一货价》中的基本运价率为 8 美元/t，快运货物的加成率为 200%；查得国内段该货物运价率折合美元为 10 美元/t。则

国内运费 = 货物运价率 × 计费重量 = 10 美元/t ×（1250kg/箱 + 300kg/箱）×5 箱 $\times 10^{-3}$ = 77.5 美元

过境段基本运费额 = 货物运价率 × 计费重量 = 8 美元/t ×（1250kg/箱 + 300kg/箱）×5 箱 $\times 10^{-3}$ = 62 美元

过境运费总额 = 基本运费额 × 加成率 = 62 美元 ×（1 + 200%）= 186 美元

所以，收货人应支付的运费总计为（77.5 + 186）美元 = 263.5 美元

本章小结

铁路运输是一种陆上运输方式，铁路货物运输就是利用铁路设施、设备运送货物的一种运输方式。铁路货物运输按运输区域可分为国际铁路货物联运和国内铁路货物运输。铁路运输具有载运量较大、运行速度较快、运费较低廉、运输准确、遭受风险较小的优点，是现代化运输业的主要运输方式之一。铁路运输的构成要素包括运输线路、运输工具和铁路车站。铁路运输的货物按照运输条件的不同，可分为普通货物和按特殊条件运送的货物两种。铁路货物运输作业根据托运货物的重量、体积、形状，结合铁路的车辆和设备等情况，可分为整车运输、零担运输和集装箱运输等多种类型。

本章重点介绍了铁路货物运价的计算和运到逾期问题，国内铁路货物运输业务中的发送作业、途中作业和到达作业，并分别按照签订合同、托运受理、装车作业、货物承运、途中作业、卸车作业、货物的催领与保管、交付作业等业务流程进行介绍。此外，还重点介绍了国际铁路联运进出口货物运输流程和国际铁路联运相关单据及其使用。

第四章　海上货物运输实务

【学习目标】

通过本章的学习，了解海洋运输的含义与特点、国际海运航线的分类、海运船舶及港口相关知识；熟悉国际海运运营方式；掌握海运杂货班轮进出口流程及其相关单证的缮制与流转、海运集装箱班轮整箱和拼箱进出口流程及其相关单证的缮制与流转、租船运输相关知识及租船业务流程等。

第一节　海上货物运输概述

【基础知识】

一、海洋运输的含义与特点

海洋运输（Ocean Transportation）即海上运输，是指以船舶为工具，通过海上航道运送旅客或货物的一种运输方式，简称海运。海上运输是历史悠久的国际贸易运输方式。由于国际贸易是进行世界范围的商品交换，所以地理条件决定了海上运输的重要作用。

第二次世界大战之后，世界经济处于相对稳定的发展时期，国际贸易量和海上货运量迅速增加，1950 年至 1974 年的 25 年间，世界海上货物运输量直线上升，由 5.5 亿 t 增至 32.47 亿 t。目前，世界外贸海运量在外贸货运总量中占 80%，若按货物周转量计，则高达 90% 以上。因此，经济比较发达的临海国家和地区都十分重视发展海上运输。

海运不受道路和轨道的限制，通过能力很大，万吨以上、甚至数十万吨的巨轮都可以在海洋中航行。国际贸易中使用的海洋商船，按其用途可分为干货船（Dry Cargo Carrier）和油轮（Oil Tanker）两大类。干货船又可分为杂货船（General Cargo Ship）、散装货船（Bulk Cargo Ship）、冷藏船（Refrigerated Ship）、木材船（Timber Ship）、集装箱船（Container Ship）和滚装船（Roll on/Roll off Ship）、载驳船（Lighter Aboard Ship）等。

海洋运输的优点如下：

1. 通过能力大

海洋运输可以利用四通八达的天然航道，它不像火车、汽车受轨道和道路的限制，故其通过能力很大。

2. 运量大

目前船舶正在向大型化发展，故海洋运输船舶的运载能力远远大于铁路运输车辆和公路运输车辆。55 万 t 级油轮的运载量相当于 12500 节火车车厢的运载量。

3. 运费低

因为海运的运量大、航程远，分摊于每货运吨的运输成本就少，因此，海运运价相对低廉，是铁路运费的 1/5、公路运费的 1/10、航空运费的 1/30。

4. 对货物的适应性强

海上货物运输船舶种类繁多，可适应多种货物运输的需要。

所以许多国家，特别是各沿海国家的进出口货物，大部分都采用海洋运输。在国际贸易总量中，通过海洋运输的货物约占90%以上。因此，海洋运输是国际贸易中最主要的运输方式。

海洋运输也有不足之处，如易受自然条件和气候的影响，航行速度比较慢，风险比较大。对于不能经受长途运输的货物、易受气候条件影响的货物和急需的货物不宜采用海洋运输。

二、国际海运航线

海洋运输航线是指船舶根据不同水域、潮流、港湾、风向、水深等自然条件以及社会、政治和经济因素，为达到最大的经济效益所选定的营运通道。

（一）世界主要海洋运输航线

目前，世界上主要的海洋运输航线有以下几条：

1. 北大西洋航线

北大西洋航线是北美与西欧间的航线，因横跨大西洋北部而得名。该航线西起北美的东部海岸，北经纽芬兰，横跨大西洋、英吉利海峡至西欧，其支线散布于欧、美两岸。该航线是世界上最繁忙的货运航线。

2. 北太平洋航线

北太平洋航线是北美西海岸与远东、东南亚之间的航线，因跨越太平洋北部而得名。航线的东端为北美港口，南起美国的圣地亚哥港，北至加拿大的鲁伯特太子港；航线西端为亚洲港口，北起日本的横滨港，中经中国上海港，南至菲律宾的马尼拉港。由于该航线西端地区经济的迅速发展，两岸之间的贸易往来不断增长，货运量显著增加。该航线经由巴拿马运河，可与美洲东岸各港口乃至西欧的北大西洋航线相接。

3. 苏伊士运河航线

苏伊士运河航线是连接亚洲与欧洲的航线，因通过苏伊士运河而得名，也称为亚欧航线。该航线西起西欧、南欧各港，经直布罗陀海峡入地中海，通过苏伊士运河入红海，再进入印度洋，分为两路。东至远东各港口，为欧、亚间的主要航线；南至澳大利亚各港口，为欧、澳间的主要航线。苏伊士运河位于埃及的东北部，是世界第一大运河，通航于1869年，全长161.6km，它的通航大大缩短了欧洲至亚洲的航程。

4. 巴拿马运河航线

巴拿马运河航线是连接太平洋与大西洋之间各港口的航线。巴拿马运河位于巴拿马共和国中部地区，是世界第二大运河，通航于1920年，全长81.3km。运河的通航大大缩短了太平洋与大西洋之间的航程，每年通过运河的船舶约1.5万艘次，货运量约为1.8亿t。

（二）远洋航线、近洋航线和沿海航线

1. 远洋航线

远洋航线（Ocean Going Shipping Line）是指使用船舶（或其他水运工具）跨越大洋的运输航线，如我国各港口跨越大洋航行至欧洲、非洲、美洲和大洋洲等处所经的客货运输航线。

2. 近洋航线

近洋航线（Near-Sea Shipping Line）是本国各港至邻近国家港口间的海上运输航线的通称。在我国，近洋航线是指由我国各港东至日本海、西至马六甲海峡、南至印度尼西亚沿海、北至鄂霍克海的各海港间的航线。

3. 沿海航线

沿海航线（Coastal Shipping Line）是指本国沿海各港口间的海上运输航线。如我国的上海至广州、青岛至大连的航线等。

（三）定期航线与不定期航线

1. 定期航线

定期航线是指使用固定的船舶，以固定的船期，航行固定的航线，靠泊固定的港口，以相对固定的运价经营客货运输的远洋航线。定期航线的经营以航线上各港口能有持续和比较稳定的往返货源为先决条件，所以定期航线又称班轮航线。

2. 不定期航线

不定期航线是相对定期航线而言的，是指使用不固定的航舶，以不固定的船期，行驶不固定的航线，靠泊不固定的港口，以租船市场的运价，经营大宗、低价货物运输业务为主的航线。

班轮和租船业务的特点在后面的章节中会详细介绍。

三、国际货运船舶种类

货船以载运货物为主要业务，因此以经济、实用为要件。货船船舱的容量较大，装、卸设备齐全。至于吨位的大小和航行速度的快慢，则视航线和载货种类而定。

货船因承运货物及设备的不同，又可分为以下几种：

1. 杂货船

杂货船（General Cargo Ship）一般是指定期行驶于货运繁忙的航线，以装运零星杂货为主要业务的货船，其吨位大小因航线、港口及货源而异。

2. 散装货船

散装货船（Bulk Cargo Ship）专指装运无包装的大宗货物如煤炭、粮谷、矿砂等的船舶。

3. 冷藏船

冷藏船（Refrigerated Ship）是利用冷藏设备使货舱内保持一定的低温从而运输易腐货物的船舶，船上有冷冻系统，能调节多种温度，以适应各舱货物对不同温度的需求。

4. 木材船

木材船（Timber Ship）是指专门用以运输木材或原木的货船。

5. 油轮

油轮（Oil Tanker）又称油槽船，是指以散装方式运输原油或燃料油的专用货船。

6. 集装箱船

集装箱船（Container Ship）是指用以装运集装箱的货船，可分为全集装箱船（Full Container Ship）、部分集装箱船（Partial Container Ship）和可变换的集装箱船（Convertible Container Ship）三种。

7. 滚装船

滚装船（Roll On/Roll Off Ship，简称 Ro/Ro）是指将集装箱连同滚车底盘作为一个装运单元参加营运的船舶。装载时，集装箱由拖车拖带驶进船舱，卸货时同样由拖车拖带驶出船舱，一直拖到收货处。这种船舶的周转速度比集装箱船更快，水陆运效率显得更高。

8. 载驳船（Barge Carrier）

载驳船又称子母船，其主要特点是所装载的货物单元为货驳，各种货物预先装在统一规格的货驳上，然后用载驳船上的起重设备把货驳送到指定的货舱位置。载驳船的主要优点是不受港口水深影响，不需要占用码头泊位，装卸货驳在锚地进行，装卸效率比集装箱船还高。

9. 客货船（Passenger-cargo Ship）

客货船是兼营旅客和货物运输业务的船舶，其结构和营运技术特征是多种多样的，如货流、客流及航行条件等都决定着客货船结构上的特殊性。客货船有以载客为主的，也有以载货为主的，还有载运客货并重的。

除上述各种货船外，还有天然气船、气垫船、水翼船等。

四、国际货运港口

港口既为海洋运输服务，又为内陆运输服务。客货运输无论从船舶转入陆运工具，或由陆运工具转入船舶，都离不开港口的服务工作。各沿海国家都视港口为国家的经济咽喉。可以说，一个现代化的港口实际上是城市海陆空主体交通的总管，是“综合运输体系”的中心。

（一）港口的种类

港口按照不同的标准可划分为不同的种类：按地理位置可分为海湾港、河口港、内河港，按用途目的可分为存储港、转运港、经过港，按开发工程可分为天然港、人工港，按国家政策可分为国内港、国际港、自由港。

（二）世界及我国的主要港口

1. 世界的主要港口

世界的主要港口有荷兰的鹿特丹（Rotterdam），美国的纽约（New York）、新奥尔良（New Orleans）和休斯敦（Houston），日本的神户（Kobe）和横滨（Yokohama），比利时的安特卫普（Antwerp），新加坡的新加坡（Singapore），法国的马赛（Marseilles），英国的伦敦（London）等。

2. 我国的主要港口

我国的主要港口有上海港、大连港、秦皇岛港、天津港、青岛港、黄埔港、湛江港、连云港、烟台港、南通港、宁波港、温州港、福州港、北海港、海口港等。

五、国际海运运营方式

按照海洋运输船舶经营方式的不同，国际海运可分为班轮运输（Liner Transport）和租船运输（Shiping by Chartering）。

（一）班轮运输

班轮运输又称定期船运输，通常是在固定的航线和固定的港口往返运载货物，按照预先固定的时间表航行，并且由船方负责装卸工作，其运费按相对固定的费率收取，为国际贸易货物的运输提供了很大的便利。在班轮运输条件下，船方出租的不是整船，而是部分舱位，因此，凡班轮停靠的港口，一般无论货物数量多少，都能接受装运。这对于成交量小、批次多、交接港口分散的货物运输比较合适。

1. 班轮运输的特点

（1）“四固定”。班轮公司为了使货主掌握班轮抵达和驶离各停靠港口的日期，一般都将预先制定的固定船期表（Sailing Schedule）印发给有关货主或在报刊上公布，这就为货主及时组织货源、办理订舱或安排接运货物提供了便利。船舶按照固定的船期表、沿着固定的航线和固定港口来往运输，并按相对固定的运费率收取运费，因此，它具有“四固定”的基本特点。

（2）“一负责”。由船方负责配载装卸，装卸费包括在运费中，货方不再另付装卸费，船货双方也不计算滞期费和速遣费。

（3）“提单为凭”。船、货双方的权利、义务与责任豁免，以船方签发的提单条款为依据。

（4）“灵活承运”。班轮承运货物的品种、数量比较灵活，货运质量较有保证，且一般采取在码头仓库交接货物，故为货主提供了较便利的条件。

2. 班轮运输的作用

（1）特别有利于一般杂货和小额贸易货物运输。在国际贸易中，除大宗商品利用租船运输外，零星成交、批次多、到港分散的货物，只要班轮有航班和舱位，无论数量为多少，也无论是直达还是转船，班轮公司一般均愿意接受承运。

（2）有利于国际贸易的发展。班轮运输的“四固定”特点，为买卖双方洽谈运输条件提供了必要依据，使买卖双方事先能根据班轮船期表，商定交货期、装运期以及装运港口，并且根据班轮费率表事先核算运费和附加费用，从而能比较准确地进行比价和核算货物价格。

（3）提供较好的运输质量。参加班轮运输的船公司的目标是保证船期，提高竞争能力，吸引货载。班轮公司派出的船舶一般技术性能好、设备较全、质量较好，船员技术水平也较高。此外，在班轮停靠的港口，一般都有自己专用的码头、仓库和装卸设备，有良好的管理制度，所以货运质量较有保证。

（4）手续简便，方便货主。班轮承运人一般采取码头仓库交接货物的做法，并负责办理货物的装卸作业和全部费用。通常，班轮承运人还负责货物的转口工作，并定期公布船期表，为货主提供极大方便。

（二）租船运输

租船运输又称不定期船运输（Tramp Shipping），它与班轮运输有很大差别。在租船运输业务中，没有“四固定”，既没有预定的船期表，船舶经由航线和停靠的港口也不固定，需按船租双方签订的租船合同来安排。有关船舶的航线和停靠的港口、运输货物的种类以及航行时间等，都按承租人的要求，由船舶所有人确认而定。运费或租金也由双方根据租船市场行情在租船合同中加以约定。

租船运输通常适用于大宗货物的运输，因此，我国大宗货物如粮食、油料、矿产品和工业原料等进出口通常采用租船运输方式。就外贸企业而言，使用较多的租船方式是定程租船。

第二节 杂货班轮运输实务

【任务引入】

天津国际贸易公司和美国纽约的 ALBERT 公司于 2013 年 3 月 1 日签订了一份核桃的 CIF 出口合同。天津国际贸易公司委托天津外轮代理公司为其代理该批货物的出口货运业务。天津国际贸易公司提供的资料显示：

（1）货物描述：WALNUT

ART NO. 558	120 KGS	136KGS	22CARTONS
ART NO. 365	130 KGS	138KGS	21CARTONS
ART NO. 700	135 KGS	150KGS	22CARTONS

总毛重：424KGS，总尺码：15. 1CBMS。

（2）唛头：A. T
TXT365
NEW YORK
NO. 1-65

（3）装运港：XINGANG，CHINA；目的港：NEW YORK，USA。

（4）商业发票号：AT0588。

天津外轮代理公司该如何完成该批货物的杂货班轮运输代理业务呢？

【任务分析】

要完成此次杂货班轮运输代理业务，首先要熟悉杂货班轮出口业务的特点及业务流程，其次要熟练掌握业务中各类单据的填制。要根据货物的基本情况和装运时间为货主公司选择船公司，并根据货物的等级确定货物的运费，在此环节需要货代公司熟悉查找船公司船期和航次的基本方法，掌握向船公司办理租船订舱的基本操作，会计算班轮运费等。下面介绍杂货班轮运输代理业务中的必要知识和技能。

【实训知识与技能】

一、杂货班轮运费的计算

班轮公司运输货物所收取的运输费用，是按照班轮运价表的规定计收的。不同的班轮公司或班轮公会各有不同的班轮运价表。班轮运价表一般包括说明及有关规定、货物分级表、航线费率表、附加费表、冷藏货及活牲畜费率表等。目前，我国海洋班轮运输公司使用的等级运价表将承运的货物分成若干等级，每个等级的货物有一个基本费率，称为等级费率表。

班轮运费包括基本运费和附加费两部分：前者是指货物从装运港到卸货港所应收取的基本运费，它是构成全程运费的主要部分；后者是指对一些需要特殊处理的货物，或者因突发事件或客观情况变化等而另外加收的费用。

1. 基本运费

基本运费按班轮运价表规定的计收标准计收。在班轮运价表中，根据不同的商品，班轮运费的计算标准通常采用以下几种：

(1) 按货物毛重（重量吨）计收，运价表中用“W”表示。

(2) 按货物体积（尺码吨）计收，运价表中用“M”表示。

上述计费的重量吨和尺码吨统称为运费吨，又称计费吨。现在国际上一般都采用公制（米制），其重量单位为吨（t），尺码单位为立方米（m^3）。计算运费时 $1m^3$ 作为1尺码吨。

(3) 按毛重或体积计收，由船公司选择其中收费较高的作为计费吨，运价表中用“W/M”表示。

(4) 按货物价格计收，又称为从价运费，运价表中用“A · V”或“ad val”表示。从价运费一般按货物的FOB价格的一定百分比收取。

(5) 在货物重量、尺码或价值三者中选择最高的一种计收，运价表中用“W/M or ad val”表示。

(6) 按货物重量或尺码最高者，再加上从价运费计收，运价表中用“W/M plus ad val”表示。

(7) 按每件货物作为一个计费单位收费，如活牲畜按“每头”（Perhead）、车辆按“每辆”（Perunit）收费。

(8) 临时议定价格，即由货主和货船公司临时协商议定。

2. 附加费

附加费是在基本运费的基础上加收一定百分比，或者按每运费吨加收一个绝对值计算。

在班轮运输中，常见的附加费有超重附加费、超长附加费、选卸附加费、直航附加费、转船附加费、港口附加费等。

(1) 燃油附加费（Bunker Adjustment Factor，BAF/Bunker Surcharge，BS）。燃油附加费是指因燃油价格上涨而加收的费用。在实践中，有的承运人在燃油附加费以外还可能增收应急燃油附加费（Emergency Bunker Surcharge，EBS），它是在已经增收燃油附加费时，燃油价格又突然上涨，承运人不调整原燃油附加费而增加的附加费。

(2) 货币贬值附加费（Currency Adjustment Factor，CAF）。货币贬值附加费是指当运价表中规定的货币贬值时，承运人为弥补其损失便按基本运价的一定百分比加收的附加费。

(3) 港口附加费（Port Additional）。港口附加费是指由于一些港口设备差，装卸效率低，费用高，因船舶成本增加而加收的附加费。

(4) 港口拥挤附加费（Port Congestion Surcharge）。港口拥挤附加费是指由于港口拥挤，船舶需长时间等泊，为补偿船期延误损失而增收的附加费。它是一种临时性的附加费，其变动性较大，一旦港口拥挤情况得到改善，该项附加费即进行调整或取消。

(5) 转船附加费（Transshipment Additional）。转船附加费是指对运往非基本港的货物，需在中途港转运至目的港，为此而加收的附加费。

(6) 超长附加费（Long Length Additional）。超长附加费是指由于单件货物的外部尺寸超过规定的标准，运输时需要特别操作，从而产生额外费用，承运人为补偿这一费用所计收的附加费。超长附加费是按长度计收的，而且长度越长其附加费率越高。如果超长货物需要转船时，则每转船一次加收一次超长附加费。在运价本中，一般长度超过9m的件杂货就要有这一附加费。

(7) 超重附加费（Heavy Lift Additional）。超重附加费是指每件商品的毛重超过规定重量时所增收的附加费。超重附加费是按重量计收的，而且超重量越大其附加费率越高。通常承运人规定货物重量超过5t时就要增收超重附加费。如果超重商品需要转船时，则每转船一次加收一次超重附加费。

如果单件货物既超长又超重，则两者应分别计算附加费，然后按其中收费较高的一项收取附加费。

(8) 直航附加费（Direct Additional）。对运往非基本港的货物，一次货量达到一定数量时，船方可以安排直航卸货，为此需加收直航附加费。直航附加费一般比转船附加费低。

(9) 选港附加费（Optional Surcharge）。选港附加费是指选择卸货港所增加的附加费。由于买卖双方贸易需要，有些货物直到装船时仍不能确定最后卸货港，需要在预先指定的两个或两个以上的卸货港中，待船舶开航后再作选定。这就使整船货物的积载变得困难，甚至会造成舱容的浪费。另外，选择的卸货港所规定的港口必须是该航次挂靠的港口。

(10) 绕航附加费（Deviation Surcharge）。由于某种原因，船舶不能按正常航线而必须绕道航行，从而增加航运开支，为此加收的附加费称为绕航附加费。这是一种临时性的附加费，如正常航道恢复通行，该项附加费即被取消。

除上述各项附加费外，还有变更卸货港附加费、洗舱费、冰冻附加费、熏蒸费等。由于基本运费的计收标准不一，附加费又名目繁多且时有变动，因此在对外报价和匡算运费时应仔细测算，以防漏计或错算造成不应有的损失。

班轮运费的具体计算方法是，先根据货物的英文名称，从货物分级表中查出有关货物的计算等级及其计算标准，然后再从航线费率表中查出有关货物的基本费率，最后加上各项需支付的附加费率，所得的总和就是有关货物的单位运费（每重量吨或每尺码吨的运费），再乘以计费重量吨或尺码吨，即得该批货物的运费总额。如果是从价运费，则按规定的百分率乘FOB货值即可。其计算公式为

$$F = F_b + \sum S$$

式中，F表示运费总额；F_b表示基本运费；S表示某一项附加费。

基本运费是所运货物数量（重量或体积）与规定的基本费率的乘积，即

$$F_b = fQ$$

式中，f表示基本费率；Q表示货运量（运费吨）。

附加费是指各项附加费的总和。在多数情况下，附加费按基本运费的一定百分比计算，其公式为

$$\begin{aligned}\sum S &= (S_1 + S_2 + \cdots + S_n)F_b \\ &= (S_1 + S_2 + \cdots + S_n)fQ\end{aligned}$$

式中，S_1、S_2，…，S_n为各项附加费。

二、杂货班轮运输的主要单证

在班轮运输中需要办理各种单证，这些单证不仅是联系工作的凭证、划分风险责任的依据，也是买卖双方以及货承双方办理货物交接的证明。国际贸易运输工作离不开单证。目前国际航运及我国航行于国际航线上的船舶所使用的班轮运输货运单证主要见表4-1。

三、杂货班轮货运流程

从事杂货班轮运输的船舶按照船期表营运，通常挂靠港口较多，货物装卸作业频繁，所

承运货物的种类多，票数也多，船舶在港停泊时间较短，出现货运质量事故的情况比较复杂。因此，杂货班轮运输中必须建立一套行之有效的程序。

表 4-1 杂货班轮货运主要单证汇总

<table>
<tr><th>港口</th><th colspan="2">单证</th><th>签发人或编制人</th><th>制作时间与制作依据</th><th>作 用</th></tr>
<tr><td rowspan="7">装货港</td><td rowspan="3">装货联单</td><td>托运单（B/N）</td><td>托运人或其代理</td><td>托运货物之前；S/C与L/C</td><td>申请订舱配载的书面凭证</td></tr>
<tr><td>装货单（S/O）/关单/下货纸</td><td>托运人或其代理填制，船公司盖章确认</td><td>装船之前；B/N和船舶配载情况</td><td>船公司或其代理确认订舱、出口货运的承诺；要求船长将货物装船承运的凭证；出口报关手续的必备单据</td></tr>
<tr><td>收货单（M/R）/大副收据</td><td>船上大副签署给托运人</td><td>装船后；收货的实际情况</td><td>证明货物已经装上船；证明承运人已经收到货物，并开始负责；托运人凭以换取提单的单证；签发已装船的清洁提单或不清洁提单的依据</td></tr>
<tr><td colspan="2">提单（B/L）</td><td>船公司或船代</td><td>装船完毕后；根据M/R</td><td>海上货物运输合同的证明；货物已由承运人接管或已装船的货物收据；是承运人保证凭以交付货物的物权凭证</td></tr>
<tr><td colspan="2">装货清单（L/L）</td><td>船公司或船代</td><td>装船前；B/N留底</td><td>为积载计划提供依据；是理货等业务的单据</td></tr>
<tr><td colspan="2">载货清单（M/F）</td><td>船公司或船代</td><td>装船后；M/R或B/L</td><td>是整艘船舶出口报关的必备单据（装货单是每票货物报关的必备单据）；是出口退税单据之一；是卸货港安排卸货的单据；是卸货港海关放行的凭据</td></tr>
<tr><td colspan="2">货物积载图</td><td>船上大副编制</td><td>船到港前绘制草图，装船后修改制出最终积载图；L/L</td><td>形象具体地表示每一票货物在船舱内的位置与装载情况；指导有关方面安排泊位、货物出舱、下驳、搬运等工作</td></tr>
<tr><td></td><td colspan="2">危险货物清单</td><td>船公司或船代</td><td>装船前</td><td>可详细列出船舶载运危险货物的情况；船舶载运危险货物时必备的单证之一</td></tr>
<tr><td rowspan="2">卸货港</td><td colspan="2">提货单（D/O）</td><td>船公司或船代</td><td>到货后；B/L</td><td>收货人向仓库或场站提取货物的凭证；船公司或其代理对仓库或场站交货的通知</td></tr>
<tr><td colspan="2">过驳清单</td><td>理货人员编制，船方签字确认</td><td>卸船后；理货单证</td><td>收货人向船公司提出损害赔偿要求的证明材料；船公司处理收货人索赔要求的原始资料和依据</td></tr>
</table>

（一）货物出运

杂货班轮运输的第一个环节是办理货物出运手续。对托运人及其代理人而言，他们需要选择班轮公司，办理货物托运手续以及与班轮公司进行货物交接。反过来，在这个环节，班轮公司的主要工作包括揽货、接受订舱以及确定航次货运任务等内容。

1. 揽货

班轮公司为使自己所经营的船舶在载重量和载货舱容两方面均能得到充分利用，以期获得最好的经营效益，会通过各种途径从货主那里争取货源，揽集货载。

2. 订舱

订舱是指托运人或其代理人向承运人或其代理人预定舱位的行为。托运人订舱时，需要填写订舱委托书，而承运人或其代理人如能接受托运人的订舱请求，便会发出一份订舱确认书。依据有关的法律规定，订舱委托书可视为要约，而订舱确认书可视为承诺。托运人一旦收到班轮公司的订舱确认书，就意味着托运人与承运人之间的货物运输契约关系成立。

在实践中，订舱可分为出口地订舱、进口地订舱和异地订舱等多种形式。

（1）出口地订舱。出口地订舱是指在货物的出口地或装船港，由发货人或其代理人直接向所在地承运人或其代理人进行的订舱。在国际贸易中，如果货物以 CIF 价格术语成交，此时需由出口商安排货物运输。所以，订舱工作多数会在货物出口地由出口商办理。

（2）进口地订舱。进口地订舱是指在货物的进口港或目的地，由收货人或其代理人通过承运人在进口港或目的地的代理进行的订舱。在国际贸易中，如果货物以 FOB 价格术语成交，则货物运输由进口商安排。此时，订舱工作很可能在货物进口地由进口商办理。在实践中，往往将这类货物称为“指定货”。

（3）异地订舱。异地订舱是指发货人在货物产地或非装运港（地）的其他地方直接向出口地的承运人或其代理人进行的订舱。

（二）货物装船与卸船

1. 货物装船作业的形式

（1）现装或直接装船。杂货班轮运输中，除另有约定外，一般都规定托运人应将其托运的货物送至船边，如果船舶是在锚地或浮筒作业，托运人还应用驳船将货物驳运至船边，然后进行货物的交接和装船作业。对于某些特殊货物，如危险货物、鲜活货、贵重货、重大件货物等，通常采取由托运人将货物直接送至船边交接装船的形式，即采取现装或直接装船的方式。

（2）仓库收货，集中装船。由于在杂货班轮运输中，船舶承运的货物种类多、票数多、包装式样多、挂靠港口多，如果要求每个托运人都将自己托运的货物直接送至码头船边，就可能会发生待装的货物不能按规定的装船先后次序送至船边的情况，从而使装货现场出现混乱，影响装货效率。由此而产生的结果是延长了船舶在港的停泊时间，延误了船期，也容易造成货损、货差现象。因此，为了提高装船效率，加速船舶周转，减少货损、货差现象，在杂货班轮运输中，对于普通货物的交接装船，通常采用由班轮公司在各装货港指定装船代理人，由装船代理人在各装货港的指定地点（通常为港口码头仓库）接受托运人送来的货物，办理交接手续后，将货物集中整理，并按次序进行装船的形式，即所谓的“仓库收货，集中装船”。

无论是直接装船还是集中装船，托运人都应承担将货物送至船边的义务，而作为承运人的班轮公司的责任期间则是从装船时开始，除非承运人与托运人之间另有不同的约定。具体而言，即便是在“仓库收货，集中装船”的情况下，班轮公司的责任期间也并没有延伸至仓库收货时。

2. 货物卸船交货的形式

（1）直接卸货。在杂货班轮运输中，直接卸船交货是指将船舶所承运的货物在提单所载明的卸货港从船上卸下，在船边交给收货人并办理货物的交接手续。对于危险货物、重大件货物等特殊货物，通常采取由收货人办妥进口手续后来船边接收货物，并办理交接手续的现提形式。

（2）集中卸船，仓库交货。在实际业务中，如果各个收货人在船抵达后都同时来到码头船边接收货物，同样会使卸货现场十分混乱，影响卸货效率，延长船舶在港停泊时间。所以，为使船舶在有限的停泊时间内迅速将货卸完，在实际操作过程中通常由船公司指定装卸公司作为卸货代理人，由卸货代理人总揽卸货和接收货物并向收货人实际交付货物的工作。因此，在杂货班轮运输中，对于普通货物，通常采取先将货物卸至码头仓库，进行分类整理后，再向收货人交付的所谓“集中卸船，仓库交付”的形式。

与装船的情况相同，在杂货班轮运输中，无论采取怎样的卸船交货的形式，班轮公司都是以船边为责任界限，而且卸货费用也是按这样的分界线来划分的。综上所述，在杂货班轮运输中，承运人对承运货物的责任期间可以概括为“船舷至船舷”或“钩至钩”。

（三）提取货物

在杂货班轮运输实践中，多采用“集中卸船，仓库交付”的形式。所以，通常是收货人先取得提货单，为货物办理进口手续后，再凭提货单到堆场、仓库等存放货物的现场提取货物，而收货人只有在符合法律规定及航运惯例的前提下才能取得提货单。

在使用提单时收货人必须把提单交回承运人，并且该提单必须经适当正确的背书，否则船公司没有交付货物的义务。除此之外，收货人还需付清所有应该支付的费用，如到付的运费、共同海损分担费等，否则船公司有权根据提单上的留置权条款的规定，暂时不交付货物，直至收货人付清各项应付的费用。如果收货人拒绝支付应付的各项费用而使货物无法交付，船公司可以经卸货港所在地法院批准，对卸下的货物进行拍卖，以拍卖所得价款充抵应收取的费用。因此，货运代理人应及时与收货人联系，取得经正确背书的提单，并付清应该支付的费用，以便换取提货单，并在办理了进口手续后提取货物。

在已经签发了提单的情况下，收货人要取得提货的权利，必须以交出提单为前提条件。但是在实际过程中由于提单邮寄延误，或者作为押汇的跟单票据的提单未到达进口地银行，或者虽然提单已到达进口地银行，但因为汇票的兑现期限的关系，在货物已运抵卸货港的情况下，收货人还无法取得提单，也就无法凭提单来换取提货单提货。此时，按照一般的航运习惯，收货人就会开具由一流银行签署的保证书，以保证书交换提货单后提货。船公司同意凭保证书交付货物是为了能尽快地交货，而且除有意欺诈外，船公司可以根据保证书将因凭保证书交付货物而发生的损失转嫁给收货人或保证银行。但是，由于违反运输合同的规定，船公司对正当的提单持有人仍负有赔偿一切损失的责任。因此，船公司会及时要求收货人履行解除担保的责任，即要求收货人在取得提单后及时交给船公司，以恢复正常的交付货物的条件。在实际过程中，船公司对收货人和银行出具的保证书的形式和措辞的要求虽各不相同，但主要内容都包括因不凭提单提货，收货人和保证银行同意下列条件：

（1）不凭提单提取货物，收货人和银行保证承担船公司及其雇员和代理人因此承担的一切责任并赔偿其遭受的一切损失。

（2）为船公司或其雇员或其代理人因此被起诉而提供足够的法律费用。

（3）为船公司的船舶或财产因此被扣押或羁留或遭到这种威胁而提供所需的保释金或其他担保以解除或阻止上述扣押或羁留，并赔偿船公司由此所遭受的一切损失、损害或费用。

（4）收到提单后换回保证书。

（5）对于上述保证内容，收货人和银行一起负连带责任。

提单上的卸货港一栏内有时会记载两个或两个以上可供货主选择的卸货港名称，因此货主在货物装船前尚未确定具体的卸货港，这样在办理货物托运时提出选择卸货港交付货物的申请，并在船舶开航后从提单上所载明的选卸港范围内选定对自己最为方便或最为有利的卸货港，最后在这个港口卸货和交付货物。这种由货主选择卸货港交付的货物称为“选港货”。由于为“选港货”签发的提单中的卸货港一栏内已明示了卸货港的范围，如“option Kobe/Yokohama”，所以收货人在办理提货手续时，交出一份提单即可。但是货主必须在船舶自装货港开航后，抵达第一个选卸港的一定时间（通常为24h或48h）以前，把决定的卸货港通知船公司及被选定卸货港船公司的代理人，否则船长有权在任何一个选卸港将货物卸下，并认为船公司已履行了对货物运送的责任。

如果收货人认为有必要将货物改在提单上载明的卸货港以外的其他港口卸货交付，则可以向船公司提出变更卸货港的申请。但是，所变更的卸货港必须是在船舶航次停靠港口范围之内，并且必须在船舶抵达原定卸货港之前或到达变更的卸货港（需提前卸货时）之前提出变更卸货港交付货物的申请。由于变更卸货港交付货物是在提单载明的卸货港以外的其他港口卸货和交付货物，所以收货人必须交出全套提单才能换取提货单提货。而且，在船公司根据积载情况考虑变更卸货港卸货和交付货物对船舶营运不会产生严重影响，并接受货主变更卸货港的要求时，收货人还应负担因这种变更而发生的货物的翻舱费、捣载费、装卸费以及因变更卸货港而产生的运费差额和有关手续费等费用。

四、杂货班轮货运代理业务流程

（一）杂货班轮出口代理业务流程

在前面我们讲述了杂货班轮货运的一般流程，下面我们将从货运代理人的角度，分别讲述出口和进口货运代理业务的具体流程。其中，杂货班轮进口代理业务的流程如图4-1所示。

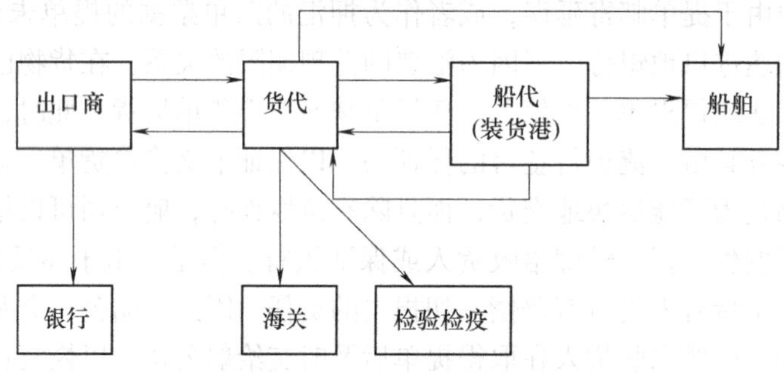

图4-1　杂货班轮出口代理业务流程图

1. 接受货主订舱委托

出口企业根据合同或信用证填制海运出口货物代运委托书，随附商业发票、装箱单等必要单据，委托货运代理企业订舱，有时还委托其代理报关及货物储运等事宜。

2. 订舱

货运代理根据出口企业的海运出口货物代运委托书，向船公司在装货港的代理人（也可以直接向船公司或其营业所）提出货物装运申请，缮制并递交托运单，随附商业发票、装箱单等单据向船公司或船舶代理人办理订舱手续。

3. 船公司确认订舱

船公司同意承运后，在托运单上编号（一般是将来的提单号），填上船名、航次，并签署装货单。同时，将配舱回单、装货单等与托运人有关的单据退还给货运代理。货运代理应按照船公司要求，及时将货物送至指定的港口仓库。

4. 出口报关报检

货运代理持船公司签署的装货单以及报关所需的全套必要文件，向海关办理货物出口报关、验货放行手续。货运代理也可接受货主委托，代办货物的出口检验。海关查验后，如同意放行，则在装货单上盖放行章，并将装货单退还货运代理。

5. 货物装船

货运代理根据船公司的指示，将海关放行的货物送至指定地点准备装船。

6. 换取正本提单

货物装船完毕，船上的大副签发收货单并转交给货运代理。货运代理持大副签发的收货单到船公司在卸货港的代理人处付清运费（运费预付情况下），换取正本已装船海运提单。

7. 将提单交货主

货运代理在向出口企业转交海运提单前，一般会要求出口企业付清运费及相关费用。出口企业凭已装船提单才能办理结汇。

（二）杂货班轮进口代理业务流程

当货物以 FOB 等贸易条件进口时，由买方承担运输任务，这种情况在业务中称作“买方派船”。现在我国海运进口货物一般常采用 FOB 条件成交。因此，我们将介绍 FOB 条件下的进口货物运输代理业务。其中，杂货班轮出口代理业务的流程如图 4-2 所示。

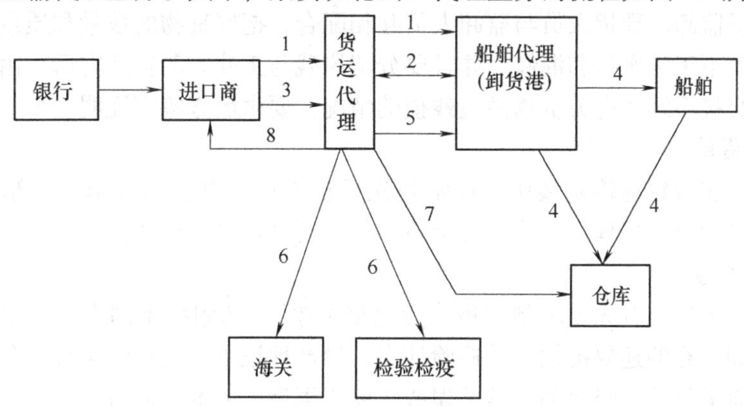

图 4-2　杂货班轮进口代理业务流程图

1. 根据货主委托订舱

以 FOB 成交的进口合同，由买方负责租船订舱。在合同规定交货前一定时期内，卖方应将预计装运日期通知买方。买方接到通知后，及时书面委托货运代理办理租船订舱手续。货运代理在订妥舱位后，及时将船名、航次、船期通知买方，以便其向卖方发出派船通知。同时货运代理还要通知装货港船务代理，及时与卖方或其货运代理联系，按时将备妥货物发到装货港，以便船货衔接。

2. 掌握船舶动态

为了正确掌握到货时间，要经常收集船舶动态资料。资料可以从船期表、报纸上刊登的船期公告、有关船舶动态和船务周刊等杂志、发货人的装船通知及收到的各项单证中取得。船舶动态包括船名、船籍、船舶性质、装卸港顺序、预计抵港日期、船舶吃水及货物名称、数量等。进出货物的转船信息至关重要，关键是掌握二程船信息。通常情况下，转船货只确定转船港，而没有确定二程船名，货运代理可以从港区通报船公司及船务代理去寻找。而且凡是转船货，在舱单上也要注明一程船名、提单号、装运港及装船日期，这样从舱身上列有转船货的船即为进口方要找的二程船，同时也应注意有关品名件数，原来一批货转船时是否分批。这样可以让出口方船务代理发二程船信息到卖方，再传真给进口方，再由进口方在目的港的船公司船代中查询，并要求他们一有二程船转出中转港或到港就立即通知买方或买方货运代理。如预计该到又没有任何信息，要立即与买方、一程船船公司进一步联系，以免发生到货后滞报、漏报、压港，甚至超期而被海关没收等情况。

3. 汇集单证

各项进口单证是进口货物在卸船、报关、报验、交接和疏运各环节中必不可少的，因此必须及时收集整理备用。这些单证包括商务单证和船务单证两大类。商务单证有信用证副本、合同副本、发票、提单、装箱单、品质证明书等；船务单证则有舱单、货物积载图、租船合同或提单副本、超长超重的大件货物清单和危险品清单等。以上单证来源于银行、国外发货人、装货港代理、港口船务代理公司，也有随船进港带来的。把收到的各种单证进行审检、归类或复制，以便货物进口时运用。

4. 监督卸货

按照我国港口的规定，由船方申请外轮理货公司代表船方与港区交接货物。货运代理则代表买方在现场监卸。理货人员与监卸人员互相配合，把好货物的数量和质量关，要求港区按票卸货，严禁不正常操作和混卸，并且要分清原残与工残。船货卸完后，由船方与理货组长向港区办理交接手续。有关货物溢短残损的情况，要由船方签字证明。

5. 换取提货单

如前所述，在班轮运输实践中，通常是先凭正本经背书后的提单、装箱单、发票、合同、商检证明等到船务代理公司换取提货单，然后再办理进口报关。

6. 进口报关报检

进口货物到港后，首先要填制“进口货物报关单”，随附提单副本、发票、装箱单或重量单、销售合同，有的还要提供品质检验证书、原产地证书、进口许可证、危险品说明书等有关单证，向海关报关。经海关核准无误或查验无误后，才准予放行。

7. 提货

危险货物一般需在船边现提。进库待提货物应凭海关放行提单、提货单向港区提货。提货时要认真核对货物的包装、唛头、件数等，如有不符，要取得港方的有效证明。一旦货物离港，港方的责任即告终止。

8. 代运并交付货物

对在卸货港没有运力的进口单位，货运代理可接受进口公司委托，办理交接，安排运力，将货物转运到收货人指定的地点，这种行为称为进口代运。进口代运协议可以是临时的，也可以是长期的。长期委托协议的期限一般为 1 ~ 3 年，到期后双方若无异议可自动延长。进口代运方便了收货人，节省了收货人的人力和物力，同时加快了港口疏运工作。

五、杂货班轮运输主要单证的缮制

杂货班轮运输主要单证包括托运单（如表 4-2 所示）、装货单（如表 4-3 所示）和收货单（如表 4-4 所示）。

（一）托运单

表4-2 托 运 单

托运人

Shipper ____________________

编号船名

No. ________________ S/S ________________

目的港

For ________________

标记及号码 Marks&No.	件数 Quantity	货名 Description of Goods		重量/千克 Weight/kg	
				净重 Net	毛重 Gross
共计件数（大写） Total Number of Packages in Writing				运费支付方式	
运费计算		尺码 Measurement			
备注					
通知人		可否转船		可否分批	
收货人		装期		有效期	
		金额		提单张数	
配货要求		银行编号		信用证号	

托运单的缮制依据是国际贸易合同或信用证（或者是委托人的托运委托书）。以下就托运单的主要内容进行说明。

（1）托运人。一般情况下，该栏填写出口公司的名称和地址。

（2）编号。该栏一般填写商业发票的号码。

（3）船名。该栏由班轮公司配载后填写配载的船名和航次。

（4）目的港。目的港港口名称必须明确具体，遇有同名港，必须加注国家、地区、州名或城市名。如果信用证规定目的港为选择港，则应在同一航线、同一航次挂靠的港口中选择，数量最多不超过三个。

（5）标记及号码。该栏填写信用证或合同中规定的唛头，买卖合同或信用证中没有规定唛头时可填写“N/M”。

（6）件数。注意托运单中的数量是指最大包装的件数。

（7）货名。这一栏的内容允许只写货物的大类名称或统称。用中英文两种文字填写，英文应该与信用证一致。

（8）重量。重量应分别计算毛重和净重。

(9) 尺码。该栏填写该批货物的尺码总数，单位一般为立方米。

(10) 运费支付方式。该栏注明该批货物的运费支付方式是“运费预付”还是“运费到付”。

(11) 可否转船、可否分批、装期、有效期。这几栏按照合同或信用证的相关内容填写。

(12) 通知人。在信用证支付条件下，依据信用证条款填写；其他情况下，依据贸易的实际情况填写。通知人的作用就是及时接受船方发出的到货通知并将该通知转告真实收货人。

(13) 收货人。在信用证支付条件下，依据信用证条款填写；在其他情况下，依据贸易的实际情况填写，通常填写进口商的名称和地址。

(14) 提单张数。提单张数是指班轮公司出具提单的份数。一般正本提单一式三份，三份正本提单同时有效。提单副本的份数一般取决于托运人留存和寄单的需要。

(15) 备注。有关订舱、配舱、装运等的特殊要求可以在这一栏注明。

(二) 装货单

表4-3 装 货 单

托运人

Shipper ________________

编号船名

No. ________________ S/S ________________

目的港

For ________________

兹将下列完好状况之货物装船后希签署收货单

Receive on board the under mentioned goods apparent in good order and condition and sign the accompanying receipt for the same.

标记及号码 Marks & No.	件数 Quantity	货名 Description of Goods	重量/千克 Weight/kg	
			净重 Net	毛重 Gross
共计件数(大写) Total Number of Packages in Writing				

日期时间

Date ________________ Time ________________

装入何舱

Stowed ________________

实收

Received ________________

理货员签名 经办员

Tallied By ________________ Approved By ________________

（1）编号。签发装货单时，船公司或其代理人会按不同港口分别编制装货单号（最终的提单号基本上与装货单号相同）。

（2）日期、时间、装入何舱、实收、签名。一票货物装船完毕，理货员在装货单上签注实际装货数量、装船位置、装船日期并签名，再由理货长审查并签名，证明该票货物如数装船无误。

（三）收货单

表 4-4 收 货 单

托运人

Shipper ____________

编号船名

No. ____________ S/S ____________

目的港

For ____________

下列完好状况之货物业已收妥无损

Received on board the following goods apparent in good order and condition:

标记及号码 Marks&No.	件数 Quantity	货名 Description of Goods	重量/千克 Weight/kg	
			净重 Net	毛重 Gross
共计件数(大写) Total Number of Packages in Writing				

日期时间

Date ____________ Time ____________

装入何舱

Stowed ____________

实收

Received ____________

理货员签名 大副

Tallied By ____________ Chief Officer ____________

（1）收货单的内容与装货单基本相同。

（2）该单据在货物装船后，由理货员填写，大副核实无误之后签字。

六、海运提单

海运提单（Bill of Lading，B/L）（如表 4-5 所示）是承运人或其代理人在收到承运货物时签发给托运人的一种单据，它体现了托运人和承运人的运输合同关系。

（一）提单的主要性质和作用

（1）货物收据。提单是承运人或其代理人签发给托运人的表明已收讫货物的收据。

(2) 物权凭证。提单代表货物的所有权，谁拥有提单，谁就拥有货物的物权。正本提单是卖方凭以议付、买方凭以提货、承运人凭以交货的依据。提单可用来抵押或转让。

表 4-5　提单样本

<table>
<tr><td colspan="2">Shipper</td><td colspan="4" rowspan="7">F. L.   B/L NO.

FASTLINETRANSPORTATIONLTD.
ORIGINAL
BILLOFLADING
SHIPPED on board in apparent good order and condition(unless otherwise stated)the goods or packages specified herein and to be discharged at the above mentioned port of discharge or as near thereto as the vessel may safely get and be always afloat. The weight, measure, marks, numbers, quality, contents and value being particularly furnished by the Shipper, are not checked by the Carrier on loading. The shipper, Consignee and the Holder of this Bill of Lading hereby expressly accept and agree to all printed, written or stamped provisions, exceptions and conditions of this Bill of Lading, including those on the back hereof. In witness whereof, the carrier or his Agents has signed Bill(s) of Lading all of this tenor and date. One of which being accomplished, the others to stand void</td></tr>
<tr><td colspan="2">Consignee</td></tr>
<tr><td colspan="2">Notify Party</td></tr>
<tr><td>Pre-carriage by</td><td>Place of Receipt</td></tr>
<tr><td>Vessel</td><td>Voyage No.</td></tr>
<tr><td></td><td></td></tr>
<tr><td colspan="2"></td></tr>
<tr><td>Port of Loading</td><td>Port of Discharge</td><td colspan="4">Port of Destination</td></tr>
<tr><td rowspan="2">Container No. & Seal No.</td><td>Marks & Numbers</td><td>Description of Goods</td><td>Gross Weight</td><td colspan="2">Measurement</td></tr>
<tr><td colspan="5">TOTAL NUMBER OF CONTAINERS OR PACKAGES IN WORDS:</td></tr>
<tr><td rowspan="2">Freight and Charges</td><td>Prepaid at</td><td colspan="2">Payable at</td><td colspan="2">Place and Date of Issue</td></tr>
<tr><td>Total Prepaid in Local Currency</td><td colspan="2">No. of Original B/L</td><td colspan="2">Signed for the Carrier</td></tr>
</table>

(3) 运输契约的证明。提单出单，标志着承运和托运双方的运输关系已经生效，双方的权利和义务、责任和豁免关系都在提单中被明确标明。如果承运和托运双方发生运输方面的纠纷，就可以按提单上所载的条款进行处理。但是提单是装货后签发的，而运输契约是在装货前商订的，所以提单本身不是运输契约，而是运输契约的证明。

(二) 提单的内容

提单的格式很多，每个船公司都有自己的提单格式。无论何种格式的提单，其基本内容都大致相同：提单的正面是一些记载事项，提单的背面有印制好的运输条款。

1. 正面内容

提单的正面内容包括

①托运人；②收货人；③被通知人；④收货地/装运港；⑤目的地或卸货港；⑥船名和航次；⑦唛头及件号；⑧货名及件数；⑨运费预付或运费到付；⑩重量和体积；⑪正本提单的份数；⑫船公司或其代理人签章；⑬签发提单的地点和日期。

2. 背面的条款

海运提单的背面通常印有运输合同条款，作为确定承运人与托运人之间、承运人与收货人及提单持有人之间的权利和义务的主要依据。原来使用的提单中的运输条款都是由船方自行规定的，其中加列越来越多的免责条款，使货方的利益失去保障。为了平衡船货双方的利益、统一提单背面条款的内容，国际上先后签订了有关提单的国际公约：

（1）1924 年签署了《关于统一提单的若干法律规则的国际公约》，又称《海牙规则》。

（2）1968 年签署了《布鲁塞尔议定书》简称《维斯比规则》。

（3）1978 年签署了《联合国海上货物运输公约》，简称《汉堡规则》。

上述三项公约的历史背景不同，内容不一，各国对这些公约的态度也不一致，所以，各国船公司签发的提单背面条款也有差异，使用较多的是前两个规则。

（三）提单的种类

在实际业务中，从不同角度可将提单分为以下几大类：

（1）根据货物是否已装船，提单可分为已装船提单和备运提单。

1）已装船提单（On Board or Shipped B/L）。已装船提单是指承运人已将货物装上指定船舶后所签发的提单。在这种提单上对载货船的船名、装船日期都有明确记录，而且还有船长或其代理人的签字。这种提单的作用在于能证明货物已经上船，移交给承运人进行运输。在国际贸易中，基本上只有这种提单才能从银行结汇，否则银行可以拒付。

2）备运提单（Received for Shipment B/L）。备运提单又称待运提单或收货待运提单，是指承运人已经收到要托运的货物，等待装运期间所签发的提单。在备运提单中，对载货船、装船日期均无记载。备运提单不能说明货物是否最终能被装上船，因此，银行和收货人往往不愿意接受这种提单。但是如果货物按时被装上船，托运人还可以拿备运提单到承运人那里换取已装船提单，或加注已装船批注，也就等同于已装船提单。

（2）根据使用效力的不同，提单可分为正本提单和副本提单。

1）正本提单（Original B/L）。正本提单是指提单内容填写完整，尤其是具备承运人、船长或其代理人签字盖章并注明签发日期的提单，而且提单本身也用文字表明该提单为“正本”。正本提单才是具有法律效力的单据，可以进行转让和用来提货。一般来说，正本提单通常会签发一式两份或三份，在使用过程中，其中任何一份被用来提货后，其他的即告作废。

2）副本提单（Copy B/L）。副本提单是指不具备承运人、船长或其代理人签字盖章的提单，不能转让也不代表物权。在这种提单上通常写明“Copy”或“Non-negotiable”以示与正本的区别。

（3）根据提单上对货物外表状况有无不良批注，提单可分为清洁提单和不清洁提单。

1）清洁提单（Clean B/L）。清洁提单是指货物在装船时，承运人在正常收货时没有发现货物或包装有缺陷的状况，在提单上印有货物“表面状况良好”的提单。清洁提单表明货物至少表面完好，是银行结汇和提单被接受的必要条件。

2）不清洁提单（Foul B/L）。不清洁提单是指承运人在签发的提单上带有明确宣称货物或包装有缺陷状况的条款或批注的提单，如“一包破”“三箱开裂”等。这种提单至少说明货物有损害的可能性，因此，一般银行或收货人会拒绝接受这种提单，并拒绝为此付款。

（4）根据格式和内容的繁简，提单可分为简式提单和全式提单。

1）简式提单（Short Form B/L）。简式提单又称略式提单，是指只有正面记载事项，而背面无相关条款的提单。这种提单一般都需加注“各项条款及例外条款均以本公司正规的全式提单内所印的条款为准”的字样，否则，银行一般不予接受。

2）全式提单（Long Form B/L）。全式提单是指有正面记载事项，背面列有规定承运人、托运人之间权利与义务的提单。在进出口贸易中，使用的主要是这种提单。

（5）根据提单上收货人（抬头）填写方法的不同，提单可分为记名提单、不记名提单和指示提单。

1）记名提单（Stright B/L）。记名提单是指在提单的收货人栏中填写特定收货人名称，只能由该特定收货人提货。这种提单不能被转让。一般用于赠品、展品或样品的发送以及被彼此绝对信任的交易双方使用。

2）不记名提单（Bearer B/L）。不记名提单是指提单收货人栏内没有注明收货人，只注明货交提单持有人或来人。这种提单说明承运人只要将货物交给任何一个持有提单的人，而不追究其是否是提单的合法持有者。这种提单可以任意转让，流通性强，但是一旦丢失则危险性较大，在国际贸易中较少使用。

3）指示提单（Order B/L）。指示提单是指在提单的收货人栏中填写“凭指定”（To order）或“凭××指定”（To order of…）字样的提单，这种提单抬头方式最普遍，多数信用证也接受这种方式。提单的所有者即指示人通过在提单的背面签字盖章（称作“背书”行为），将提单转让给实际收货人；而且如果货物被转卖，该提单也可以转让给新的收货人，从而实现提单的可转让性。所谓背书（Endorsement），是指单据的权益人在单据的背面签字盖章并加标注，表示将本单据的权益转让给受让人。进行签字的转让人称为背书人（Endorser），受让人称为被背书人（Endorsee）。提单的背书形式有两种：一种是提单的所有人在背书的同时标明被背书人（受让人）的姓名或公司名称，这种背书方法称为记名背书；另一种是提单的所有人在背书时不标明被背书人，这种背书方法称为空白背书。

指示提单又分为空白指示提单和记名指示提单。

空白指示提单又称为空白抬头提单，即在收货人栏填“To order”，然后在提单背面由且只由托运人签字盖章进行背书。

记名指示提单又称记名抬头提单，可分为托运人指示提单、银行指示提单和收货人指示提单三种。

托运人指示即在收货人栏填“To order of shipper”，但发货人必须在提单背面背书，可以空白背书，也可以记名背书，如何背书应按信用证或合同规定进行；银行指示则在本栏填“To order of×××Bank”；收货人指示则在本栏填“To order of×××Co.，Ltd.”。

银行指示和收货人指示，发货人均不需背书。托运人指示和银行指示较多见，而收货人指示则少见。因为开证行付款后，其物权不掌握在银行手中，而是掌握在收货人手中，因此开证行不愿意接受收货人指示的做法。

在国际贸易中最常用的提单是空白抬头、空白背书的提单。

(6) 按船舶营运方式的不同，提单可分为班轮提单、租船合约提单。

1) 班轮提单（Liner B/L)。班轮提单是指货物采用班轮运输，由班轮公司所签发的提单。

2) 租船契约提单（Charter Party B/L)。租船契约提单是指船方根据租船合约签发的提单，常在租船业务中使用。通常只在其上列明货名、数量、船名、装运港、目的港等必要项目，无背面提单条款。

(7) 其他提单还包括舱面提单、倒签提单、过期提单、预借提单和电子提单。

1) 舱面提单（On deck B/L)。舱面提单是指注明货物装在舱面（即甲板）上的提单。由于货物在甲板上遇到风险的可能性大，所以托运人一般都要向保险公司加保甲板险。承运人在签发提单时要加注“货装甲板”字样。进口方一般不愿意接受舱面提单，除非合同有相反的规定。

2) 倒签提单（Antedated B/L)。货物实际装船的日期晚于信用证上规定的装运日期，托运人为了使提单日期与信用证规定的装运日期相符，要求承运人按信用证规定的装运日期签署提单，这种提单称为倒签提单。倒签提单是一种违法提单，收货人可以以“伪造提单”为由，拒绝提货并向法院起诉，因此，这种提单对承运人来说有较大风险。

3) 过期提单（Stale B/L)。过期提单是指晚于信用证规定的期限递交的提单，也称迟期提单。《跟单信用证统一惯例（UCP600)》规定，银行拒绝接受晚于信用证规定的交单付款、承兑或议付的特定期限的提单；如信用证无特定的交单期限，银行拒绝接受提单日后21天提交的单据；晚于货物到达目的港的提单，银行也认为是过期提单而拒绝接受。

4) 预借提单（Advanced B/L)。在货物装船前被托运人“借走”的提单，称为预借提单。这是因为信用证最迟装运期已到，但货尚未装船，托运人为了取得与信用证相符的提单，要求承运人先行签发已装船提单，以便如期办理结汇。预借提单是一种违法提单，尽管托运人要求预签提单必须出具保函，但由于这种保函法律地位极其脆弱，所以承运人仍需承担一定风险。

5) 电子提单（Electronic B/L)。电子提单是指将纸面提单的全部内容以电子形式，通过 EDI（Electronic Data Inter-Change，电子数据交换）进行传递的电子数据。国际法和各国的相关法律对此类电子数据都予以承认。

【任务实施】

一、操作步骤

天津外轮代理公司完成上述代理任务的步骤如下：

(1) 天津外轮代理公司（以下简称天津外代）向中海集装箱运输股份有限公司（以下简称中海集运）在天津港的代理人（以下简称装运港船代）订舱，填写装货联单。中海集运即是此次运输的承运人。

(2) 装运港船代核对托运单、装货单等填写无误后，签发装货单，确认订舱。填写的船名为 BINHAI V. 502，装货单号为 TJBHZY565768。

(3) 天津外代根据货主天津国际贸易公司提供的委托书、贸易合同、商业发票、装箱单等，分别填写出境货物报检单、出口货物报关单，替货主办理出口货物的报关报检。完成这些事宜后，商品检验机构签发通关单，海关在装货单上签字盖章。

(4) 如果货主除委托天津外代代办订舱、报关、报检、拖货等事宜外，还委托其代办保险的话，天津外代还需填写投保单，向保险公司投保。

(5) 装运港船代根据装货联单中的托运单留底联编制装货清单，然后由 BINHAI V. 502 号船长或大副编制货物积载计划交船代、码头、理货公司，准备货物装船。

(6) 装船完毕，大副核实无误后签发收货单。理货长将收货单交给天津外代，天津外代凭收货单向装运港船代换取已装船提单。

(7) 天津外代与货主结清费用，将提单交给货主天津国际贸易公司，以便其交单结汇。

二、单据的填写

根据本例有关资料，托运单、装货单的填写如表 4-6 和表 4-7 所示。

表 4-6　海运出口托运单

中国外轮代理公司

CHINA OCEAN SHIPPING AGENCY

天津外代

留底

托运人 Shipper　TIANJIN INTERNATIONAL TRADE CORPORATION

编号 No.　AT0588　船名 S/S　BINHAI V. 502

目的港 For　NEW YORK, USA

标记及号码 Marks&No.	件数 Quantity	货名 Description of Goods	重量/千克 Weight/kg	
			净重 Net	毛重 Gross
A. T		WALNUT		
TXT365	22CTNS	ARTNO. 558	120KGS	136KGS
NEWYORK	21CTNS	ARTNO. 365	130KGS	138KGS
NO. 1-65	22CTNS	ARTNO. 700	135KGS	150KGS
TOTAL	65CTNS		358KGS	424KGS
共计件数(大写) Total Number of Packages in Writing SAY SIXTY FIVE CARTONS ONLY			运费付费方式 FREIGHT PREPAID	
运费计算		尺码 Measurement	15. 1CBMS	
备注				
通知		可否转船	可否分批	
收货人		装期	有效期	
		金额	提单张数	
配货要求		银行编号	信用证号	

表 4-7　装货单

中国外轮代理公司
CHINA OCEAN SHIPPING AGENCY

装货单　　天津外代

托运人 Shipper　TIANJIN INTERNATIONAL TRADE CORPORATION

编号　No. TJBHZY565768　船名 S/S　BINHAI V. 502

目的港　For　NEW YORK, USA

兹将下列完好状况之货物装船后希签署收货单

Receive on board the under mentioned goods apparent in good order and condition and sign the accompanying receipt for the same.

标记及号码 Marks & No.	件数 Quantity	货名 Description of Goods	重量/千克 Weight /kg	
			净重 Net	毛重 Gross
A. T TXT365 NEW YORK NO. 1-65	 22CTNS 21CTNS 22CTNS	WALNUT ART NO. 558 ART NO. 365 ART NO. 700	 120KGS 130KGS 135KGS	 136KGS 138KGS 150KGS
TOTAL	66CTNS		358KGS	424KGS
共计件数(大写) Total Number of Packages in Writing SAY SIXTY FIVE CARTONS ONLY				

日期 Date ________________ 时间 Time ________________

装入何舱 Stowed ________________

实收 Received ________________

理货员签名　　经办员

Tallied By ________________ Approved By ________________

注：装货单中日期、时间、装入何舱、实收等内容在装船完毕后由理货员如实填写。

第三节　集装箱班轮运输实务

【任务引入】

中国外轮代理公司天津分公司（以下简称天津外代）是一家大型的国际货运代理企业。它于 2013 年 8 月接到天津纺织品进出口公司的委托，要求为其代理出口一批“男式混纺衬衣”到美国西雅图市。委托人提供的海运货物出口代运委托书显示货物信息如表 4-8 所示：

表4-8 货 物 信 息

<table>
<tr><td>合同号</td><td>83UBK-030</td><td>发票号</td><td></td></tr>
<tr><td>发货人</td><td colspan="3">TIANJIN TEXTILES IMPORT & EXPORT CORPORATION
86 Yun Shan Road 1101 Binhai,Tianjin, China
Tel:86-22-66582116 Fax:86-22-66582116</td></tr>
<tr><td>收货人</td><td colspan="3">TO ORDER</td></tr>
<tr><td>通知人</td><td colspan="3">LANBO ONELL CO,LTD.
Room 201,1231 Crstway, Seattle, U. S. A.</td></tr>
<tr><td>装货港</td><td>XINGANG</td><td>卸货港</td><td>SEATTLE</td></tr>
<tr><td>毛重</td><td>3065KGS</td><td>体积</td><td>16. 78CBMS</td></tr>
<tr><td>包装数量</td><td colspan="3">150 CARTONS</td></tr>
<tr><td>唛头
SHIPPING MARKS</td><td colspan="3">货名
DESCRIPTION OF GOODS</td></tr>
<tr><td>LANO
SEATTLE
83UBK-030
NO. 1-150</td><td colspan="3">MENS' 65% ACRYLIC 35% COTTON SHIRTS</td></tr>
<tr><td>其他说明</td><td colspan="3"></td></tr>
</table>

【任务分析】

要完成此次集装箱班轮运输代理业务，首先要根据货物的性质确定该批货物是否属于集装箱运输，然后明确选择何种类型的集装箱，选多少个集装箱，箱子由谁提供等基本情况，这要求货运代理企业掌握有关集装箱的基本知识，并熟悉集装箱的使用。货运代理公司确定了运输类型后，要根据货物的基本情况和装运时间为货主公司选择船公司，在此环节中需要货代公司熟悉查找船公司船期和航次的基本方法，掌握向船公司办理租船订舱的基本操作。另外，对于集装箱运输中的诸多角色以及各类角色在业务环节中的地位及协作关系，货代公司也要有较为清晰的认识。下面，我们介绍集装箱班轮运输代理业务中的必要知识和技能。

【实训知识与技能】

一、集装箱运输的含义和特点

集装箱运输（Container Transport）是以集装箱作为运输单位进行货物运输的一种现代化运输方式，它可用于海洋运输、铁路运输及国际多式联运等。自20世纪70年代以来，国际海上集装箱运输发展尤为迅速，迄今已形成了一个世界性的集装箱运输体系。目前，集装箱海运已经成为国际主要班轮航线上占有支配地位的运输方式。在我国，集装箱运输，尤其是集装箱海运已经成为普遍采用的一种重要的运输方式。

集装箱海运之所以发展得如此迅速，是因为与传统海运相比，它具有下列优点：

（1）有利于提高运输质量和减少货损货差。

（2）有利于简化货运手续和便利货物运输。

（3）有利于提高装卸效率和加速船舶的周转。

（4）有利于节省各项费用和降低货运成本。

（5）促进了国际多式联运的发展。

集装箱（Container）原义是一种容器，专供使用并便于机械操作和运输的大型货物容器，即一种运输设备。因其外形像一个箱子，又可以集装成组进行运输，故称集装箱。集装箱在香港称为货箱，在台湾称为货柜。

《国际标准化组织》对集装箱的定义是，能长期地反复使用，具有足够的强度；途中转运不用移动箱内货物可以直接换装；可进行快速装卸，并可从一种运输工具直接方便地换装到另一种运输工具；便于货物的装满和卸空；具有 $1m^3$（$35.32ft^3$）以上的内容积。

国际标准化组织为统一集装箱的规格推荐了三个系列 13 种规格的集装箱，而在国际航运上运用的主要为 20ft 和 40ft 两种，即 1A 型 8ft × 8ft × 40ft 和 1C 型 8ft × 8ft × 20ft。在我国，8ft × 8. 6ft × 40ft、8ft × 8. 6ft × 20ft 和 8ft × 9. 6ft × 40ft 三种型号的集装箱也很常见。为满足各类货物运输的需要，集装箱除通用的干货集装箱外，还有罐式集装箱、通风集装箱、冷藏集装箱、框架集装箱、散装集装箱、挂式集装箱、平台集装箱、牲畜集装箱等。

1. 干货集装箱

干货集装箱（如图 4-3 所示）也称杂货集装箱，是一种通用集装箱，用以装载除液体货物、需要调节温度货物及特种货物以外的一般件杂货。这种集装箱使用范围极广，常用的有 20ft 和 40ft 两种，其结构特点是常为封闭式，一般在一端或侧面设有箱门。

2. 开顶集装箱

开顶集装箱（如图 4-4 所示）也称敞顶集装箱，是一种没有刚性箱顶的集装箱，但有可折式顶梁支撑的帆布、塑料布或涂塑布制成的顶篷，其他构件与干货集装箱类似。开顶集装箱适于装载较高的大型货物和需吊装的重货。

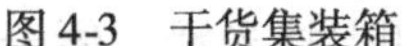

图 4-3　干货集装箱

图 4-4　开顶集装箱

3. 台架式及平台式集装箱

台架式集装箱（如图 4-5 所示）是没有箱顶和侧壁，甚至有的连端壁也去掉而只有底板和四个角柱的集装箱。

台架式集装箱有很多类型。它们的主要特点是：为了保持其纵向强度，箱底较厚。箱底的强度比普通集装箱大，而其内部高度则比一般集装箱低。在下侧梁和角柱上设有系环，可把装载的货物系紧。台架式集装箱没有水密性，不能装运怕水湿的货物，适于装载形状不一的货物。台架式集装箱可分为敞侧台架式集装箱、全骨架台架式集装箱、有完整固定端壁的台架式集装箱、无端仅有固定角柱和底板的台架式集装箱等。

图 4-5　台架式集装箱

平台式集装箱是仅有底板而无上部结构的一种集装箱。该种集装箱装卸作业方便，适于装载长、重大件。

4. 通风集装箱

通风集装箱（如图 4-6 所示）一般在侧壁或端壁上设有通风孔，适于装载不需要冷冻而需通风、防潮的货物，如水果、蔬菜等。如将通风孔关闭，可作为杂货集装箱使用。

5. 冷藏集装箱

冷藏集装箱（如图 4-7 所示）是专为运输要求保持一定温度的冷冻货或低温货而设计的集装箱。它分为带有冷冻机的内藏式机械冷藏集装箱和没有冷冻机的外置式机械冷藏集装箱，适于装载肉类、水果等货物。冷藏集装箱造价较高，营运费用较高，使用中应注意冷冻装置的技术状态及箱内货物所需的温度。

图 4-6　通风集装箱

图 4-7　冷藏集装箱

6. 散货集装箱

散货集装箱（如图 4-8 所示）除了有箱门外，在箱顶部还设有 2 ~ 3 个装货口，适用于装载粉状或粒状货物。使用时要注意保持箱内清洁干净，两侧保持光滑，便于从箱门卸货。

7. 动物集装箱

动物集装箱（如图 4-9 所示）是一种专供装运牲畜的集装箱。为了实现良好的通风，箱壁用金属丝网制造，侧壁下方设有清扫口和排水口，并设有喂食装置。

图 4-8　散货集装箱

图 4-9　动物集装箱

8. 罐式集装箱

罐式集装箱（如图 4-10 所示）是一种专供装运液体货如酒类、油类及液状化工品等货物而设置的集装箱。它由罐体和箱体框架两部分组成，装货时货物由罐顶部装货孔进入，卸货时，则由排货孔流出或从顶部装货孔吸出。

9. 汽车集装箱

汽车集装箱（如图 4-11 所示）是专为装运小型轿车而设计制造的集装箱，可装载一层或两层小轿车。

图 4-10　罐式集装箱

图 4-11　汽车集装箱

由于集装箱在运输途中常受各种力的作用和环境的影响，因此集装箱的制造材料要有足够的刚度和强度，应尽量采用质量轻、强度高、耐用、维修保养费用低的材料，并且材料既要价格低廉，又要便于取得。

目前，世界上广泛使用的集装箱按其主体材料的不同可分为钢制集装箱、铝制集装箱、不锈钢制集装箱、玻璃钢制集装箱。

为了便于统一计算集装箱运输的货运量，目前国际上都以 20ft 集装箱作为计算衡量单位，用“TEU”（Twenty Foot Equivalent Unit）表示，意为“相当于 20ft 单位”，行业内简称“标箱”，即标准箱的意思。在统计不同型号的集装箱时，按集装箱的长度换算成 TEU 加以计算，如一个 40ft 的集装箱就等于两个 TEU。

二、集装箱运输货物的交接

集装箱运输有整箱货（Full Container Load，FCL）（箱内是一个货主的货）和拼箱货（Less Than Container Load，LCL）（箱内是多个货主的货）之分。整箱货由货方在工厂或仓库进行装箱。货物装箱后直接运交集装箱堆场等待装运，货到目的地（港）后，收货人可直接从目的地（港）集装箱堆场提走。拼箱货是指单个货主的货量不足一整箱，需由承运人在集装箱货运站负责将不同发货人的少量货物拼在一个集装箱内，货到目的地（港）后，由承运人拆箱分拨给各收货人。

货物运输中的交接地点是指根据运输合同，承运人与货方交接货物、划分责任风险和费用的地点。目前，集装箱运输中货物的交接地点有门（双方约定的地点）、集装箱堆场、船边或吊钩或集装箱货运站。

(1) 门（Door）。门是指收发货人的工厂、仓库或双方约定收、交集装箱的地点。门在多式联运中经常使用。

(2) 集装箱堆场（Container Yard，CY）。集装箱堆场（简称“场”）是交接和保管空箱（Empty Container）和重箱（Loaded Container）的场所，也是集装箱换装运输工具的场所。

(3) 船边或吊钩（Ship S rail or hook/Tackle）。船边或吊钩（简称“钩”）是指装货港或卸货港装卸船边或码头集装箱的装卸吊具，并以此为界区分运输装卸费用的责任界限。

(4) 集装箱货运站（Container Freight Station，CFS）。集装箱货运站（简称“站”）是拼箱货交接和保管的场所，也是拼箱货装箱和拆箱的场所。集装箱堆场和集装箱货运站也可以同处于一处。

门、场、钩主要是整箱货的交接场所，站主要是拼箱货的交接场所。

通用的集装箱货物交接方式为整箱货由堆场到堆场（CY to CY），即发货人整箱交货，收货人整箱接货；拼箱货由货运站到货运站（CFS to CFS），即发货人拼箱交货，收货人拼箱接货。此外，集装箱运输也可实现“门到门”（Door to Door）的运输服务，即由承运人在发货人工厂或仓库接货，在收货人工厂或仓库交货，但这只适用于整箱货，且实际应用较少。

除集装箱运输外，使用托盘（Pallet）运输也是一种比较先进的集装单元化运输方式。目前，世界上许多国家和地区，特别是在一些还没有条件采取集装箱运输的欠发达地区，都在大力推广托盘运输。因为托盘不需大量投资，普通库场、码头都可使用。一般船舶只要甲板、货仓平整，能允许铲车作业，即能承运托盘化货物。

采用托盘运输具有许多优点：

(1) 货物从产地装好托盘一起发运，直到交给收货人，其间一切装卸、搬运和出入库场都使用机械操作，既能加快发运速度，提高装卸效率，又能保证商品没有人力装卸搬运中发生的损坏和短少，有助于减少货损货差。

(2) 托盘化使货物件数减少，体积变大，便于识别和理货，还能减少错发错运、错装错卸。

(3) 可以先将货物装上托盘，再将托盘装入集装箱，进一步提高集装箱使用效率。

由于托盘运输对提高装卸效率和保证货运质量等方面的好处，有些港口、承运人和厂商都愿意采用托盘运输。例如，伊朗、坦桑尼亚、沙特阿拉伯等港口当局规定，允许货物托盘化的船舶靠卸或优先给予泊位。有些承运人为了鼓励货主采用托盘运输，除对托盘本身免收运费外，还给货主一定的托盘津贴。还有船公司规定，对去伊朗、尼日利亚等地的货物，如没有托盘，需加收托盘费。许多国外进口商也愿意采取托盘运输，他们表示愿意承担托盘费或提高托盘化货物的货价，否则便要求降低货价。因此，采取托盘运输不仅对港口、船方有利，而且对进出口交易双方也都有利。

采用托盘运输时，就出口方而言，主要应注意以下事项：

(1) 对外报价时，应把托盘成本计入货价之内。

(2) 注意每批成交数量和每个托盘的载货数量，避免货物组装托盘时出现尾数，即装一个托盘太多，装两个托盘不够。也可以按托盘数成交，或允许卖方在发货时按托盘组装的实际情况增减件数。同时，在使用托盘装集装箱时，也要注意托盘数量与集装箱的匹配，避免装箱时发现有一两个托盘装不进去。

(3) 为了便于识别，除原包装上的唛头外，还必须在托盘货物铲车进口的两侧加贴整个托盘货物的毛重、目的港、托盘件数和编号等标志。

(4) 不同商品、不同收货人的货物不能混装在一个托盘上。

(5) 由于国际航运市场上对托盘化的货物通常仍按原来的无托盘时的办法计收运费，托盘本身不收运费，因此托运时应分别申明货物和托盘的尺寸、尺码和重量，避免托盘本身也支付运费。

为了适应我国对外贸易发展的需要，近年来，我们也在积极采用和推广托盘运输。我国出口货物如果实行托盘运输，不仅可以提高货运质量，争取及时到货，而且还能以较好的价格出售，扩大销路。

三、集装箱运输的费用

集装箱运输的费用构成和计算方法与传统的运输方式不同，它包括内陆或装运港市内运输费、海运运费、堆场服务费、拼箱服务费、集装箱及其设备使用费和租金押金等。

集装箱海运运费由船舶运费和一些有关的杂费组成。目前，集装箱海运运费有下列两种计算方法：

(1) 按件杂货基本费率计算并加收附加费。即按照传统的按件杂货班轮的运费计算方法，以每运费吨为计算单位，再加收一定的附加费。

(2) 按包箱费率计算。即以每个集装箱为计费单位，收取基本费和附加费。包箱费率因船公司和航线等不同因素而有所不同。

(3) 按全包价计算。即一个集装箱收取固定的费用，不分基本费和附加费。

经营集装箱运输的船公司为了保证营运收入不低于成本，通常还有最低运费的规定。所谓最低运费，是指起码运费。在拼箱货的情况下，最低运费的规定与班轮运输中的规定基本相同，即在费率表中都定有最低运费，任何一批货运其运费金额低于规定的最低运费额或托运货量低于最低承运量时，则按最低运费金额计收。在整箱货的情况下，由货主自行装箱，如箱内所装货物没有达到规定的最低计费标准时，则亏舱损失由货主负担。各船公司都分别按尺码吨和重量吨给不同类型与用途的集装箱规定了最低的装箱吨数，并以两者中的较高者作为装箱货物的最低运费吨。因此，提高集装箱内积载技术和装箱水平，充分利用集装箱容积，有利于节省运输费用。

四、集装箱运输的当事人

集装箱运输的当事人包括无船承运人、集装箱实际承运人、集装箱租赁公司、集装箱堆场和集装箱货运站等。

(1) 无船经营人。无船经营人专门经营集装箱货运的揽货、装拆箱、内陆运输及经营中转站或内陆站业务，可以具备也可不具备实际运输工具。对真正货主来讲，他是承运人，而对实际承运人来说，他又是托运人。通常，无船承运人应受所在国法律的制约，在政府有关部门登记。

(2) 集装箱实际承运人。集装箱实际承运人是指掌握运输工具并参与集装箱运输的承运人。他们通常拥有大量集装箱，以利于集装箱的周转、调拨、管理以及集装箱与车船机的衔接。

(3) 集装箱租赁公司。集装箱租赁公司是指专门经营集装箱出租业务的新部门。

(4) 集装箱堆场。集装箱堆场是指办理集装箱重箱或空箱装卸、转运、保管、交接的场所。

(5) 集装箱货运站。集装箱货运站是处理拼箱货的场所，它办理拼箱货的交接、配载、积载后，将箱子送往集装箱堆场，并接受集装箱堆场交来的进口货箱，进行拆箱、理货、保管，最后发拨给各收货人。同时也可按承运人的委托进行铅封和签发场站收据等业务。

五、集装箱班轮货运单证的名称及作用

集装箱班轮货运单证是指货主委托货运代理办理运输事宜的单证。该类单证可分为基本单证和特殊单证。基本单证即通常每批托运货物都需具备的单证，包括出口货运代理委托书、出口货物报关单、外汇核销单、商业发票、装箱单、重量单（磅码单）、规格单等。特殊单证是在基本单证以外，根据国家规定，按不同商品、不同业务性质、不同出口地区需向有关主管机关及海关交验的单证。如出口许可证，配额许可证，商检证，动植物检疫证，卫生证明，进料、来料加工手册，危险货物申请书，包装证，品质证，原产地证书等。下面将介绍出口货运代理委托书和其他相关单证及有关问题的处理方法。

（一）出口货运代理委托书

出口货运代理委托书（Entrusting Order for Export Goods）简称委托书。货运代理人接到委托方的委托书后，应及时加以审核，根据要求及时联系有关船公司或其代理人订舱，如某些要求无法接受或船货衔接存在问题，应迅速联系委托方征求意见，以免耽误工作。委托书详列托运各项资料和委办事项及工作要求，如装运事项、提单记载事项、运费结算事项等，是货运代理人的工作依据。

（二）集装箱货物托运单（场站收据）

场站收据（Dock Receipt，D/R）是由发货人或其代理人编制、由承运人签发的，证明船公司已从发货人处接收了货物和当时货物状态的，船公司对货物开始负有责任的凭证。托运人据此向承运人或其代理人换取待装提单或已装船提单。它相当于传统的托运单、装货单、收货单等一整套单据，共有十联（有的口岸只有七联）。各联作用如下：

第一联：集装箱货物托运单（货主留底）。

第二联：集装箱货物托运单（船代留底）。

第三联：运费通知（1），它是船公司向托运人计收运费的依据。

第四联：运费通知（2），船公司留底。

第五联：装货单，即场站收据副本（1），盖有船公司或其代理人的图章，表示确认订舱，是船公司发给船上负责人员和集装箱装卸作业区接受装卸的指令。报关时海关查核后在

此联盖放行章，船上大副凭以收货。此外，此联还包括缴纳出口港务费申请书附页。

第六联：大副联，即场站收据副本（2）。

第七联：场站收据正本，俗称黄联，在货物装船后由船上大副签字（通常由集装箱码头堆场签章），退回船公司或其代理人，据以签发提单。

第八联：货代留底。

第九联：配舱回单（1），船公司签章后退给货运代理，货运代理退给货主。

第十联：配舱回单（2），船公司签章后退给货运代理，由货运代理保存。

以上十联，船公司或其代理人接受订舱后，在托运单上加填船名、航次及编号（此编号俗称关单号，与该批货物的提单号基本保持一致），并在第五联装货单上盖章，表示确认订舱。然后将第二至第四联留存，第五联以下全部退还贷运代理公司。货运代理将第五联、第五联附页、第六联、第七联共四联拆下，作为报关单证之用。第九联或第十联交货主作为配舱回执，其余供内部各环节使用。

托运单虽有十联之多，其核心单据只为第五、第六、第七联。第五联是装货单，盖有船公司或其代理人的图章，是船公司发给船上负责人员和集装箱装卸作业区接受装货的指令，报关时海关查核后在此联盖放行章，船方（集装箱装卸作业区）凭此收货装船。第六联供港区在货物装船前交外轮理货公司，当货物装船时与船上大副交接。第七联场站收据俗称黄联（黄色纸张，便于辨认），在货物装上船后由船上大副签字（通常由集装箱码头堆场签章），退回船公司或其代理人，据以签发提单。

（三）集装箱设备交接单

集装箱设备交接单（Equipment Interchange Receipt）简称设备交接单（Equipment Receipt，E/R），是进出港区、场站时，用箱人、运箱人与管箱人或其代理人之间交接集装箱及其设备的凭证。

设备交接单分出场（港）设备交接单和进场（港）设备交接单两种，各有三联，分别为管箱单位（船公司或其代理人）留底联、码头、堆场联、用箱人、运箱人联。

设备交接单位的各栏分别由管箱单位的船公司或其代理人，用箱人或运箱人，码头、堆场的经办人填写。船公司或其代理人填写的栏目有用箱人/运箱人、船名/航次、集装箱的类型及尺寸、集装箱状态（空箱、重箱）、免费使用期限和进（出）场目的等。由用箱人、运箱人填写的栏目有运输工具的车号；如果是进场设备交接单，还需填写来自地点、集装箱号、提单号、铅封号等栏目。由码头、堆场填写的栏目有集装箱进、出场日期，检查记录；如果是出场设备交接单，还需填写所提集装箱号和提箱地点等栏目。

设备交接单既是分清集装箱设备交接责任的凭证，在集装箱外表无异状且铅封完好的情况下，它也是证明箱内货物交接无误的凭证。如发现集装箱设备有异常，应把异常情况摘要记入设备交接单，由经办人双方签字各执一份。

在集装箱货物运输情况下，货主（或货运代理人）在向船公司或其代理人订妥舱位取得装货单后可凭其向船方领取设备交接单。设备交接单一式六联，上面三联用于出场，印有“出场 OUT”字样，第一联盖有船公司或其集装箱代理人的图章，集装箱空箱堆场凭此发箱，第一、第二联由堆场发箱后留存，第三联由提箱人（货运代理人）留存；设备交接单的下面三联是进场之用，印有“进场 IN”字样，该三联是在货物装箱后送到港口作业区堆场时重箱交接之用，第一、第二两联由送货人交付港区道口，其中第二联留港区，第一联转给船方据以掌握集装箱的去向，送货人（货运代理人）自留第三联作为存根。可见，在集装箱货物出口运输中，设备交接单主要是货主（或货运代理人）领取空箱出场及运送重箱装船的交接凭证。

设备交接单的下半部分是出场或进场检查记录，由用箱人（运箱人）及集装箱堆场或码头工作人员在双方交接空箱或重箱时验明箱体记录情况，用以分清双方责任。空箱交接标准为：箱体完好、水密、不漏光、清洁、干燥、无味，箱号及装载规范清晰；特种集装箱的机械、电器装置运转正常。重箱交接标准为：箱体完好、箱号清晰、封志完整无损；特种集装箱机械、电器装置运转正常，并符合出口文件记载要求。

（四）集装箱装箱单

集装箱装箱单是详细记载每一个集装箱内所装货物的名称、数量、尺码、重量、标志和箱内货物积载情况的单证，对于特殊货物还应加注特定要求，比如对冷藏货物要注明对箱内温度的要求等。

集装箱装箱单是集装箱运输的辅助货物舱单，它的用途很广，主要用途有以下几方面：

（1）集装箱装箱单是发货人向承运人提供集装箱内所装货物的明细清单。

（2）集装箱装箱单是装箱地向海关申报货物出口的单据，也是集装箱船舶进出口报关时向海关提交的载货清单的补充资料。

（3）集装箱装箱单是发货人、集装箱货运站与集装箱码头之间的货物交接单。

（4）集装箱装箱单是集装箱装、卸两港编制装、卸船计划的依据。

（5）集装箱装箱单是集装箱船舶计算船舶吃水和稳性的基本数据来源。

（6）在卸箱地集装箱装箱单是办理集装箱保税运输手续和拆箱作业的重要单证。

（7）当发生货损时，集装箱装箱单是处理索赔事故的原始依据之一。

集装箱装箱单每一个集装箱一份，一式五联，其中。码头、船代、承运人各执一联，发货人、装箱人各执一联（两份）。在集装箱货运站装箱时集装箱装箱单由装箱的货运站缮制；由发货人装箱时，集装箱装箱单由发货人或其代理人的装箱货运站缮制。

发货人或货运站将货物装箱，缮制装箱单一式五联后，连同装箱货物一起送至集装箱堆场。集装箱堆场的业务人员在五联单上签收后，留下码头联、船代联和承运人联，将发货人联、装箱人联退还给送交集装箱的发货人或集装箱货运站。发货人或集装箱货运站除自留一份备查外，将另一份寄交给收货人或卸箱港的集装箱货运站，供拆箱时使用。

对于集装箱堆场留下的三联装箱单，除集装箱堆场自留码头联，据此编制装船计划外，还需将船代联及承运人联分送船舶代理人和船公司，据此制订积载计划和处理货运事故。

装箱单记载事项必须与场站收据和报关单据上的相应事项保持一致，否则会导致不良后果。例如：装货港错打与场站收据不符，港区有可能不予配装，造成退关；配舱错位，以致到达卸货港时无法从错置的舱架上把集装箱卸下。又如装箱单重量或尺码与报关单或发票不符，船公司按装箱单重量或尺码缮制提单、舱单，出口单位结汇时发生单、单不一致，不能结汇。此种情况屡见不鲜，主要原因在于发货人托运时未向仓库或工厂取得正确数据，对此，发货人应加强注意。所装货物如品种不同必须按箱子前部（Front）到箱门（Door）的先后顺序填写。

（五）交货记录联单

在集装箱班轮运输中普遍采用交货记录联单（Delivery Record）以代替件杂货运输中使

用的提货单。交货记录的性质实际上与提货单一样，两者仅仅在组成和流转过程方面有所不同。交货记录共五联：到货通知书一联、提货单一联、费用账单两联、交货记录一联。

(1) 到货通知书。到货通知书是在卸货港的船舶代理人在集装箱卸入集装箱堆场或者移至集装箱货运站并办好交接准备后，向收货人发出的要求收货人及时提取货物的书面通知。收货人需持正本提单和到货通知书至船公司或其代理处付清运费，换取其余四联。

(2) 提货单。提货单是船公司或其代理人指示负责保管货物的集装箱货运站或集装箱堆场的经营人，向提单持有人交付货物的非流通性单据。

在集装箱运输中，收货人在凭到货通知书和正本提单换取剩余三联后，先随同进口货物报关单到海关办理货物进口通关，海关核准放行后，在提货单上盖放行章。

(3) 费用账单。费用账单是场站凭此向收货人结算费用的单据。

(4) 交货记录。交货记录是船公司或其代理人向收货人或其代理人交货时，双方共同签署的、证明双方间已进行货物交接和载明其交接状态的单据。

在集装箱运输中，船公司的责任是从接受货物开始到交付货物为止。因此，场站收据是证明船公司责任开始的单据，而交货记录是证明船公司责任终止的单据。

交货记录联单的流转程序为：①船舶代理人在收到进口货物单证资料后，通常会向收货人或其代理人发出到货通知书。②收货人或其代理人收到到货通知书后，凭海运正本提单（背书）向船舶代理人换取提货单及场站、港区的费用账单、交货记录。③收货人或其代理人持提货单在海关规定的期限内备妥报关资料，向海关申报。海关验收后在提货单的规定栏目内盖放行章。收货或其代理人还要办理其他有关手续的，也应办妥手续，取得有关单位盖章放行。④收货人或其代理人凭已盖放行章的提货单及费用账单和交货记录向场站或港区的营业所办理申请提货作业计划，港区或场站营业所核对船代提货单是否有效及有关放行章后，将提货单、费用账单联留下，作为放货、结算费用及收费的依据。在第五联交货记录联上盖章，以示确认手续完备，受理作业申请，安排提货作业计划，并同意放货。⑤收货人或其代理人凭港区或场站已盖章的交货记录联到港区仓库或场站仓库、堆场提取货物，提货完毕后，提货人应在规定的栏目内签名，以示确认提取的货物无误。交货记录上所列货物数量全部提完后，场站或港区应收回交货记录联。⑥场站或港区凭收回的交货记录联核算有关费用。填制费用账单一式两联，结算费用。将第三联（蓝色）费用账单联留存场站、港区制单部门，第四联（红色）费用账单联作为向收货人收取费用的凭证。⑦港区或场站将第二联提货单联及第四联费用账单联、第五联交货记录。联留存归档备查。

六、集装箱进出口代理业务流程

（一）整箱货出口代理业务流程

海运整箱货出口的货运代理业务流程为：委托代理→订舱→提取空箱→货物装箱→整箱货交接签证→装船→换取提单。

(1) 委托代理。在集装箱班轮货物运输过程中，货主一般都委托货运代理人为其办理有关的货运业务。货运代理关系也是由作为委托人的货主提出委托、由作为代理人的国际货运代理企业接受委托后建立的。在货主委托货运代理时，会有一份货运代理委托书。在订有长期货运代理合同时，可能会用货物明细表等单证代替委托书。

(2) 订舱。货运代理人接受委托后，应根据货主提供的有关贸易合同或信用证条款的规定，向船公司或其代理人在其所营运或代理的船只的截单期前预定舱位即订舱（Space

Booking)，所谓截单期就是该船接受订舱的最后日期，超过截单期如舱位尚有多余或船期因故延误等，船公司同意再次接受订舱，称为加载。截单期一般在预定装船日期前几天，以便报关、报检、装箱、集港、制单等项工作的进行。船期表及船公司所公布的各种航运信息是订舱配载的重要参考资料，货运代理人必须按照委托书内容要求的船期、船公司、箱型、装货交货方式等办理订舱。在订舱时，货运代理人会填制场站收据联单、预配清单等单据。

(3) 提取空箱。订舱后，货运代理人应提出使用集装箱的申请，船方会给予安排并发放集装箱设备交接单，凭设备交接单货运代理人就可以安排提取所需的集装箱。例如，在办理整箱货运输时，通常是由货运代理人安排集装箱卡车运输公司（实践中通常称为集卡车队）到集装箱空箱堆场领取空箱，也可以由货主自己安排提箱。无论由谁安排提箱，在领取空箱时，提箱人都应与集装箱堆场办理空箱交接手续，并填制设备交接单。

(4) 货物装箱。整箱货的装箱工作大多是由货运代理人在货主的工厂、仓库装箱或是由货主将货物交由货运代理人的集装箱货运站进行装箱。当然，也可以由货主自己安排货物的装箱工作。装箱人应根据订舱清单的资料，核对场站收据和货物装箱的情况，填制集装箱货物装箱单。

(5) 整箱货交接签证。由货运代理人或发货人自行负责装箱并加封志的整箱货，通过内陆运输运至承运人的集装箱码头堆场，并由码头堆场根据订舱清单核对场站收据和装箱单接收货物。整箱货出运前也应办妥有关出口手续。集装箱码头堆场在验收货箱后，即在场站收据上签字，并将签署的场站收据交还给货运代理人或发货人。货运代理人或发货人可以凭经签署的场站收据要求承运人签发提单。

(6) 装船。集装箱码头堆场或集装箱装卸区根据接受待装的货箱情况，制订出装船计划，等船靠泊后即行装船。

(7) 换取提单。货运代理人或发货人凭经签署的场站收据，在支付了预付运费后（在预付运费的情况下），就可以向负责集装箱运输的人或其代理人换取提单。发货人取得提单后，就可以去银行结汇。

(二) 整箱货进口代理业务流程

海运进口的货运代理业务是我国货运代理业务中涉及面最广、线最长、量最大、货种最复杂的货运代理业务。完整的海运进口业务是指从国外接货开始，包括安排装船、安排运输、代办保险，直至货物运到我国港口后的卸货、接运、报关报验、转运等业务。

海运整箱货进口的货运代理业务流程为：货运代理人接受委托→卸货地订舱→接运工作→报检报关→监管转运→提取货物。

(1) 货运代理人接受委托。货运代理人与货主双方建立的委托关系可以是长期的，也可以是就某一批货物而建立的。在建立了长期代理关系的情况下，委托人往往会把代理人写在合同的一些条款中，这样，国外发货人在履行合约有关运输部分时会直接与代理人联系，有助于提高工作效率和避免联系脱节的现象发生。

(2) 卸货地订舱。如果货物以 FOB 价格条件成交，货运代理接受收货人委托后，就负有订舱或租船的责任，并有将船名、装船期通知发货人的义务。特别是在采用特殊集装箱运输时，更应尽早预订舱位。

(3) 接运工作。接运工作要做到及时、迅速，其主要内容包括加强内部管理，做好接货准备，及时告知收货人，汇集单证，及时与港方联系，谨慎接卸货物。

（4）报检报关。根据国家有关法律、法规的规定，进口货物必须在办理验放手续后，收货人才能提取货物。因此，必须及时办理有关报检、报关等手续。

（5）监管转运。进口货物入境后，一般在港口报关放行后再内运，但经收货人要求、经海关核准也可运往另一设关地点办理海关手续，这类货物称为转关运输货物，属于海关监管货物。办理转关运输的进境地申报人必须持有海关颁发的《转关登记手册》，承运转关运输货物的承运单位必须是经海关核准的运输企业并持有《转关运输准载证》，监管货物在到达地申报时，必须递交进境地海关转关关封，《转关登记手册》和《转关运输准载证》必须及时申报，并由海关签发回执，交进境地海关。

（6）提取货物。货运代理人向货主交货有两种情况，一是象征性交货，即以单证交接，货物到港经海关验放，并在提货单上加盖海关放行章，将该提货单交给货主，即为交货完毕。二是实际性交货，即除完成报关放行外，货运代理人负责向港口装卸区办理提货，并负责将货物运至货主指定地点，交给货主。集装箱运输中的整箱货通常还需要负责空箱的还箱工作。以上两种交货都应做好交货工作的记录。

（三）拼箱货货运代理流程

有条件的货运代理公司能够接受客户尺码或重量达不到整箱要求的小批量货物，把不同收货人、同一卸货港的货物集中起来，拼成一个整箱。这种做法称为集拼（Consolidation）。

从事集拼业务的国际货运代理企业签发自己的提单（House B/L，HB/L）通常被视为承运人。如果只经营海运区段的拼箱业务，则是无船承运人。集拼经营人有双重身份，对货主而言，他是承运人；而对真正承运货物的集装箱班轮公司而言，他又是货物托运人。

集拼的每票货物各缮制一套场站收据，然后再附一套汇总的场站收据。汇总的场站收据上的货名可以是“集拼货物”，数量、重量、尺码是汇总数。货物出运后，船公司或其代理按总单签一份海运提单（Master B/L），托运人是货运代理公司，收货人是货运代理公司在卸货港的代理人。然后，货运代理公司给各个货主签发自己的提单，提单号采用 Master B/L 上的号，尾部分别缀以 A、B、C、D 等。

（1）A、B、C、D 等不同货主（发货人）将不足一个集装箱的货物交集拼经营人。

（2）集拼经营人将拼箱货拼装成整箱货后，向班轮公司办理整箱货物运输。

（3）整箱货装船后，班轮公司签发 B/L 或其他单据（如海运单）给集拼经营人。

（4）集拼经营人在货物装船后也签发自己的提单（HB/L）给每一个货主（发货人）。

（5）集拼经营人将货物装船及船舶预计抵达卸货港等信息告知其卸货港的机构（代理人），同时，还将班轮公司 B/L 及 HB/L 的复印件等单据交卸货港代理人，以便向班轮公司提货和向收货人交付货物。

（6）货主之间办理包括 HB/L 在内的有关单证的交接。

（7）集拼经营人在卸货港的代理人凭班轮公司的提单等提取整箱货。

（8）A、B、C、D 等不同货主（收货人）凭 HB/L 等在集装箱货运站提取拼箱货。

七、集装箱班轮海运运费的计算

集装箱班轮海运运费也包括基本运费和附加运费两部分。

1. 拼箱货海运运费的计算

拼箱货海运运费的计算方法与杂货班轮运费的计算方法基本相同。其中，基本运费的计算依据班轮运价表，根据航线、货物等级和不同的计费标准来计算得出。具体计算方法可以参见任务本书第二章第二节中的相关内容。

拼箱货运费计算中应注意以下几个问题：

（1）承运人运价本中规定 W/M 费率后，基本运费与拼箱服务费均按货物的重量和尺码计算，并按其中价高者收费。

（2）由于拼箱货是由货运站负责装、拆箱，承运人的责任仅限于从装箱的货运站开始到拆箱的货运站为止这一阶段，接收货物前和交付货物后的责任不应包括在运费之内。

（3）由于拼箱货涉及不同的收货人，因此拼箱货不能接受货主提出的有关选港或变更目的港的要求，而在拼箱货海运运费中也就没有选港附加费和变更目的港附加费。

（4）拼箱货起码运费按每份提单收取，计费时不足 1t 或 $1m^3$ 的按 1 个计费吨收费。

（5）对符合运价本中有关成组货物的规定和要求并按拼箱货托运的成组货物，一般给予运价优惠，计费时应扣除托盘本身的重量或尺码。

2. 整箱货海运运费的计算

在整箱货运输中，大多数公司均已采用以箱为单位的计费方式，实行包箱费率。包箱费率是船公司根据自身情况，以不同类型的集装箱为计费单位确定整箱货的不同航线包干费。整箱货包箱费率通常包括集装箱海上运输费用及装卸港口码头装卸费用。目前，整箱货运费计收主要采用以下方法：

（1）FAK 包箱费率。FAK 包箱费率是只分箱型、不分箱内货物种类（指普通货物）也不计箱内所装货物重量（在本箱型的规定重量限额内）统一收取的包箱基本运价。在采用包箱费率的航线上，对一般普通货物通常不分等级，但对特殊货物通常再分为 4 种：一般化工品、半危险品、全危险品和冷藏货物。

（2）FCS 包箱费率。FCS 包箱费率是按不同货物等级制定的包箱费率。货物等级也是 1 ~20 级，但级差较小。一般低价货费率高于传统运输费率，高价货费率则低于传统费率；同一等级的货物，其实重货运价高于体积货运价。

（3）FCB 包箱费率。FCB 包箱费率是既按不同货物等级或货类，又按计算标准制定的费率。同一级费率因计算标准不同，费率也不同。

以上主要介绍了集装箱班轮海运运费中基本运费的计算方法。集装箱班轮运输中的附加费与杂货班轮运输基本一致。常见的集装箱海运附加费有超重附加费、超长附加费（仅拼箱货适用）、燃油附加费、币值附加费、港口拥挤附加费、选港附加费（仅整箱货适用）等。

3. 特殊货物海运运费的计算

一些特种箱或者特殊货物，如成组货物、家具、行李及服装等，使用集装箱装运时，在运费计算上还有一些特别的规定。

（1）特种箱。特种箱通常指高箱、开顶箱、平板箱、框架箱等有别于普通干货箱的箱型。由于装卸及处理上的特殊原因，这类集装箱一般会在普通箱 CY/CY 条款的基础上再加收一定百分比的运费。如 40ft 高箱比普通箱高出 1ft，故其费率通常为 40ft 普通箱 CY/CY 运价的 110%。

（2）成组货物。对于符合运价本中有关规定和要求并按拼箱货托运的成组货物，班轮公司通常会在运费上给予其一定的优惠。具体来说，就是在计算运费时扣除货板本身的重量和体积，但扣除值不能超过成组货物（货物加货板）重量或体积的 10%，超出部分仍按货板上货物所适用的费率计收运费。而且，整箱托运的成组货物不能享受优惠运价。

（3）服装。当服装以挂载的方式装入集装箱内进行运输时，承运人通常仅接受整箱“堆场—堆场”（CY/CY）的运输交接方式，同时货主应提供必要的服装装箱物料，如衣架等。运费按集装箱内容积的85%计算。如果箱内除挂载的服装外还装有其他货物，服装仍按箱内容积的85%计收运费，其他货物则按实际体积计收运费，若两者的总计费体积超过箱容的100%，超出部分免收运费。在这种情况下，货主应提供经承运人同意的公证机构所出具的货物计量证书。

（4）回运货物。回运货物是指在卸货港或交货地卸货后，又在一定时间内由原承运人运回原装货港或发货地的货物。对于回运货物，承运人一般会给予运费优惠。例如，若货物在卸货港或交货地卸货后的6个月内由原承运人运回原装货港或发货地，整箱货（原箱）的回程运费按原运费的85%计收，拼箱货的回程运费则按原运费的90%计收。但是，货物在卸货港或交货地滞留期间所发生的一切费用均由申请方负担。

4. 滞箱费

滞箱费是指在集装箱货物运输中，货主未在规定的免费堆存时间内前往指定的集装箱堆场或集装箱货运站提取货物及交还集装箱，而由承运人向货主收取的费用。实践中也称其为滞期费，滞期费按天计算。

【任务实施】

一、操作步骤

（1）天津外代接受委托任务后，根据货主提供的委托书、合同或信用证内容，在货物出运前一定时间内，填制集装箱托运单（场站收据十联单第一联），向中国远洋运输总公司在天津港的代理人（简称装港船代）申请订舱。

（2）天津港船代接受订舱请求后，着手编制配舱回单（场站收据十联单最后两联）发送给天津外代。配舱回单上显示货物配XINTAO号轮V. 051B航次，装运时间为9月15日，提单号码为SU30MKE。

（3）天津外代接到配舱回单后，向船代提出使用集装箱的申请。船代向天津外代发送集装箱设备交接单，天津外代凭以提取空箱。

（4）天津外代到港口集装箱堆场领取空箱，编号为SCZU1234565，铅封号为330651。领取时应对集装箱进行检查，注意外部、内部、箱门、附件、清洁状态等。然后在发货人仓库或天津外代的仓库等地进行装箱，并根据实际装箱情况编制装箱单。然后将货物送至船公司指定地点。

（5）天津外代在规定期限内备齐各种单证（场站收据十联单的第五、第六、第七联以及报关单和其他商务单据），进行货物出口报检、报关手续。

（6）码头堆场验收集装箱后，将经签署的场站收据（场站收据十联单第七联）交还给天津外代，天津外代凭以换取海运提单。

（7）港口集装箱装卸区根据货物情况进行现场配载，并制订装船计划，得到船公司认可后，即可准备装船。

二、单据的填写

相关单据的填写如表4-9、表4-10、表4-11所示：

表 4-9　集装箱货物托运单

Shipper（发货人）
TIANJIN TEXTILES IMPORT & EXPORT CORPORATION
86 Yun Shan Road 1101 Binhai，Tianjin，China
Tel：86-022-66582116 Fax：86-022-66582116

D/R NO.（编号）

Consignee（收货人）
TO ORDER

Notify Party（通知人）
LANBO ONELL CO，LTD.
Room 201，1231 Crstway，Seattle，U. S. A.

集装箱货物托运单
货主留底一

第一联

Pre-Carriage by（前程运输）Place of Receipt（收货地点）

Ocean Vessel（船名）　Voy. No.（航次）Port of Loading（装货港）
XINTAO　V. 051B　XINGANG
Port of Discharge（卸货港）　Place of Delivery（交货地点）　Final Destination（目的港）
SEATTLE

Cont No.（集装箱号）	Seal No.（封志号）Marks & Nos.（标记与号码）	No. of Containers or Pkgs（箱数或件数）	Kind of Packages; Description of Goods（包装种类与货名）	Gross Weight 毛重/kg	Measurement 尺码/m^3
	LAN'O SEATTLE 83UBK-030 NO. 1-150	150 CARTONS	MEN'S 65% ACRYLIC 35% COTTON SHIRTS	3065	16. 78

TOTAL NUMBER OF CONTAINERS OF PACKAGES（IN WORDS）（集装箱数或件数合计（大写））	SAY ONE HUNDRED AND FIFTY CARTONS ONLY

Freight & Charges（运费与附加费）Revenue Tons（运费吨）	Rate（运费率）	Per（每）	Prepaid（运费预付）	Collect（到付）

Ex Rate（兑换率）	Prepaid at（预付地点）	Payable at（到付地点）	Place of Issue（签发地点）TIANJIN
FREIGHT PREPAID	Total Prepaid（预付总额）	No. of Original B(S)/L（正本提单份数）	THREE

Service Type on Receiving	Service Type on Delivery	Reefer-temperature Required（冷藏温度）	℉	℃
√□CY　□CFS　□DOOR	√□CY　□CFS　□DOOR			

<table>
<tr><td rowspan="2">Type of Goods（种类）</td><td>□Ordinary，□Reefer，□Dangerous，□Auto.
√（普通）（冷藏）（危险品）（裸装车辆）</td><td rowspan="2">危险品</td><td rowspan="2">Class
Property
I MDG Code Page
UN No.</td></tr>
<tr><td>□Liquid，□Live animal，□Bulk，□____
（液体）（活动物）（散货）</td></tr>
</table>

可否转船:NOT ALLOWED	可否分批:NOT ALLOWED
装期:BEFORE 2013-9-15	有效期:
金额:	制单日期:2013-08-20

表 4-10 集装箱装箱单

<table>
<tr><td colspan="2">Reefer Temperature Required 冷藏温度</td><td colspan="5" rowspan="2">CONTAINER LOAD PLAN
装箱单</td></tr>
<tr><td colspan="2">Class 等级 | IMDG Page 危规页码 | UN No. 联合国编号 | Flash Point 闪点</td></tr>
<tr><td>Ship's Name/Voy. No.
船名/航次
XINTAO V. 051B</td><td>Port of Loading
装港
XINGANG</td><td>Port of Discharge
卸港
SEATTLE</td><td>Place of Delivery
交货地</td><td colspan="3">SHIPPER'S/PACKER SDECLARATIONS
We here by declare that the container has been thoroughly cleaned without any evidence of cargoes of previous shipment prior to banning and cargoes have been properly stuffed and secured</td></tr>
<tr><td>Container No. 箱号
SCZU1234565</td><td>Bill of Lading No.
提单号</td><td>Packages&Packing
件数与包装</td><td>Gross Weight
毛重</td><td>Measurements
尺码</td><td>Description of Goods
货名</td><td>Mark&No.
唛头</td></tr>
<tr><td>Seal No. 封号
330651
Cont Size 箱型 20'30'40'
Cont Type 箱类
GP = 普通箱
TK = 油罐箱
RF = 冷藏箱
PF = 平板箱
OT = 开顶箱
HC = 高箱
FR = 框架箱
HT = 挂衣箱</td><td>SU30MKE</td><td>150 CARTONS</td><td>3065KGS</td><td>16. 78CBMS</td><td>MEN'S 65%
ACRYLIC 35%
COTTON
SHIRTS</td><td>LAN'O
SEATTLE
83UBK-030
NO. 1-150</td></tr>
<tr><td>ISO Code For Container Size/Type.
箱型/箱类
ISO 标准代码</td><td colspan="6"></td></tr>
<tr><td>20'GP</td><td colspan="6"></td></tr>
<tr><td>Packer's Name/Address
装箱人名称/地址
Tel NO. 电话号码
天津外代</td><td colspan="6"></td></tr>
<tr><td>Packing Date.
装箱日期
2013-09-13</td><td>Received by Drayman
驾驶员签收及车号</td><td>Total Packages
总件数</td><td>Total Cargo Wt
总货重</td><td>Total Meas
总尺码</td><td colspan="2" rowspan="2">Remarks:备注</td></tr>
<tr><td>Packed by:装箱人签名
楚楚</td><td colspan="2">Received by Terminals/Date of Receipt
码头收箱签收和收箱日期</td><td>Cont Tare Wt
集装箱皮重</td><td>Cgo/Cont Total Wt
箱/货总重量</td></tr>
</table>

表 4-11　海运提单

<table>
<tr><td colspan="2">Shipper
TIANJIN TEXTILES IMPORT & EXPORT CORPORATION
86 Yun Shan Road 1101 Binhai, Tianjin, China
Tel:86-022-66582116　Fax:86-022-66582116</td><td colspan="3" rowspan="6">B/L NO.
COSCO
CHINA OCEAN SHIPPING
(GROUP) CO.
ORIGINAL
BILL OF LADING
SHIPPED on board in apparent good order and condition (unless otherwise stated) the goods or packages specified herein and to be discharged at the above mentioned port of discharge or as near thereto as the vessel may safely get and be always afloat. The weight, measure, marks, numbers, quality, contents and value being particulars furnished by the Shipper, are not checked by the Carrier on loading. The shipper, Consignee and the Holder of this Bill of Lading hereby expressly accept and agree to all printed, written or stamped provisions, exceptions and conditions of this Bill of Lading, including those on the back hereof. In witness whereof, the carrier or his Agents has signed Bill (s) of Lading all of this tenor and date. One of which being accomplished, the others to stand void</td></tr>
<tr><td colspan="2">Consignee
TO ORDER</td></tr>
<tr><td colspan="2">Notify Party
LANBO ONELL CO, LTD.
1231 Crstway, Room 201, Seattle, U. S. A.</td></tr>
<tr><td>Pre-carriage by</td><td>Place of Receipt</td></tr>
<tr><td>Vessel</td><td>Voyage No.</td></tr>
<tr><td>XINTAO</td><td>V. 051B</td></tr>
<tr><td>Port of Loading</td><td>Port of Discharge</td><td colspan="3">Port of Destination</td></tr>
<tr><td>XINGANG</td><td>SEATTLE</td><td colspan="3"></td></tr>
<tr><td rowspan="2">Container No. &Seal No.

SCZU1234565
SEAL NO. :330651
1X20′ CY/CY</td><td>Marks & Numbers

LAN′O
SEATTLE
83UBK-030
NO. 1-150</td><td>Description of Goods

MEN′S 65% ACRYLIC
35% COTTON
SHIRTS
150 CARTONS</td><td>Gross Weight

3065KGS</td><td>Measurement

16. 78CBMS</td></tr>
<tr><td colspan="4">TOTAL NUMBER OF CONTAINERS OR PACKAGES IN WORDS:
ONE HUNDRED AND FIFTY CARTONS ONLY</td></tr>
<tr><td rowspan="2">Freight and Charges

FREIGHT PREPAID</td><td>Prepaid at</td><td>Payable at</td><td colspan="2">Place and Date of Issue
TIANJIN 2013-09-15</td></tr>
<tr><td>Total Prepaid in
Local Currency</td><td>No. of Original B/L

THREE</td><td colspan="2">Signed for the Carrier

CHINA OCEAN SHIPPING AGENCY,
TIANJIN BRANCH
晢晢
Signed as agent for the carrier</td></tr>
</table>

第四节　租船运输实务

【任务引入】

2013 年 6 月 15 日，在经纪人滨海大洋运输公司的介绍下，韩国新川航运有限公司（以下简称新川公司）与中国外轮代理公司天津分公司（以下简称天津外代）签订了一份租船合同。合同约定，天津外代租用新川公司的“新川”号轮，将 7500t（10% 溢短装范围由船东选择）的袋装水泥由天津港运往釜山。运费率为毛重每公吨 11.50 美元，船东不负担装卸、理舱、平舱费，全部运费在装货完毕后三个银行工作日内支付。装卸效率为每晴天工作日 1000t，星期日及法定节假日除外，如果使用了星期日及法定假日，则按半数时间计入。滞期/速遣费率为每天 2400/1200 美元，所有用于等待泊位的损失时间算做装卸时间，由于台风或其他自然灾害等不可抗力因素阻止了装卸的进行，所损失的时间不计入装卸时间，除非船舶已经滞期。付给经纪人滨海大洋运输公司 3.5% 的佣金从运费中扣除。其他未提到的条款以 1922 年及 1976 年修订的“金康合同”为范本。

以上就是一宗典型的航次租船运输案例。显然，租船运输与我们前面所讲的班轮运输有着显著的不同。我们该如何理解租船合同条款？租船运输实务的操作流程又是怎样呢？

【任务分析】

要回答上述问题，我们必须了解租船运输这种运输方式的特点和分类，掌握几种常见的租船运输方式及其特点，重点要理解租船合同的磋商步骤以及合同条款的具体内容。在此基础上，我们才能掌握租船运输的业务流程。

【实训知识与技能】

租船运输又称不定期船运输，是相对于班轮运输即定期船运输而言的另一种远洋船舶的运营方式。它和班轮运输不同，没有事先制定的船期表，航线、挂靠港口也不固定，其运输的组织完全是按照货主的要求来进行的，船舶所有人与需要运力的货主之间必须签订租船合同。在签订租船合同过程中：

（1）货物所有人是租用船舶的一方，因此被称为承租人或租船人，有时也称为租家。

（2）租船运输的经营人既可能是将自有船舶用于租船运输的船舶所有人，也可能是将以定期租船或光船租船形式租用的船舶再次用于租船运输的船舶经营人，前者称为船东，后者被为二船东（Disponent Owner）。

（3）帮助双方公布信息、选择合同相对方以及订立合同的中介人被称为租船经纪人。他们熟悉租船市场行情，精通租船业务，同时由于他们掌握市场动态，作为双方当事人的桥梁与纽带，在为委托人提供市场信息、资信调查及其他信息咨询服务、促成合同的顺利签订、减少委托人事务上的烦琐手续，以及为双方当事人斡旋调解纠纷等方面所起到的积极作用已得到了各方面的认同。

（4）承租双方所签订的租船合同被称为租约（Charter Party，C/P）。

（5）承租双方在谈判时所参照的范本，在租船实务中被称为标准租船合同范本（Standard Charter Party Form）。

一、租船运输的特点

（1）不定航线，不定船期。船东对于船舶的航线、航行时间和货载种类等均按照租船人的要求来确定，提供相应的船舶，经租船人同意进行调度安排。

（2）租船运输适宜大宗货物运输，如粮食、饲料、矿砂、煤炭、石油、硫磺、磷灰石、化肥、水泥等的运输。

（3）租船运输是根据租船合同组织运输的，租船合同条款由船东和租方双方共同商定。承租人与船舶所有人之间的权利和义务是通过租船合同来确定的。

（4）租金率或运费率是根据租船市场行情来确定的。

（5）船舶营运中有关费用的支出取决于不同的租船方式，由船东和租方分担，并在合同条款中订明。例如，装卸费用条款 FIO 表示租船人负责装卸费，若写明 Liner Term，则表示船东负责装卸费。

（6）一般由船东与租方通过各自或共同的租船经纪人洽谈成交租船业务。舱位的租赁一般以提供整船或部分舱位为主，主要根据租约来定。

（7）各种租船合同均有相应的标准合同格式。

二、租船运输的方式

租船运输的方式主要有航次租船（Voyage Charter or Trip Charter）、定期租船（Time Charter or Period Charter）、光船租船（Bare Boat Charter or Demise Charter）等基本形式，还有包运租船（Contract of Affreightment，COA）和航次期租（Time Charter on Trip Basis，TCT）等形式。其中，最基本的租船运输的经营方式是具有运输承揽性质的航次租船。

（一）航次租船

航次租船又称程租船，是指由船舶所有人负责提供一艘船舶在指定的港口之间进行一个航次或几个航次运输指定货物的租船。

航次租船是租船市场上最活跃且对运费水平的波动最为敏感的一种租船方式。在国际现货市场上成交的绝大多数货物（主要包括液体散货和干散货两大类）都是通过航次租船方式运输的。航次租船的租期取决于航次运输任务是否完成，由于航次租船并不规定完成一个航次或几个航次所需的时间，所以船舶所有人对完成一个航次所需的时间是最为关心的，他特别希望缩短船舶在港停泊时间。而承租人与船舶所有人对船舶的装卸速度又是对立的，所以在签订租船合同时，承租双方还需约定船舶的装卸速度以及装卸时间的计算办法，并相应地规定延滞费和速遣费的标准和计算方法。

航次租船的特点主要表现在：

（1）船舶的营运调度由船舶所有人负责，船舶的燃料费、物料费、修理费、港口费、淡水费等营运费用也由船舶所有人负担。

（2）船舶所有人负责配备船员，负担船员的工资和食宿费用。

（3）航次租船的租金通常称为运费，运费按货物的数量及双方商定的费率计收。

（4）在租船合同中需要订明货物的装、卸费由船舶所有人或承租人负担。在租船合同中需要订明可用于装、卸时间的计算方法，并规定延滞费和速遣费的标准及计算方法。

航次租船又可分为：

(1) 单航次承租，即只租一个航次的租船。船舶所有人负责将指定货物由一港口运往另一港口，货物运到目的港卸货完毕合同即告终止。

(2) 来回航次租船，即洽租往返航次的租船。一艘船在完成一个单航次后，紧接着在上一航次的卸货港（或其附近港口）装货，驶返原装货港（或其附近港口）卸货，货物卸完合同即告终止。

(3) 连续航次租船，即洽租连续完成几个单航次或几个往返航次的租船。在这种方式下，同一艘船舶在同方向、同航线上，连续完成规定的两个或两个以上的单航次，合同才告终止。

(4) 连续往返航次租船（Consecutive Return Voyage Charter），即被租船舶在相同两港之间连续完成两个以上往返航次运输后，合同即告终止。由于货方很难同时拥有较大数量的往程和回程货载，所以这种运输方式在实务中较少出现。

(5) 包运租船，即只确定承运货物的数量及完成期限，不具体规定航次数和船舶艘数的一种租船方式。也就是说，在规定时间内，用若干条船运完包运合同规定的货物数量。

包运租船是在连续单航次租船的运营方式基础上发展而来的。和连续单航次租船相比，一方面包运租船不要求一艘固定的船舶完成运输，船东在指定船舶上享有较大的自由，另一方面包运租船并不要求船舶一个接一个航次地完成运输，而是规定一个较长的时间，只要满足包运租船合同对航次的要求，在这段时间内，船东可以灵活地安排运输，对于两个航次之间的时间，船东完全有权自由地安排一些额外的运输。

（二）定期租船

定期租船（Time Charter）又称期租船，是指船舶所有人或船舶出租人把船舶出租给租船人使用一定时间的租船方式。这种租船方式，在船、租双方约定的期间内，租船人根据租约规定的航行区域，在租期内由租船人自行调度和营运，利用船舶运力自行安排货物运输，支付租金，以取得船舶的使用权。

1. 定期租船的特点

(1) 船东负责配备船员，负担船员的工资和食宿费用。

(2) 在租期内，租船人负责船舶的营运和调度工作，负担船舶在营运中的航次费用。

(3) 船东负责船舶的维护、修理和机器的正常运转。

(4) 期租船合同不规定具体的航线和装卸港口，只规定船舶的航行区域。

(5) 除租船合同特别规定外，租船人可以装运各种合法货物。

(6) 租金按租期每月每吨若干金额计算。

(7) 船租双方的权利、义务以期租船合同为准。

2. 航次期租

定期租船中有一种特殊的方式为航次期租（Time Charter on Trip Basis，TCT），又称为日租租船（Daily Charter），其特点是没有明确的租期期限，而只确定了特定的航次。这种方式以完成航次运输为目的，按实际租用天数和约定的日租金率计算租金，费用和风险则按期租方式处理。这种方式减少了船东因各种原因造成的航次时间延长带来的船期损失，而将风险转嫁给了承租人。它是定期租船方式，只不过租期的时间以完成一个航次为限。合同格式采用期租格式。

（三）光船租船

光船租船（Bare Boat Charter or Demise Charter）方式不是为了承揽货物运输，而是一种财产租赁方式。在这种租船方式下，船舶所有人在合同约定的租期内，将一条空船交给租船人使用，船舶所有人只收取租金，不负责船舶的营运，也不负担任何责任和费用。其特点主要有：

（1）船舶所有人只提供一条空船。

（2）租船人负责配备船员，负担船员的工资和食宿费用。

（3）租船人负责船舶的营运和调度工作，负担船舶在营运中的一切费用。

（4）租船人按合同约定支付租金。

三、租船业务流程

在租船市场上，租船一般是通过经纪人进行的。从承租人提出租船要求到最后与船东签订租船合同，大致要经过租船询价、租船要约、租船还价、租船承诺、订租确认书、签订租船合同几个阶段。

1. 询盘

询盘（Order/Inquiry/Enquiry）又称询价，是承租人根据自己对货物运输的需要或对船舶的特殊要求，将基本租船要求和货物信息用传真或电传通过经纪人传达到租船市场上，寻找合适的船东，并要求感兴趣的船东答复能否提供合适船舶以及报价。

（1）承运人航次租船询价的主要内容包括承租人的名称和地址、货物名称和数量、装货港和卸货港、船舶受载期和解约日、装卸时间和装卸费用条件、对船舶类型和尺码特殊要求、希望采用的租船合同范本等。

（2）承运人定期租船询价的主要内容包括承租人的名称和地址、船舶吨位和船型、租期、交船和还船地点、航行区域、交船日期和解约日、希望采用的租船合同范本等。

上述租船询价内容可以根据实际需要，针对不同的租船方式做相应改变。通常情况下，租船询价对于询价人没有法律约束力。

2. 发盘

发盘（Offer）又称报价，这一行为在我国合同法中被称为要约。船东围绕询盘中的内容，就租船涉及的主要条件答复询盘方即为发盘。予以发盘即意味着对询盘内容感兴趣，所以在发盘时，应考虑对方接受发盘内容的可能性。承租双方洽谈租约条款一般分两步，首先洽谈主要条款（Main Terms），谈妥主要条款之后，再进一步谈细节（Details）。

3. 租船还价

承租人接到船东主要条款报价后，极少有全部接受报价的情况，经常是接受部分报价，对其他条款提出还价，这种行为称为租船还价（Counter offer）。然后，承租人在还价中列出还价内容，与船东继续谈判。当然，船东对承租人的还价可能全部接受，也可能只接受部分还价，对不同意部分提出再还价或新报价。若不接受全部还价，则谈判有可能终止。

若承租人不能接受船东报价中的绝大多数条款，但仍想与船东谈判，他可以给船东发出这样的还价："承租人拒绝船东的报价，但提出实盘如下"。若承租人完全不接受船东的报价，想终止谈判，则可以这样回答："承租人毫无还价地拒绝船东报价"。还价时，也常附有答复期限，如××小时内答复。

4. 租船承诺

租船承诺（Acceptance）是指船东和承租人经过反复多次还价后，一方当事人对实盘所列条件在有效期内作出明确承诺。

5. 订租确认书

在合同主要条款被双方接受后，双方开始编制一份确认备忘书（Fixture Note）（或称订租确认书），经船东、承租人和租船经纪人签字后，每人保留一份备查。由于双方此时只谈妥主要条款，细节还未谈判因此无论是在受盘中还是在订租确认书中都加有“另定细节”。

订租确认书一般包括以下主要内容：订租确认书签订日期、船名或可替代船舶、签约双方的名称和地址、货物名称和数量、装卸港名称及受载期、装卸费用负担责任、运费或租金率及其支付方法、有关费用的分担、所采用的标准租船合同的名称、其他约定特殊事项、双方当事人或其代表的签字等。

6. 签订租船合同

租约谈妥后，船东或其经纪人按照已达成协议的内容编制正式的租船合同，并送交承租人审核、签字。有些航次租约下的装货日期较近，往往还未编制和让双方签署正式租约，船舶早已在装货港开始装货。因此，船公司管理人员和船长仅凭订租确认书的内容来处理租船事宜也是常见的情况。

四、航次租船合同

（一）航次租船合同的标准格式

航次租船合同的标准格式大都是由各个国际航运组织制定，供洽租双方在洽定租船合同时选用。航次租船合同范本很多，根据船舶航行的航线、承运货物的种类等不同而有所区别。

1. 杂货租船合同

（1）统一杂货租船合同（Uniform General Charter，简称“金康”（GENCON））。该合同格式由波罗的海国际航运公会（BIMCO）制定，并于1922年、1976年、1994年经三次修订。它是一个不分货种和航线，适用范围较广的航次租船合同的标准格式。

（2）斯堪的纳维亚航次租船合同（Scandinavian Voyage Charter，简称“斯堪康”（SCANCON））。该合同格式是波罗的海国际航运公会于1956年制定、1962年修订的适用于斯堪的纳维亚地区杂货运输航次租船合同标准格式。

2. 谷物运输租船合同

（1）谷物泊位租船合同（Berth Grain Charter Party，简称“巴尔的摩C式”）。该合同格式由北美粮食出口协会、北美托运人协会以及纽约土产交易联合会制定，并于1974年修订，被广泛使用于从北美和加拿大出口谷物的海上运输租船业务中。

（2）北美谷物租船合同（North America Grain Charter，简称NORGRAIN）。该合同格式专用于从美国和加拿大出口谷物的海上运输航次租船业务，内容新颖全面。

（3）澳大利亚谷物租船合同（Australian Grain Charter，简称AUSTWHEAT）。该合同格式适用于从澳大利亚到世界各地的谷物运输。

3. 煤炭运输租船合同

（1）威尔士煤炭租船合同（Chamber of Shipping Welsh Coal Charter Party）。该合同格式是波罗的海白海航运公会于1896年采用、1924年最后一次修订的专用于煤炭运输的租船合同标准格式。该格式中，以连续小时表示装卸时间，且对滞期费规定了特定的算法。

（2）普尔煤炭航次租船合同（Coal Voyage Charter）。该合同格式简称“普尔”，是波罗的海国际航运公会于1971年制定、1978年4月修订的用于煤炭运输航次租船合同的标准格式。

（3）美国威尔士煤炭合同（Americanized Welsh Coal Charter）。该合同格式是美国船舶经纪人和代理人协会于1953年制定的专用于煤炭运输的航次租船合同标准格式。

4. 液体货物运输租船合同

（1）油轮航次租船合同（Tanker Voyage Charter Party）。该合同格式由美国船舶经纪人和代理人协会于1977年制定，专门用于油轮航次租船业务。

（2）气体航次租船合同（简称GASVOY）。该合同格式是1972年由波罗的海国际航运公会为液化天然气以外的其他气体的租船运输而制定的航次租船合同标准格式。

（3）油船航次租船合同（简称INTERTANKVOY）。该合同格式由波罗的海国际航运公会、船舶经纪人和代理人全国联盟和日本海运集会所联合采用，也称为国际独立油轮船东协会油轮航次租船合同。

5. 矿石运输租船合同

（1）C（矿石）7租船合同（C < Core > 7Mediterranean Iron Ore）。该合同格式是由英国政府制定的用于进口铁矿石的航次租船合同标准格式。

（2）铁矿石租船合同（简称SCANORECON）。该合同格式也是世界上使用较为广泛的铁矿石租船合同范本。

此外，还有古巴食糖租船合同、波罗的海木材租船合同等具有专门用途的航次租船合同范本。

（二）航次租船合同的主要条款

如前所述，航次租船合同范本种类繁多，而且适用的范围也各不相同。但一般来说，航次租船合同都订有下列条款：①船舶说明条款；②预备航次条款；③船舶出租人责任与免责条款；④运费支付条款；⑤装卸条款；⑥滞期费和速遣费条款；⑦合同解除条款；⑧留置权条款；⑨绕航条款；⑩承租人责任终止条款；⑪双方互有责任碰撞条款；⑫新杰森条款；⑬共同海损条款；⑭提单条款；⑮罢工与战争条款；⑯冰冻条款；⑰仲裁条款；⑱佣金条款；⑲法律适用条款。我国《海商法》第93条规定：“航次租船合同的内容，主要包括出租人和承租人的名称、船名、船籍、载货重量、容积、货名、装货港和目的港、受载期限、运费、滞期费、速遣费以及其他有关事项。”

由于金康合同是最具有代表性的航次租船合同，实践中使用的也最为频繁。下面就以1994年金康合同格式为例，结合我国《海商法》，介绍航次租船合同的主要内容。

1. 合同当事人

租船合同的当事人是指对租船合同的履行承担责任的人。航次租船合同的当事人应该是船东和承租人。为此租船合同中需列明船东和承租人的名称、住址和主要营业所地址。

根据我国《合同法》的规定，签订租船合同时，当事人都必须具有订约能力；法人的办事处和驻外营业部门不具有法人资格。在这种情况下，这些办事处和驻外营业部门必须取得具有主体资格的上级公司的授权。

2. 船名、船籍和船旗

船名是航次租船合同中十分重要的一项内容，船东不得任意要求更改船名，或以其他同型、同规范的船来代替。

船籍是指船舶所属的国籍，它是通过船旗来表现的。船舶的国籍或船旗代表了船舶和船旗国的隶属关系，它是船舶是否在战时保持中立的重要标志，直接关系到船舶是否会被交战国扣押、没收、征用、充公等。在和平时代，船籍涉及法律适用、货物保险等方面的问题。一般来说，船舶在海上航行时不得同时悬挂两个国家的国旗，也不得不悬挂任何国旗，否则会被视为海盗船处理。

3. 船级

船级（Classification of Vessel）是船舶检验机关认定的船舶技术状态的指标，它可以反映一艘船舶的适航能力，因此，违反船级的规定即可视为违约。合同中规定的船级是指合同订立时船舶的实际船级，除非合同中另有明确约定，否则出租人没有义务在整个合同期间保持这一船级。

4. 船舶吨位

船舶吨位（Tonnage of Vessel）包括登记吨（Registered Tonnage）和载重吨（Deadweight Tonnage）。登记吨又称容积吨，有总登记吨（GRT）和净登记吨（NRT）之分，简称总吨和净吨。载重吨又称载重能力，是指船舶的实际载货能力。合同中载明的数字是指不包括船舶燃料、物料、淡水、备用品、船舶常数的净载重吨。

5. 船舶动态

船舶动态（Vessel’s Position）是指订立合同时船舶所处的位置或状态。由于它直接影响船舶能否按期抵达预定的装货港，而承租人也要按照有关船舶位置或状态的说明，在船舶到港前备货和做好货物装运的准备，所以船东必须在租船合同中正确地记载船舶的位置。提供船舶位置的准确情况是船东的一项义务，如果船东所提供的船舶位置不准确，无论是故意行为还是过失，都构成船东的违约。对此，承租人有权解除合同并要求船东赔偿由此造成的损失。

6. 货物

我国《海商法》规定：“承租人应当提供约定的货物，经出租人同意，可以更换货物。但是，更换的货物对出租人不利的，出租人有权拒绝或者解除合同。因未提供约定的货物致使出租人遭受损失，承租人应当负赔偿责任。”也就是说，在租船合同中应规定承运货物的具体名称，如果租船人所提供的货物与合同不符，船东有权拒绝装货。如果在租船合同中规定了几种货物，租船人选择其中一种或几种承运，在合同中用“and/or”连接，如“小麦和/或大豆和/或高粱”。但这种运价较高，因为船东需准备以上几种货物的装货设备。

在航次租船运输的情况下，对船舶装运的货物一般要规定大约数量或最多、最少数量。租船人有义务按合同规定的数量范围对船舶提供满载货物。

所谓满载货物，是指船长宣载以后船舶所能实际装运的最大限度货物数量。因此，如果租船人不能提供船方所要求的满载货物，将被认为是违约行为。

7. 受载期与解约日

受载期是指所租船舶到达指定装货港或地点并已做好装货准备，随时接受货物装船的期限。习惯上将受载期规定为一段期限。受载期限的最后一天就是解约日。例如，某船的受载期是6月15日至6月25日，则6月15日为受载日，6月25日为解约日。如果船舶在解约日未能抵达装货港，或虽然到达但没有做好装货准备，租船人有权解除租约，并可提出损害赔偿。

8. 装卸条款

装卸条款主要包括装卸港口或地点、装卸费用的分担、装卸时间等内容。

（1）装卸港口。在航次租船合同中，装卸港通常由承租人指定或选择，合同中应将具体港口名称予以记载。如事先确定有困难，可以选择两个或两个以上的装货港或卸货港，或者规定一个装卸区域。此外，为了保证船舶进出港口和在港内装卸作业的安全，承租人所指定的港口或泊位必须是安全港和安全泊位。

（2）装卸费用。关于装卸费用及风险如何分担的问题，完全依据合同条款的约定。常见的约定方法有：

1）船方负担装卸费（Liner Terms），又称为班轮条件。根据这一条款，承租人把货物交到船边船舶的吊钩下，船方负责把货物装进舱内并整理好；卸货时，船方负责把货物从舱内卸到船边，由承租人或收货人提货。该方法多用于包装货或木材。

2）船方不负担装卸费（Free In and Out），简称FIO条件。根据这一条款，在装、卸两港由承租人雇佣装卸工人，并负担装卸费用。采用这一条件时，在合同中还要明确理舱费（包装货）和平舱费（散装货）由谁负担。一般情况下，这些费用都由租方负担，即船方不负担装卸费、理舱费和平舱费（Free In and Out，Stowed，Trimmed），这种条件简称为FIOST条件。

3）船方管装不管卸（Free Out），简称F.O.条件。根据这一条款，装货费由船方负担，卸货费由承租人负担。如果船方仅不负担卸货费，其他费用仍承担的话，可用LIFO（Liner in，Free out）条件，这是FO条件的变形。

4）船方管卸不管装（Free In），简称FI条件。根据这一条款，装货费由承租人负担，卸货费由船方负担。如果船方仅不负担装货费，其他费用仍承担的话，可用FILO（Free In，Liner Out）条件，这是FI条件的变形。

必须注意的是，即使是订明FIO条件，船方虽不负担装卸费，但对货物的安全积载仍要负责。

（3）许可装卸时间。这是船方允许租方完成装卸作业的时间，一般规定为若干日或若干小时，也可用每天装卸率来表示，即平均每天装卸若干吨。如承租一条载重能力为20000t的船装运大米，以五个舱口作业、每个舱口日装400t为基础，则许可装货时间为10日。但这个“日”如何计算，需要有明确规定。常见的有以下几种规定方法：

1）连续日（Running Days or Consecutive Days）。连续日与日（Day）的含义完全相同，即按自然日计算，从午夜零点至午夜零点，其中没有任何扣除。以这种日表示装卸时间时，从装货或卸货至装货或卸货完毕所经过的日数就是总的装货或卸货时间。在此期间，无论是实际不可能进行装卸作业的时间（如雨天、罢工等）还是星期日或节假日，都应计为装卸时间。

2）工作日（Working Days）。工作日是指在港口当地，按照港口当地的习惯，进行正常装卸作业的日子。严格来说，我们不能认为工作日一定不包括休息日（如星期六、星期日，还有伊斯兰教国家的星期五）和法定节假日。因为有些港口在休息日甚至是法定节假日也进行工作。因此，工作日的计算容易引发争议。在计算工作日时，是否将休息日和节假日扣除的问题，最好在合同中予以明确。此外，各港口规定的工作日的正常工作时间也有很大差别，有 8h、16h，还有 24h 的。

3）晴天工作日（Weather Working Days）。晴天工作日是指工作日中不受天气影响，可以进行正常装货或卸货作业的时间。也就是说，因天气不良而不能进行装卸作业的工作日不能计入装卸时间。当然，不良天气必须是实际影响了装卸的天气。

4）累计 24h 晴天工作日（Weather Working Days of 24 Hours）。这种表示方法不考虑港口规定的工作时间是多少个小时，而是以累计晴天工作 24h 作为一个晴天工作日。如果港口的工作时间是每天 8h，那么，一个 24h 晴天工作日就相当于三个晴天工作日。

5）连续 24h 晴天工作日（Weather Working Days of 24 Consecutive Hours）。这种方法是指除去休息日、节假日和天气不良影响作业的工作日或工作小时后，其余所有时间从午夜至午夜连续计算，以 24h 为一日。在使用这种方法时，是将除外后的所有时间按 24h 为一日来进行计算，而无论港口规定的工作日或工作时间是多少个小时。

9. 滞期费与速遣费

航次租船合同中，滞期时间和速遣时间是通过实际使用的装卸时间与合同允许可用的装卸时间相比较而计算出来的。为了准确计算实际使用的装卸时间，合同中必须对装卸时间的起算和止算作出明确规定。关于装卸时间的起算，一般都规定“自船长或船舶出租人或其代理向承租人或其代理递交装卸准备就绪通知书后，经过一定时间才开始计算”。

（1）滞期费。如果租船人未能按时完成装卸作业，应由租船人向船东按租约规定以每天若干货币单位支付一定的罚金，这种罚金称为滞期费。滞期时间是指许可装卸时间截止后到实际装卸完毕的时间。滞期时间一般连续计算，休息日、节假日、不良天气等均不再扣除，这一原则称为“一旦滞期，永远滞期”。

（2）速遣费。如果船舶在许可装卸时间期满前完成了装卸，船舶出租人支付给承租人的约定金额称为速遣费。计算速遣费时，有两种方法计算节省的时间，一是把到截止日为止的许可时间减去实际完成装卸的时间作为节省的全部时间，二是把节省的全部时间减去其中的休息日等非工作日后剩下的时间作为节省的工作时间。

10. 运费

运费是船东提供船舶运输服务应得的报酬。在航次租船合同中，需对运费的计算方法、运费的支付方式、支付的币种等内容加以订明。

（1）运费的计算方法主要有按运费率计算和包干运费两种：

1）运费率。运费率是指按装船重量或卸船重量计算运费时，每单位重量或每单位容积货物应交纳的金额。

2）包干运费。包干运费是指按提供的船舶商订一笔整船运费，无论实际装货有多少，一律照付。

（2）运费的支付方式主要有运费预付，运费到付和部分预付、部分到付三种：

1）运费预付。运费预付是指承租人在装货完毕时或在船东签发提单时支付运费。在实际租船业务中，运费预付已成习惯做法。

2）运费到付。运费到付是指承租人在船舶到达卸货港或卸货完毕或货物交付后支付运费。

3）部分预付、部分到付。部分预付、部分到付是上述两种方式的结合，即部分运费在装货完毕时或在船东签发提单时支付，另一部分运费在船舶到达卸货港或卸货完毕或货物交付后支付。

11. 船舶出租人的责任与免责条款

金康合同中关于船舶出租人的责任条款虽然名为责任条款，但实质上是一条保护船舶出租人的免责条款。该合同第2条规定：“船舶所有人对货物的灭失、损坏或延迟交付的责任限于造成灭失、损坏或延迟的原因是由于船舶出租人或经理人本人未适当谨慎处理使船舶各方面适航，并保证适当配备船员、装备船舶和配备供应品，或由于船舶出租人或其经理人本身的行为或不履行职责。对于其他任何原因造成的货物灭失、损坏或延迟，即使是由于船长或船员或其他船舶出租人雇佣的船上或岸上的人员的疏忽或不履行职责（如无本条规定，船舶出租人应对他们的行为负责）或是由于船舶在装货或开航当时或其他时候不适航所造成，船舶出租人概不负责。”

在租船实务中，为了加强出租人的责任，通常是将该条款整条删除，然后并入一条首要条款，表明本合同适用海牙规则或者汉堡规则。这些规则对承运人的责任都有比较严格的规定。

五、定期租船合同与航次租船合同

（一）定期租船合同的标准格式

（1）定期租船合同（Time Charter Party）简称“土产格式”（NYPE Form），它是美国纽约土产交易所（New York Produce Exchange）制定的定期租船合同的标准格式。这一标准格式得到波罗的海国际航运公会和船舶经纪人和代理人联合会推荐，现行使用的是1993年修订版，代码为“NYPE93”。由于它的内容较全面，而且一般都认为它的规定比较公平，所以得到了较广泛的使用。

（2）标准期租船合同（Uniform Time Charter Party）简称“巴尔的摩合同”（BALTIME）。该标准租船合同格式由波罗的海国际航运公会于1909年制定并由英国航运公会承认。自1909年制定以来，这一格式经过了几次修改，现行使用的是1974年修订版。

上述两种期租租约格式，前者较多地考虑承租人的利益，后者较多地考虑船东的利益。

（3）中租船1980年定期租船合同（SINOTIME1980）。该合同是中国租船公司于1980年制定的专供中国租船公司使用的自备范本。目前中国租船公司对外洽租期租船时，均以此范本格式为依据，此范本条款对承租人较有利。

（二）航次租船合同的主要条款

我国《海商法》第93条规定：“航次租船合同的内容，主要包括出租人和承租人的名称、船名、船籍、载货重量、容积、货名、装货港和目的港、受载期限、运费、滞期费、速遣费以及其他有关事项。”

现将航次租船合同的主要内容介绍如下：

1. 船舶说明

在期租船方式下，由于船舶租赁时间较长，且船舶的经营管理和调度由承租人负责。船舶的技术指标和性能好坏直接影响船舶的营运效果。因此，定期租船合同中船舶说明条款非常重要。

船舶说明包括的内容主要有船东、船名、船旗、船龄、船级、载重吨、载货容积、注册总吨和净吨、吃水、航速、燃油以及船上设备等。船东对船舶规范描述的正确性负责，如果租船合同中对船舶规范的描述与实际情况不符，承租人可提出索赔甚至解除合同。

2. 租期

租期（Charter Period）又称租船期间，是承租人租用船舶的期限，有的用日历月表示，有的用日历年（天）表示。租期通常在交船之后若干时间内起算。租期届满时，承租人应将船舶还给出租人。由于海上运输的特点，租期届满之日与承租人使用船舶的最后航次之日很难吻合，合同中通常都规定一宽限期。在英美等国，即使合同中未规定宽限期，法院或仲裁机关在合同解释上，也给予承租人一默示宽限期。承租人只要在宽限期内还船，就不视为违约。

3. 交船

船东按合同规定，将船舶交给承租人使用的行为称交船（Delivery）。在实际交船之前，船东应事先通知承租人预期交船日期及确切交船日期，以便让承租人做好接船准备和安排船舶货运任务。船东应在合同规定的期间内，将船舶交给承租人。多数情况下，交船期的最后一天为解约日。

（1）交船地点主要根据合同来确定，一般规定为某一具体港口。有的进一步明确港内具体地点，如到达引航站或引航员登轮的地点。因此要求双方对于交船港口的情况应有大致的了解，以免承担时间损失。

（2）关于交船时船舶的状态，我国《海商法》第132条规定："出租人交付船舶时，应当做到谨慎处理，使船舶适航，交付的船舶应当适于约定的用途。出租人违反前款规定的，承租人有权解除合同，并有权要求赔偿因此遭受的损失。"合同中通常还规定交船时船上所剩燃油和淡水的数量，并由承租人按当时当地的市场价格购买。交船时需符合下列条件：

1）船舶的装货条件已准备就绪。

2）货舱已清扫干净，适于装货。

3）船舶的各种证件齐全、有效，符合规定。

4）船上的设备和油量符合合同规定。

5）船舶适航等。

4. 还船

（1）还船（Redelivery）日期。还船日期原则上是租船人在合同约定的租期届满时，将船舶还给船东的日期。但是在很多情况下，船舶最后航次结束之日不能与租期届满之日相吻合，因而易出现延迟还船或提前还船的现象。延迟还船包括合法的最后航次和非法的最后航次。我国《海商法》第143条规定："经合理计算，完成最后航次的日期约为合同约定的还船日期，但可能超过合同约定的还船日期的，承租人有权超期用船以完成该航次。超期期间，承租人应当按照合同约定的租金率支付租金；市场的租金率高于合同约定的租金率的，承租人应当按照市场租金率支付租金。"对于非法的最后航次的指示，船长有权拒绝，并请求承租人重新指定一个合法的最后航次。如果承租人不另行指定，则出租人有权解除合同，并请求损害赔偿。

（2）还船地点。还船地点一般规定为几个港口或一个区域，由承租人选择具体地点。

（3）还船条件。对租方较好的还船条件是，船在何时何地备妥就在何时何地还船，即W. W. R. 条件（When Where The Vessells Ready）。但船东常要求对船东有利的还船条件，即出港引水员下船时还船，即 D. O. P. 条件（Dropping Outward Pilot）。

关于还船时船舶的状态，通常合同规定，除自然损耗外，应处于与交船时同样的良好状态。否则，承租人应当负责修复或给予赔偿。另外，船上存油需符合租船合同中的规定。

5. 租金

在定期租船方式下，承租人按时、足额支付租金是承租人的绝对义务。承租人没有履行上述义务或履行时有差异，船东有权撤船。1993 年，NYPE 和 BALTIME 合同格式均对租船人支付租金的方式进行了规定，核心内容是“按期准时以现金方式预付租金、不作扣减”。

6. 停租

在租期内，由于船方人员的责任或燃料不足、机器故障、船壳损坏、船舶检验、入坞修理以及其他由于船方责任致使船舶营运中断连续达 24h 以上，造成承租人不能有效使用船舶期间，承租人有权停付租金。

7. 转租

转租是指租船人在船舶租赁期内可以根据需要将船舶转租给另一个租船人。在长期租船方式下，订立转租条款对保障承租人的利益十分重要。在转租时，原承租人以二船东的身份与第三者签订租船合同，但原租船人与船东之间的权利与义务仍按原租船合同来履行。

8. 撤船

（1）撤船（Withdrawal of Vessel）的条件。在租船人未按期、准时预付足额的租金时，船舶所有人可在事先不给租船人任何警告的情况下，从租船人那里撤船。船舶所有人通知租船人撤船时，合同即告终止。为避免出租人擅用撤船权而带来的不应有的损失，现在在一些期租合同中出现了“反技巧性条款”，用以限制出租人的撤船权。

（2）撤船的法律后果。出租人通过撤船来减少损失，也使期租合同归于终止。关于撤船后出租人是否有权向承租人索赔，我国《海商法》第 140 条规定：承租人应当按照合同约定支付租金，承租人未按照合同约定支付租金的，出租人有权解除合同，并有权要求赔偿因此遭受的损失。虽然在条文中看不出撤船的字样，但有权解除合同的含义与撤船是一致的。

【任务实施】

一、合同履行的步骤

（1）2013 年 6 月 25 日 12 时，“新川”号轮抵达天津新港。新川公司在天津新港的船舶代理人代办“新川”轮的一切进港事宜。6 月 27 日 8 时该轮船长向天津外代递交了装卸准备就绪通知书，船舶做好装货准备。

（2）6 月 27 日 11 时开始装货，7 月 3 日 14 时装船完毕。实装水泥 7600t。在装货港实际装船时间少于可用装船时间，出现速遣。

（3）天津港船舶代理人办理船舶出港手续。7 月 10 日 5 时，“新川”号轮抵达釜山港，新川公司在该港的代理人办理“新川”号轮的一切进港事宜。同日 8 时船长递交了装卸准备就绪通知书。7 月 11 日 12 时开始卸货，19 日 16 时卸货完毕，货物被交给收货人。

（4）新川公司与装、卸港代理、天津外代结算各项费用。

二、相关费用的核算

1. 运费支付

按约定，天津外代应于 7 月 9 日前向新川公司支付运费 11.5 美元/t × 7600t × 96.5% =

84341 美元（已扣除3.5%的佣金3059美元）。

2. 装货港速遣费的计算

本次装货记录中有关装货时间的记载见表4-12。

表4-12 装货时间

日期	星期	说 明	备注
6.27	四	上午8时接受船长递交的通知书	
6.28	五	0时~24时	暴雨2h
6.29	六	0时~24时	节假日
6.30	日	0时~24时	节假日
7.1	一	0时~24时	
7.2	二	0时~24时	
7.3	三	0时~24时	

另外，合同中其他有关装卸时间的规定有：

（1）装卸效率为每晴天工作日1000t，星期日及法定节假日除外，如果使用了星期日或法定节假日的时间，则按半数时间计入。

（2）星期日和节假日前一日18时以后至星期日和节假日后一日的8时以前为假日时间。

（3）装卸时间的起算。如果装卸准备就绪通知书在中午前递交，则装卸时间从当日14时起算；如果装卸准备就绪通知书在中午后办公时间内递交，则装卸时间从次日8时起算。

（4）速遣费按节省的全部时间计算。

（5）速遣费率为每天（24h）1200美元。

解：

（1）首先根据以上条件找出实际使用的装货时间：

6月27日（星期四）10h（当日14时至24时）

6月28日（星期五）22h（减去暴雨的2h）

6月29日（星期六）12h（24h的一半）

6月30日（星期日）12h（24h的一半）

7月1日（星期一）24h

7月2日（星期二）24h

7月3日（星期三）14h

所以，装货时间合计为118h，共4.9个晴天工作日。

（2）其次，允许的装货时间 = 7600t/1000t/天 = 7.6天（指24h晴天工作日）。

（3）速遣时间 = 7.6天 − 4.9天 = 2.7天，速遣费 = 2.7 × 1200 = 3240美元。

本章小结

海上运输是指以船舶为工具，通过海上航道运送旅客或货物的一种运输方式，简称海运。海上运输是历史悠久的国际贸易运输方式。海上运输与其他各种运输方式相比，具有运量大、投资少、成本低、通过性强、适货性强等特点。海上运输的经营方式主要有班轮运输和租船运输两大类。船舶是海上运输的交通工具，货物是海上运输的对象，航线被喻为“海上高速公路”。港口是海上运输的起点与终点，是具有一定面积的水域和陆域，具有水陆联运设备和条件，供船舶安全进出和停泊、供旅客和货物集散并变换运输方式的场地。因此，船舶、货物、航线和港口是海上运输的必备要素。

本章重点介绍了海运杂货班轮进出口流程及其相关单证的缮制与流转程序，海运集装箱班轮整箱和拼箱进出口流程及其相关单证的缮制与流转，以及租船运输的特点、租船运输的方式、租船合同及租船业务流程。

第五章　航空货物运输实务

【学习目标】

通过本章的学习，了解航空货物运输的基础知识，熟悉航空货物运输的种类和运输货物的分类，掌握国内和国际航空货物运输业务流程、航空货物运输费用的计算、国内和国际航空货物运输相关单据的缮制和单据的使用。

第一节　航空货物运输概述

【基础知识】

一、民用航空运输飞机

飞机按用途的不同分为军用飞机与民用飞机两大类型。民用飞机泛指一切非军事用途的飞机，包括旅客机、货机、邮政机、公务机、农林业用飞机、救火用飞机、救护机、试验研究机、教练机等。其中，旅客机、货机与客货两用机又统称为民用运输机。

（一）民用航空运输飞机的分类

1. 按机身的宽窄划分

按机身的宽窄，飞机可以分为宽体飞机和窄体飞机。

（1）窄体飞机（Narrow-body Aircraft）。窄体飞机的机身宽约三米，旅客座位之间有一个走廊，这类飞机往往只在其下货舱装运散货。常见的窄体飞机机型有 A318、A319、A320、A321、B707、B717、B727、B737、B757、MD90、TC320。

（2）宽体飞机（Wide-body Aircraft）。宽体飞机的机身较宽，客舱内有两条走廊、三排座椅，机身宽一般在 4.72m 以上，这类飞机可以装运集装箱货物和散货。常见的宽体飞机机型有 A300-B、A310、A330、A340、B747、B767、B777、MD11、IL-86、IL-96。

一般，飞机的舱位主要分为两种：主舱和下舱，但 B747 有三种舱位：上舱、主舱、下舱。

2. 按飞机的用途划分

按用途的不同，民用飞机可划分为三种：

（1）全货机：主舱及下舱全部载货。

（2）全客机：只在下舱载货。

（3）客货混用机：在主舱前部设有旅客座椅，后部可装载货物，下舱内也可以装载货物。

（二）飞机的装载限制

1. 重量限制

飞机制造商规定了每一货舱可装载货物的最大重量限额。在任何情况下，所装载的货物重量都不可以超过此限额。否则，飞机的结构很有可能遭到破坏，飞机安全会受到威胁。

2. 容积限制

由于货舱内可利用的空间有限，因此，货舱容积也成为运输货物的限制条件之一。轻泡货物已经占满了货舱内的所有空间，而未达到重量限额。相反，高密度货物的重量已达到限额而货舱内仍会有很多剩余空间无法利用。所以将轻泡货物和高密度货物混运装载是比较经济的解决办法。

3. 舱门限制

由于货物只能通过舱门装入货舱内，所以货物的尺寸必然会受到舱门的限制。为了便于确定一件货物是否可以装入货舱，飞机制造商提供了舱门尺寸表。

4. 地板承受力

飞机货舱内每一平方米的地板可承受一定的重量，如果超过它的承受能力，地板和飞机结构很有可能遭到破坏。

在实际操作中，可以按照公式

地板承受力 = 货物的重量/地板接触面积

计算出地板承受货物的实际压强，如果超过飞机的地板承受力最大限额，应使用 2 ~ 5cm 厚的垫板，加大底面面积，可以按照公式垫板面积 = 货物的重量/地板承受力限额来计算垫板面积。

（三）各种机型介绍

1. 波音 737/747/757/767/777 系列

（1）波音 737。波音 737 系列飞机是美国波音公司生产的一种中短程双发喷气式客机。常见的 B737-300 的数据为：翼展：28.9m；机长：33.4m；经济布局载客：149 人；货舱容积：30.2m^3；最大商载：16t；最大油箱容量：20105L；最大起飞总重：62t；最大载重航程：2993km；最大燃油航程：4175km；动力装置：两台 CFM56-3 涡扇发动机（最大推力：22000 磅）。该系列还有 B737-400、B737-500、B737-600、B737-700、B737-800 等机型。

（2）波音 747。波音 747 飞机是波音公司生产的四发（动机）远程宽机身运输机，是一种研制与销售都很成功的宽机身客机。该系机飞机于 1965 年 8 月开始研制，1969 年 2 月原型机试飞，1970 年 1 月首架波音 747 交付给泛美航空公司投入航线运营，开创了宽体客机航线服务的新纪元。它的双层客舱及独特外形成为最易辨认的亚音速民航客机。波音 747 飞机投入运营以来，一直垄断着大型运输机的市场，这种情况持续了好几年。1990 年 5 月起，除 B747-400 型外，其他型号均已停产。常见的 B747- 400 的数据为：翼展：64.4m；机长：70.7m；机高：19.41m；两级座舱布局载客：524 人；货舱容积：170m^3；最大油箱容量：216840L；最大商载：65t；最大起飞总重：362 ~ 395t；最大航程：13570km。该系列还有 B747-200、B747-200F、B747-300、B747-400F 等机型。

（3）波音 757。波音 757 是波音公司生产的双发（动机）窄体中远程运输机。该系列飞机于 1979 年 3 月开始研制，1982 年 2 月第一架波音 757 首飞，同年 12 月取得适航证投入航线运营。波音 757 在波音 727 的基础上采用了新机翼和先进发动机并修改了机身外形。主要设计目标是通过降低油耗、减轻机体重量来降低使用成本。波音公司于 1996 年 9 月 2 日启动了波音 757- 300 的新项目，目前波音公司已向客户交付了超过 1000 架波音 757 飞机。由于市场需求日益减少，同时面临着来自空中客车公司的竞争，2003 年 10 月 16 日，波音公司正式宣布于2004年停止生产波音757飞机。波音公司还表示，新一代波音737、波音787系列、可以覆盖波音757这款200座级客机的市场。常见的B757-200的数据为：翼展：38.05m；机长：47.32m；全经济布局载客：239人；货舱容积：43m³；典型两级座舱布局：192人；最大商载：25t；最大起飞总重：115t；最大燃油量：42680L；最大载重航程：3560km；最大油量航程：6320km。该系列还有：B757-200ER、B757-200PF、B757-200M、B757-300等机型。

（4）波音767。波音767是波音公司生产的双发（动机）半宽体中远程运输机。该系列飞机于1978年7月开始全面研制，1981年9月26日第一架波音767首飞，1982年7月取得型号合格证，同年8月投入航线运营。波音767采用了全新的机体，机身宽5.03m，这个宽度极适合采用舒适的双过道客舱布局，能适应当时已有的标准集装箱和货盘。同时也是首次采用两人驾驶制的宽体飞机。截止到2002年5月，已有近900架波音767飞机交付给世界大约60家航空公司。常见的B767-300的数据为：翼展：47.57m；机长：54.94m；标准经济布局载客量：269人；货舱容积：107m³；最大燃油容量：90916L；最大商载：25t；最大起飞总重：187t；最大载重航程：5150km；最大油量航程：11393km；动力装置：两台涡扇发动机。该系列还有：B767-200、B767-200ER、B767-300ER、B767-300F等机型。

（5）波音777。波音777在大小和航程上介于B767-300和B747-400之间，具有座舱布局灵活、航程范围大和不同型号能满足不断变化的市场需求等特点。波音777停在跑道上时最明显的识别标志之一就是它的三轴六轮主起落架系统和两个前轮，这种结构既有效地分散了路面载荷又使飞机有不超过三个起落架支柱。常见的B777-200的数据为：翼展：60.93m；机长：63.73m；标准三级座舱布局载客：320人；两级布局载客：440人；货舱容积：160L；最大商载：54t；最大油箱容量：117340L；最大起飞总重：230t；最大航程：9525km；动力装置：两台涡扇发动机。该系列还有：B777-200ER、B777-300等机型。

2. 空中客车300/310/320/330/340系列

空中客车300是欧洲空中客车工业公司在法国、德国、英国、荷兰和西班牙等国政府支持下研制的双发宽体客机。该系列飞机于1969年9月开始研制，1972年10月空中客车300B1原型机首飞，1974年5月交付使用。目前已交付数量超过500架。其后陆续开发研制和投产了一系列产品，和波音系列飞机在市场上展开激烈的竞争。空中客车飞机的主要型号为：

300系列。该系列的主要型号有：300B2-100，300B2-200，300B2-300，300B4-100，300B4-200，300-C4，300-600，300-600R，300-600C，300-600F。

310系列。该系列的主要型号有：310-200，310-200C，310-200F，310-200，310-300，310-300F。

320系列。该系列的主要型号有：320-100，320-200，321-100，321-200，319，319-CJ，318。

330系列。该系列的主要型号有：330-300，330-200。

340系列。该系列的主要型号有：340-300，340-300E，340-200，340-400，340-500，340-600。

（四）航空运输地理和时差计算

1. 航空运输区域划分

为了便于航空公司间的合作和业务联系，国际航空运输协会（International Air Transport Association，IATA）将世界划分为三个航空运输业务区：①TC1 区。该区主要包括北美洲、拉丁美洲以及附近岛屿和海洋。②TC2 区。该区主要包括欧洲、非洲、中东及附近岛屿。③TC3 区。该区主要包括亚洲（除中东包括的亚洲部分国家）、大洋洲及太平洋岛屿的广大地区。

2. 飞行时间的计算

从国际时间记算器中找出始发站和目的站的标准时间；将起飞和到达的当地时间换算成国际标准时间（Greenwich Mean Time，GMT）；用到达时间减去起飞时间，即得飞行时间。

二、集装器简介

航空集装运输是将一定数量的单位货物装入集装货物的箱内或装在带有网套的板上作为运输单位进行运输。在航空运输中，除特殊情况外，货物均以集装箱、集装板等集装器形式进行运输。装运集装器的飞机，其舱内应有固定集装器的设备把集装器固定于飞机上，这时集装器就成为飞机的一部分，所以飞机对集装器的大小有严格的规定。

图 5-1　集装板和网套

（一）集装器分类

1. 按集装器是否注册划分

（1）注册的飞机集装器。该类集装器由国家政府有关部门授权集装器生产厂家生产，适于飞机安全载运，不会对飞机内部结构造成损害。

（2）非注册的飞机集装器。该类集装器未经有关部门授权生产，未取得适航证书，仅适用于特定机型的特定机舱。

2. 按集装器的构造划分

（1）集装板（Pallet）和网套。集装板是具有标准尺寸的、四边带有卡锁轨或网带卡锁眼、带有中间夹层的由硬铝合金制成的平板，以便货物在其上码放；网套是用来把货物固定在集装板上的设备，它的固定需要靠专门的卡锁装置来完成。集装板的识别代号以字母“P”打头。如图 5-1 所示。

（2）结构与非结构集装棚（Igloo）。非结构的集装棚无底、前端敞开，是一个非结构的棚罩（可用轻金属制成），用于罩在货物和网套之间。结构集装棚是指带有固定在底板上的外壳的集装设备，它形成了一个完整的箱，不需要网套固定，分为拱形和长方形两种。如图 5-2 所示。

图 5-2　集装棚

（3）集装箱（Container）。航空集装箱是指在飞机的底舱与主舱中使用的一种专用集装箱，它与飞机的固定系统直接结合，不需要任何附属设备。集装箱又分为空陆联运集装箱、主货舱集装箱（只能装于全货机或客机主货舱，其高度在163cm以上）、下货舱集装箱（宽体飞机的）三种。

（二）集装器代号组成

第1位字母表示集装器类型，第2位字母表示底板尺寸，第3位字母表示外形或适配性，第4、第5、第6、第7位数字表示序号，第8、第9位字母表示所有人和注册人。表5-1为集装器的代号的位置及含义。

表5-1 集装器的代号的位置及含义

位置	字母或数字	含义	位置	字母或数字	含义
1	字母	集装器的类型	4,5,6,7	数字	序号
2	字母	底板尺寸	8,9	字母	所有人、注册人
3	字母	外形或适配性			

（1）集装器代号的首位字母表示集装器的种类。如：

A：CERTIFIED AIRCRAFT CONTAINER，注册的飞机集装器。

B：NON-CERTIFIED AIRCRAFT CONTAINER，非注册的飞机集装器。

F：NON-CERTIFIED AIRCRAFT PALLET，非注册的飞机集装板。

G：NON-CERTIFIED AIRCRAFT PALLET NET，非注册集装板网套。

J：THEMAL NON-STRUCTURED IGL00，保温的非结构集装棚。

M：THERMAL NON-CERTIFIED AIRCRAFT CONTAINER，保温的非注册的飞机集装箱。

N：CERTIFIED AIRCRAFT PALLET NET，注册的飞机集装板网套。

P：CERTIFIED AIRCRAFT PALLET，注册的飞机集装板。

R：THERMAL CERTIFIED AIRCRAFT CONTAINER，注册的飞机保温箱。

U：NON STRUCTURAL IGL00，非结构集装棚。

H：HORSE STALL，马厩。

V：AUTOMOBIL TRANSPORT EQUIPMENT，汽车运输设备。

X、Y、Z：RESFRVED FOR AIRLINE USE ONLY，供航空公司内部使用。

（2）集装器的第2位字母表示集装器的底板尺寸。如：

A：224cm×318cm；K：153cm×156cm；

B：224cm×274cm；L：153cm×318cm；

E：224cm×135cm；M：244cm×318cm；

G：224cm×606cm。

（3）集装器代号的第3位字母表示集装器的外形以及与飞机的适配性。如：

E：适用于B747、A319、DC10、L1011下货舱无叉眼装置的半型集装箱。

N：适用于B747、A310、DC10、L1011下货舱有叉眼装置的半型集装箱。

P：适用于B747COMB上舱及B747、DC10、L1011、A310下舱的集装板。

A：适用于B747F上舱的集装箱。

例如，AKE31665CA中的A表示注册的集装器，K表示153cm×156cm，E表示适用于

B747；31665 表示序号，CA 表示中国国际航空公司。

（三）集装货物的基本原则

（1）检查所有待装货物，设计组装方案。

（2）大重货物装在集装板上，体积较小、重量较轻的货物装在集装箱内。

（3）箱内货物码放紧凑，间隙越小越好。

（4）箱未装满 2/3 且单件超过 150kg 的，对货物捆绑固定。

（5）重物放下层、适当使用垫板。底部为金属的货物和底部面积较小、重量较大的货物必须使用垫板。

（6）码放整齐，上下层相互交错，避免坍塌滑落。

（7）装在集装板上的小件货物要装在其他货物的中间或适当地方予以固定，防止其从网套及网眼中滑落。

（8）一般情况下不组装低探板货物。确因货物多，需充分利用舱位且货物包装适合装低探板时，允许装低探板。

三、航空运输方式

航空运输有其他运输无法比拟的优越性，如运送速度快，运输安全、准确，可简化包装、节省包装费用等。航空运费按 W/M 方式计算，但其重量体积比为 $6000cm^3/kg$（相当于 $6m^3/t$），故而实际运费的计算以千克为单位。

尽管航空运费一般较高，但对于体积大、重量轻的货物，采用空运反而有利。空运计算运费的起点比海运低，运送快捷准确，所以小件货物、鲜活商品、季节性商品和贵重商品适宜采用航空运输。

航空运输方式主要有班机运输、包机运输和集中托运。

（一）班机运输

班机运输（Scheduled Airline）是指具有固定开航时间、航线和停靠航站的飞机。一般航空公司都使用客货混合型飞机（Combination Carrier）进行班机运输，这样既可以搭载旅客，又可以运送少量货物。但一些较大的航空公司在一些航线上开辟的定期货运航班使用全货机（All Cargo Carrier）运输。

按照业务的对象不同，班机运输可分为客运航班和货运航班。一般航空公司通常采用客货混合型飞机，在搭乘旅客的同时也承揽小批量货物的运输，货舱容量较小，运价较贵，但由于航期固定，有利于客户安排鲜活商品或急需商品的运送。货运航班只承揽货物运输，大多使用全货机。但由于国际贸易中航空运输所承运的货量有限，所以货运航班只是由某些规模较大的专业航空货运公司或一些业务范围较广的综合性航空公司在货运量较为集中的航线开设。

班机运输有以下特点：

1. 固定模式

班机由于固定航线、固定停靠港和定期开飞航，能使货物安全迅速地到达世界上各通航地点，因此国际间的货物流通多使用班机运输方式。

2. 易于安排

班机运输便于收货人发货人准确地掌握货物起运和到达的时间，这对市场上急需商品、鲜活易腐货物以及贵重商品的运送是非常有利的。

3. 运量有限

班机运输一般是客货混载，因此，舱位有限，不能使大批量的货物及时出运，往往需要分期分批运输。这是班机运输的不足之处。

（二）包机运输

包机运输（Chartered Carrier）是指航空公司按照约定的条件和费率，将整架飞机租给一个或若干个包机人（包机人是指发货人或航空货运代理公司），从一个或几个航空站装运货物至指定目的地。包机运输适合于大宗货物运输，费率低于班机运输，但运送时间比班机要长些。

包机运输方式可分为整包机和部分包机两类。

1. 整包机

（1）整包机即包租整架飞机，是指航空公司按照与租机人事先约定的条件及费用，将整架飞机租给包机人，从一个或几个航空港装运货物至目的地。

（2）包机人一般要在货物装运前一个月与航空公司联系，以便航空公司安排运载和向起降机场及有关政府部门申请、办理过境或入境的有关手续。

（3）包机的费用为一次一议，随国际市场供求情况而变化。原则上，包机运费是按每一飞行公里固定费率核收费用，并按每一飞行公里费用的80%收取空放费。因此，大批量货物使用包机运输时，均要争取来回程都有货载，这样费用比较低。只使用单程的话运费比较高。

2. 部分包机

部分包机是指由几家航空货运公司或发货人联合包租一架飞机或者由航空公司把一架飞机的舱位分别租给几家航空货运公司装载货物。部分包机多用于托运不足一架整飞机舱位，但质量又较重的货物。

部分包机与班机相比，时间比班机长，尽管部分包机有固定时间表，但往往因其他原因不能按时起飞。各国政府为了保护本国航空公司的利益，常对从事包机业务的外国航空公司实行各种限制，如限制包机的活动范围和降落地点等。需降落到非指定地点外的其他地点时，航空公司一定要向当地政府有关部门申请（如申请入境、通过领空和降落地点等），同意后才能降落。

（三）集中托运

集中托运（Consolidation）是指航空货运代理公司将若干批单独发运的货物集中成一批向航空公司办理托运，填写一份总运单送至同一目的地，然后由其委托当地的代理人负责分发给各个实际收货人。集中托运可以采用班机运输又可以采用包机运输的方式，它的主要优点是可降低运费，是航空货运代理的主要业务之一。

1. 集中托运的特点

（1）节省运费。航空货运公司的集中托运运价一般都低于航空协会的运价。采用集中托运发货人可得到低于航空公司的运价，从而节省费用。

（2）提供方便。将货物集中托运，可使货物到达航空公司指定到达地点以外的地方，延伸了航空公司的服务，方便了货主。

（3）提早结汇。发货人将货物交与航空货运代理后，即可取得货物分运单，可持分运单到银行尽早办理结汇。

集中托运方式已在世界范围内普遍开展，形成了较完善、有效的服务系统，为促进国际贸易发展和国际科技文化交流起到了良好的作用。集中托运已成为我国进出口货物的主要运输方式之一。

2. 集中托运的限制

（1）集中托运只适于普通货物的办理，对于等级运价的货物，如贵重物品、危险品、活动物以及文物等不能办理集中托运。

（2）目的地相同或临近的货物可以办理，如某一国家或地区，其他则不宜办理。例如，不能把去日本的货物发送至欧洲。

3. 集中托运的具体做法

（1）对每一票货物分别制定航空运输分运单，即出具货运代理的运单 HAWB（House Airway Bill）。

（2）将所有货物区分方向，按照其目的地相同的同一国家、同一城市来集中，制定出航空公司的总运单 MAWB（Master Airway Bill）。总运单的发货人和收货人均为航空货运代理公司。

（3）打印出该总运单项下的货运清单（Manifest），其主要内容包括该总运单有几个分运单，这些分运单的号码各是什么，其中件数、重量各为多少等。

（4）把该总运单和货运清单作为一整票货物交给航空公司。一个总运单可视货物具体情况随附分运单（可以是一个分运单，也可以是多个分运单）。例如，一个 MAWB 内有 10 个 HAWB，说明此总运单内有 10 票货，需发给 10 个不同的收货人。

（5）货物到达目的地站机场后，当地的货运代理公司作为总运单的收货人负责接货、分拨，按不同的分运单制定各自的报关单据并代为报关、为实际收货人办理有关接货送货事宜。

（6）实际收货人在分运单上签字以后，目的站货运代理公司以此向发货的货运代理公司反馈到货信息。

四、航空货运代理

航空运输涉及的当事人主要有发货人、收货人、航空公司和航空货运代理（简称空代）。航空货运代理可以是货主代理，也可以是航空公司的代理，也可身兼二职。航空货运代理的出现对各方都会带来许多好处。从航空公司的角度来看，空代的存在使航空公司能更好地致力于自身主业，无需负责处理航运前和航运后繁杂的服务项目；从货主的角度来看，可使货主不必花费大量的精力去熟悉繁复的空运操作流程。可见，空代在办理航空托运业务方面具有其他机构和组织无法比拟的优势。图 5-3 所示为国际航空货运当事人的责任划分。

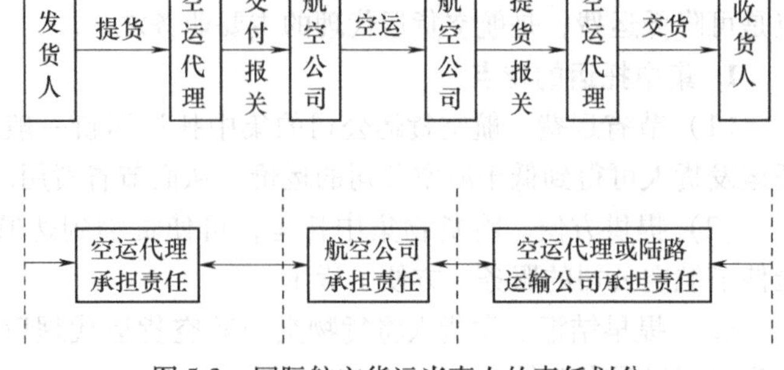

图 5-3　国际航空货运当事人的责任划分

（一）航空货运代理的种类

1. 国际航空货运代理

国际航空货运代理仅作为进出口发货人、收货人的代理人，严禁从航空公司处收取佣金。

2. 航空运输销售代理

航空运输销售代理作为航空公司的代理人，代为处理国际航空客货运输销售及相关业务。

根据我国《民用航空运输销售代理业管理规定》，空运销售代理可分为一类销售代理和二类销售代理。

(1) 一类销售代理。该类销售代理经营国际航线或者香港、澳门、台湾地区航线的民用航空销售代理业务。

(2) 二类销售代理。该类销售代理经营国内航线的民用航空运输销售代理业务。

在我国，申请设立国际航空货物销售代理的前提之一是必须首先成为国际货运代理。这表明，这类代理人一方面可以为货方提供代理服务，从中收取代理费；另一方面也可以为承运方（航空公司）服务，收取佣金。

（二）航空货运代理的业务范围

航空货运代理除了提供订舱、租机、制单、代理包装、代刷标记、报关报验、业务咨询等传统代理业务外，还提供集中托运、地面运输、多式联运等服务。

在空运过程中，经常会出现客户由于货物发生延误或遗失而向货运代理提出索赔要求的情况，因此索赔事宜不能得以及时妥善处理将严重影响货运代理与客户的关系，甚至最终导致货运代理失去客户，但在处理这类事宜的过程中，货运代理的利益往往与客户的利益或要求相互矛盾，解决矛盾就成处理索赔的关键。

首先，应该明确哪些索赔在货运代理的受理范围内。

按照《华沙公约》和《海牙修正案》的规定，由IATA统一制订并印在航空运单上的运输契约第二十条指出，运单中指明的收获人遇到下列情况时必须在规定的时间内向承运人作出书面投诉，超过规定期限未作出书面投诉，即被视为是自动放弃了应享有的权利。

运输契约第十三条（3）规定：如果承运人承认货物已经遗失或货物在应该到达的日期七天后尚未到达，收货人有权向承运人行使运输合同所赋予的权利。

运输契约第二十六条（1）规定：除非有相反的证据，否则如果收件人在收受货物时没有异议，就被认为行李或货物已经完好地交付，并和运输凭证相符。第二十六条（2）规定：如果有损坏情况，收件人应在发现损坏后，立即向承运人提出异议，最迟应在货物收到后第七天提出，如果有延误，最迟应该在货物交由收件人支配之日起的第十四天提出异议。

运输契约第十二条（4）及十三条规定：“收货人一旦接受航空运单并提取货物后，托运人对货物的处置权即告终止，”此时只能由收货人行使向承运人投诉、提出索赔的要求的权利；“但是如果收货人拒绝接受货运单或货物，或无法同收货人联系，托运人就恢复他对货物的处置权。”即只有在此种情况下托运人才能有权向承运人提出投诉与索赔。而目前货运代理遇到的情况通常是收货人提取货物后再由托运人向货运代理转达口头或书面投诉，此时货运代理应当拒绝受理，以免最终解决不了实际问题，反而延误了规定的索赔期限。这一点很重要。

其次，要处理好国际贸易与国际货物运输的关系和运费的收取与索赔的关系。

(1) 国际贸易与国际货物运输的关系。国际货物运输是国际贸易过程中的重要环节之一，会对国际贸易产生直接的影响。但就其索赔程序而言，与贸易索赔程序是分开的，具有独立性，因为它们引用的法律依据是不同的，是各自独立的。货运代理在处理索赔时经常会收到托运人以“收货人在收到货后，因发现货损、货物延误等而拒付托运部分或全部的货款，或取消今后的订单等”为由，向货运代理提出部分或全部的贸易损失赔偿。这实质上是一种贸易风险的转嫁，货运代理应该要求托运人运用《国际贸易法》等法律来保护自身的权益。即使托运人或收货人合法享有向对方提出贸易索赔的权利，也不应该将空运索赔的解决作为解决贸易问题的前提，并以此向货运代理提出非索赔范围内的要求。两者本不属于同一法律范畴，托运人在航空货运中的权利并不影响有关贸易法规规定的权利，两者可以同时进行，或先行处理贸易索赔。

(2) 运费的收取与索赔的关系。运费是托运人托运货物时应当支付给承运人或承运代理人的费用，这是事前的行为与责任，而索赔是在货物运输过程中或货物到达目的地后的事后的行为与权利，托运人将受到国际航空运输法有关规定的合理保护，托运人以索赔未果为由拒付货运代理运费是没有法律依据的。

(三) 申办一、二类航空运输销售代理资格认可流程

销售代理资格分为一类航空运输销售代理资格和二类航空运输销售代理资格。一类航空运输销售代理资格是指经营国际航线或者香港、澳门、台湾地区航线的民用航空旅客运输和货物运输销售代理资格（危险品除外）。二类航空运输销售代理资格，是指经营国内航线除香港、澳门、台湾地区航线外的民用航空旅客运输和货物运输销售代理资格（危险品除外）。

销售代理资格条件：

(1) 依法取得经工商行政管理机关注册登记的中华人民共和国企业法人营业执照。

(2) 从事一类航空运输销售代理业务的，其实缴的注册资本应不少于150万元；从事二类航空运输销售代理业务的，其实缴的注册资本应不少于50万元。

(3) 在中华人民共和国境内依法设立的中外合资、中外合作企业可以申请一类旅客运输和货物运输以及二类货物运输销售代理资格。其中，中方出资数额占企业注册资本的比例应不少于50%，外商投资的比例应当符合国家有关法律、法规的规定。外商企业不得独资设立销售代理企业或从事销售代理经营活动。

(4) 香港、澳门、台湾地区的公司、企业、其他经济组织或个人在内地设立的企业从事销售代理经营活动的，投资比例应当符合国家有关规定。以合资、合营及独资形式申请一类旅客运输和货物运输以及二类货运的销售代理企业，需提供香港工业贸易署出具的《香港服务提供者证明书》。

(5) 国家法律、法规禁止或者限制投资销售代理业的企业或者单位，不得从事销售代理活动。

(6) 未取得中国航协颁发的资格认可证书的，不得通过互联网开展销售代理活动。销售代理企业选择互联网进行销售代理经营活动的，应当按下列事项向中国航空运输协会（以下简称“中国航协”）备案：

1) 互联网网站名称和域名。

2) 网站性质、应用范围和所需主机地址。

3) 服务器或代理服务器的详细信息及其他书面资料。通过互联网开展销售活动的，应当符合国家法律、法规和行业的有关规定。

(7) 有至少三名取得航空运输销售代理人员相应业务合格证书的从业人员。

（8）有与开展业务相适应的固定的独立营业场所。

（9）有电信设备和其他必要的营业设施。

（10）民航总局和中国航协规定的其他必要条件。

一类、二类航空运输销售代理资格认可申请应当在网站上向地区代表处提出表格申请，由地区代表处进行表格审核。经地区代表处表格审核合格后，报请中国航协进行初审和复审，由中国航协决定是否准予颁发资格认可证书。

第二节　国内航空货物运输实务

【任务引入】

哈尔滨蓝顺福安物流公司是一家从事航空运输代理的企业，是中国北方航空哈尔滨地区货运销售代理之一，与中国国际航空公司、中国南方航空公司有长期的销售合作协议。

2013 年 11 月 5 日，该物流公司业务员王伟接到哈尔滨腾顺达电子有限公司（地址：哈尔滨市广西南路 16 号，联系电话 0451－85285896）张童先生的货物托运书，委托其于 2013 年 11 月 9 日将两箱纸箱装计算机芯片从哈尔滨运至杭州飞越电子计算机有限公司（地址：杭州市永顺路 202 号，联系电话 0571－96335662），单箱重量为 38kg，体积为 30cm ×50cm × 80cm，通知人和收货人都是杭州飞越电子计算机有限公司李平先生。

结合这一任务，假如你是哈尔滨蓝顺福安物流公司的业务员王伟，要顺利承运该批货物，需要做哪些工作，注意哪些问题，相关运输单据应如何填写？

【任务分析】

作为哈尔滨蓝顺福安物流公司的一名业务员，在接到哈尔滨腾顺达电子有限公司张童先生委托后，应首先详细记录相关信息，确定该批货物的运输是否属于本公司航空运输业务范围，确认可以承运货物后，再完成后续相关运输组织工作。如果想顺利完成以上运输业务，应熟悉相关航空货运业务的工作流程，熟练掌握填制航空运输单据的方法，掌握货运业务委托运输、订舱、货物收运、货物运输、货物到达与交付等一系列航空运输的操作流程，熟悉每个运输环节的注意事项。

在下面的“实训知识与技能”部分，会介绍航空运输的操作流程及应注意的细节问题。

【实训知识与技能】

一、国内航空货运参与方

1. 承运人

承运人是指包括接受托运人填开的航空货运单或者保存货物记录的航空承运人和运送或者从事承运货物或者提供该运输的任何其他服务的所有航空承运人。

2. 代理人

代理人是指在航空货物运输中，经授权代表承运人的任何人。

3. 托运人

托运人是指为货物运输与承运人订立合同，并在航空货运单或货物记录上署名的人。

4. 收货人

收货人是指承运人按照航空货运单或货物运输记录上所列名称而交付货物的人。

5. 货物托运书

货物托运书是指托运人办理货物托运时填写的书面文件，是据以填开航空货运单的凭据。

二、国内航空货物运输业务流程

国内航空货物运输业务流程图如图 5-4 所示。

(一) 委托运输

1. 货物托运书的填写

托运货物凭本人居民身份证或其他有效身份证件，填写货物托运书，向承运人或其代理人办理托运手续。如承运人或其代理人要求出具单位介绍信或其他有效证明，托运人也应予以提供。托运政府规定限制运输的货物以及需向公安、检疫等有关政府部门办理手续的货物，应当随附有效证明。

图 5-4 国内航空货物运输业务流程图

(1) 货物托运书的填写要求。托运人应当认真填写货物托动书，对托运书内容的真实性、准确性负责，并在托运书上签字或者盖章。当运输条件不同或者因货物性质不能在一起运输的货物，应当分别填写货物托运书。

(2) 货物托运书的基本内容。货物托运书的基本内容包括：

1) 货物托运人和收货人的具体单位或者个人的全称及详细地址、电话、邮政编码。

2) 货物品名。

3) 货物件数、包装方式及标志。

4) 货物实际价值。

5) 货物声明价值。

6) 普货运输或者急件运输。

7) 货物特性、储运及其他说明。

2. 航空公司对托运货物的要求

根据要求，托运人交运的货物必须符合国家法令和航空公司的运输规章，包括：

(1) 禁运货物运输要求。对于国家及空运企业规定的禁运物品，航空公司不得运输。禁运物品包括爆炸品、气体、易燃固体、液体、腐蚀品等。如果运输政府限运的货物，应附有效证明才可以运输。

(2) 托运货物的包装要求。在航空运输中，货物包装应当保证货物在运输过程中不致损坏、散失、渗漏，不致损坏和污染飞机设备或者其他物品。具体要求如下：

1) 托运人应当根据货物性质及重量、运输环境条件和承运人的要求，采用适当的内、外包装材料和包装形式，妥善包装。精密、易碎、怕震、怕压、不可倒置的货物，必须有相适应的防止货物损坏的包装措施。严禁使用草袋包装或草绳捆扎。

2) 货物包装内不准夹带禁止运输或者限制运输的物品、危险品、贵重物品、保密文件和资料等。

3) 托运人应当在每件货物外包装上标明出发站、到达站和托运人、收货人的单位、姓名及详细地址等。除此以外托运人还应当根据货物性质，按国家标准规定的式样，在货物外包装上张贴航空运输指示标贴。

4）托运人使用旧包装时，必须除掉原包装上的残旧标志和标贴。

5）托运人托运每件货物，应当按规定粘贴或者拴挂承运人的货物运输标签。

（3）托运货物的重量和体积要求。

1）重量要求。对于非宽体飞机，托运人托运的单件货物重量一般不得超过80kg；对于宽体飞机，托运货物重量一般不超过250kg。超出规定的重量，需经航空公司审批。

2）体积要求。航空公司规定托运人托运的货物的长、宽、高之和不得小于40cm且最小边的边长不得小于5cm。对于非宽体飞机，托运人托运的单件货物包装体积长、宽、高不得超过40cm、60cm、100cm；对于宽体飞机，托运货物体积长、宽、高一般不超过100cm、100cm、140cm。超出规定的体积，需经航空公司审批。

3. 签订委托合同

代理人接到托运人的货物托运书后，对所托运的货物进行检查，对所运货物的重量和体积尺寸进行检查后，双方签订《货物托运合同》，合同签订后，货运代理人与托运人则明确了双方在该批货物运输过程中的权利、义务与责任。

（二）订舱

《货物托运合同》签订后，代理人可向承运方领取并填写订舱单并附所运输货物的详细情况，包括货物名称、重量、体积、件数、始发地和目的地等。承运方接到订舱单后确认舱位、运输航线及运价后签发舱位确认书表示舱位已订妥。

（三）货物收运

1. 货物收运计划

承运人应当根据运输能力，按货物的性质和急缓程度，有计划地收运货物。批量大和有特定条件及时间要求的联程货物，承运人必须事先安排好联程中转舱位后方可收运。遇有特殊情况，如政府法令、自然灾害、停航或者货物严重积压时，承运人可暂停收运货物。

凡是国家法律、法规和有关规定禁止运输的物品，严禁收运。凡是限制运输的物品，符合规定的手续和条件后，方可收运。需经主管部门查验、检疫和办理手续的货物，在手续未办妥之前不得收运。

2. 收运货物查验

承运人收运货物时，应当查验托运人的有效身份证件。凡国家限制运输的物品，必须查验国家有关部门出具的准许运输的有效凭证。

承运人应当检查托运人托运货物的包装，不符合航空运输要求的货物包装，需经托运人改善包装后方可办理收运。承运人对托运人托运货物的内包装是否符合要求不承担检查责任。

承运人对收运的货物应当进行安全检查。对收运后24h内装机运输的货物，一律实行开箱检查或者通过安检仪器检测。

3. 航空货运单交接

航空货运单（简称货运单）（如表5-2所示）是指托运人或者托运人委托承运人填制的、托运人和承运人之间为在承运人的航线上承运货物所订立合同的证据。

表 5-2　航空货运单

<table>
<tr><td colspan="8">单号：</td></tr>
<tr><td colspan="4">始发站：</td><td colspan="4">目的站：</td></tr>
<tr><td colspan="4">收货人名称：</td><td colspan="4">联系人：</td></tr>
<tr><td colspan="4">收货人地址：</td><td colspan="4">联系方式：</td></tr>
<tr><td colspan="4">发货人名称：</td><td colspan="4">联系人：</td></tr>
<tr><td colspan="4">发货人地址：</td><td colspan="4">联系方式：</td></tr>
<tr><td>序号</td><td>货品名称</td><td>件数</td><td>包装</td><td>包装体积
（长、宽、高）</td><td>单件重量</td><td>总重量</td><td>货物价值</td></tr>
<tr><td></td><td></td><td></td><td></td><td></td><td></td><td></td><td></td></tr>
<tr><td></td><td></td><td></td><td></td><td></td><td></td><td></td><td></td></tr>
<tr><td colspan="2">航空运费/（元/kg）</td><td colspan="2">¥</td><td colspan="2" rowspan="6">储运说明事项：</td><td colspan="2" rowspan="6">收运站：

日期：

经手人：</td></tr>
<tr><td colspan="2">地面运费/（元/kg）</td><td colspan="2"></td></tr>
<tr><td colspan="2">空陆转运费</td><td colspan="2"></td></tr>
<tr><td colspan="2">中转费</td><td colspan="2"></td></tr>
<tr><td colspan="2">其他费用</td><td colspan="2"></td></tr>
<tr><td colspan="2">合计</td><td colspan="2"></td></tr>
<tr><td colspan="8">货物到达处理记录</td></tr>
<tr><td colspan="2">到达日期</td><td colspan="2">通知</td><td colspan="2">提货日期</td><td colspan="2">收货人</td></tr>
<tr><td colspan="2"></td><td colspan="2"></td><td colspan="2"></td><td colspan="2"></td></tr>
</table>

航空货运单应当由托运人填写，连同货物交给承运人。如承运人依据托运人提供的托运书填写航空货运单并经托运人签字，则该航空货运单应当视为代托运人填写。

托运人应当对航空货运单上所填关于货物的说明或声明的正确性负责。

航空货运单一式八份，其中正本三份、副本五份。正本三份为：第一份交承运人，由托运人签字或盖章；第二份交收货人，由托运人和承运人签字或盖章；第三份交托运人，由承运人接受货物后签字盖章。三份具有同等效力。承运人可根据需要增加副本。货运单的承运人联应当自填开货运单次日起保存两年。

货运单的基本内容包括始发站和目的站；托运人和收货人的名称、地址、联系电话、联系人；货物品名、包装方式、件数；货物的重量、体积或尺寸；计费项目；储运说明事项。

（四）货物运输

1．货物分类

需办理急件运输的货物，托运人应当在货运单上注明发运日期和航班，承运人应当按指定的日期和航班运出。需办理联程急件运输的货物，承运人必须征得联程站同意后方可办理。

限定时间运输的货物，由托运人与承运人约定运抵日期并在货运单上注明。承运人应当在约定的期限内将货物运抵目的地。

2．运送顺序

根据货物的性质，承运人应当按下列顺序发运货物：

(1) 抢险、救灾、急救、外交信袋和政府指定急运的物品。

(2) 指定日期、航班和按急件收运的货物。

(3) 有时限、贵重和零星小件物品。

(4) 国际和国内中转联程货物。

(5) 一般货物按照收运的先后顺序发运。

3. 舱位控制

承运人应当建立舱位控制制度，根据每天可利用的空运舱位合理配载，避免舱位浪费或者货物积压。

承运人应当按照合理或经济的原则选择运输路线，避免货物的迂回运输。

承运人运送特种货物时，应当建立机长通知单制度。

4. 装卸作业

承运人对承运的货物应当精心组织装卸作业，轻拿轻放，严格按照货物包装上的储运指示标志作业，防止货物损坏。

承运人应当按装机单、卸机单准确装卸货物，保证飞行安全。

承运人应当建立健全监装、监卸制度。货物装卸应当有专职人员对作业现场实施监督检查。

在运输过程中发现货物包装破损无法续运时，承运人应当作好运输记录，通知托运人或收货人，征求处理意见。

托运人托运的特种货物、超限货物，承运人装卸有困难时，可商托运人或收货人提供必要的装卸设备和人力。

5. 货物仓库

承运人应当根据进出港货物运输量及货物特性，分别建立普通货物及贵重物品、鲜活物品、危险物品等货物仓库。

货物仓库应当建立健全保管制度，严格交接手续；库内货物应当合理码放、定期清仓；做好防火、防盗、防鼠、防水、防冻等工作，保证进出库货物准确完整。

6. 查询货物

货物托运后，托运人或收货人可在出发地或目的地向承运人或其代理人查询货物的运输情况，查询时应当出示货运单或提供货运单号码、出发地、目的地、货物名称、件数、重量、托运日期等内容。

承运人或其代理人对托运人或收货人的查询应当及时给予答复。

(五) 货物到达和交付

1. 货物到达

货物运至到达站后，除另有约定外，承运人或其代理人应当及时向收货人发出到货通知，货物到达通知书如表 5-3 所示。通知包括电话和书面两种形式。急件货物的到货通知应当在货物到达后两小时内发出，普通货物应当在 24h 内发出。

自发出到货通知的次日起，货物免费保管 3 日。逾期提取的，承运人或其代理人按规定核收保管费。

货物被检查机关扣留或因违章等待处理存放在承运人仓库内，由收货人或托运人承担保管费和其他有关费用。

动物、鲜活易腐物品及其他指定日期和航班运输的货物，托运人应当负责通知收货人在到达站机场等候提取。

表 5-3 货物到达通知书

货物到达通知书

中国南方航空公司 ______年______月______日 （第______次通知）

兹有贵单位以下货物已于______年______月______日 由______航班运达______，请前往______机场航空货物仓库提取您的货物

货运单号码：__________________

件　　数：__________________

重　　量：__________________

收货人名称及联系人：______________________________

（附货运单一份和发票） （第 1 次通知于______年______月______日发出）

运　　费：______元

2. 货物交付

收货人凭到货通知单和本人居民身份证或其他有效身份证件提货；委托他人提货时，凭到货通知单和货运单指定的收货人及提货人的居民身份证或其他有效身份证件提货。如承运人或其代理人要求出具单位介绍信或其他有效证明时，收货人应予以提供。

承运人应当按货运单列明的货物件数清点后交付收货人。发现货物短缺、损坏时，应当会同收货人当场查验，必要时填写货物运输事故记录，并由双方签字或盖章。

收货人提货时，对货物外包装状态或重量如有异议，应当场提出查验或者重新过秤核对。

收货人提取货物后并在货运单上签收而未提出异议，则视为货物已经完好交付。

3. 特殊货物

托运人托运的货物与货运单上所列品名不符或在货物中夹带政府禁止运输或限制运输的物品和危险物品时，承运人应当按下列规定处理：

（1）在出发站停止发运，通知托运人提取，运费不退。

（2）在中转站停止运送，通知托运人，运费不退，并对品名不符的货件按照实际运送航段另核收运费。

（3）在到达站，对品名不符的货件，另核收全程运费。

4. 无法交付货物

货物自发出到货通知的次日起 14 日无人提取，到达站应当通知始发站，征求托运人对货物的处理意见；满 60 日无人提取又未收到托运人的处理意见时，按无法交付货物处理。

对无法交付的货物，应当做好清点、登记和保管工作。

凡属国家禁止和限制运输物品、贵重物品及珍贵文史资料等货物应当无价移交国家主管部门处理；凡属一般的生产、生活资料应当作价移交有关物资部门或商业部门；凡属鲜活、易腐或保管有困难的物品可由承运人酌情处理。如作毁弃处理，所产生的费用由托运人承担。

经作价处理的货款，应当及时交承运人财务部门保管。从处理之日起 90 日内，如有托运人或收货人认领，扣除该货的保管费和处理费后的余款退给认领人；如 90 日后仍无人认

领，应当将货款上交国库。

对于无法交付货物的处理结果，应当通过始发站通知托运人。

（六）货物运输变更

1. 托运人要求变更

托运人对已办妥运输手续的货物要求变更时，应当提供原托运人出具的书面要求、个人有效证件和货运单托运人联。

要求变更运输的货物，应是一张货运单填写的全部货物。

运输变更应当符合本规则的有关规定，否则承运人有权不予办理。

承运人应当及时处理托运人的变更要求，根据变更要求，更改或重开货运单，重新核收运费。如果不能按照要求办理，应当迅速通知托运人。

在运送货物前取消托运，承运人可以收取退运手续费。

2. 承运人要求变更

由于承运人执行特殊任务或天气等不可抗力的原因，货物运输受到影响，需要变更运输时，承运人应当及时通知托运人或收货人，商定处理办法。

承运人应当按照下列规定处理运输费用：

（1）在出发站退运货物，退还全部运费。

（2）在中途站变更到达站，退还未使用航段的运费，另核收由变更站至新到达站的运费。

（3）在中途站将货物运至原出发站，退还全部运费。

（4）在中途站改用其他交通工具将货物运至目的站，超额费用由承运人承担。

三、国内航空运费核算

货物运价是出发地机场至目的地机场之间的航空运输价格，不包括机场与市区间的地面运输费及其他费用。承运人可以收取地面运输费、退运手续费和保管费等货运杂费。托运人应按国家规定的货币和付款方式交付货物运费，除承运人与托运人另有协议者外，运费一律现付。

（一）国内航空货物运价类别

1. 普通货物运价

（1）基础运价（代号 N）。民航总局统一规定各航段货物基础运价，基础运价为 45kg 以下普通货物运价，金额以角为单位。

（2）重量分界点运价（代号 Q）。国内航空货物运输建立 45kg 以上、100kg 以上、300kg 以上 3 级重量分界点及运价。

2. 等级货物运价（代号 S）

急件、生物制品、珍贵植物和植物制品、活体动物、骨灰、灵柩、鲜活易腐物品、贵重物品、枪械、弹药、押运货物等特种货物实行等级货物运价，按照基础运价的 150% 计收。

3. 指定商品运价（代号 C）

对于一些批量大、季节性强、单位价值低的货物，航空公司可申请建立指定商品运价。

4. 最低运费（代号 M）

每票国内航空货物最低运费为人民币 30 元。

5. 集装货物运价

以集装箱、集装板作为一个运输单元运输货物可申请建立集装货物运价。

（二）国内航空货物运价使用规则

（1）直达货物运价优先于分段相加组成的运价。

（2）指定商品运价优先于等级货物运价和普通货物运价。

（3）等级货物运价优先于普通货物运价。

（三）国内航空货物运费计费规则

（1）货物运费计费以“元”为单位，元以下四舍五入。

（2）货物运费为按重量计得的运费与最低费相比取其高者。

（3）按实际重量计得的运费与按较高重量分界点运价计得的运费比较取其低者。

（4）分段相加组成运价时，不考虑实际运输路线，不同运价组成点组成的运价相比取其低者。

（四）国内航空邮件运费

普通邮件运费按照普通货物基础运价计收；特快专递邮件运费按照普通货物基础运价的150%计收。

（五）计费重量

货物重量按毛重计算，计量单位为 kg。重量不足 1kg 的尾数四舍五入。每张航空货运单的货物重量不足 1kg 时，按 1kg 计算。贵重物品按实际毛重计算，计算单位为 0.1kg。

每公斤货物体积超过 $6000cm^3$ 的，为轻泡货物。轻泡货物以每 $6000cm^3$ 折合 1kg 计重。

（六）货物声明价值

托运人托运的货物，毛重每公斤价值在人民币 20 元以上的，可办理货物声明价值，按规定交纳声明价值附加费。

每张货运单的声明价值一般不超过人民币 50 万元，未声明的按毛重 38 元/kg 计算价值。声明价值超过 50 万元时，需经航空公司同意。每班次载运的货物总价值不得超过 600 万美元。计算每次班机装载的货物总价值时，应把办理声明价值的货物和未声名价值的货物都包括在内。如总价值超过 600 万美元，应分开由几次班机载运。

已办理托运手续的货物要求变更时，声明价值附加费不退。声明价值附加费的计算方法为

$$(声明价值 - 实际重量 \times 20) \times 0.5\%$$

【任务实施】

步骤一：哈尔滨蓝顺福安物流公司的业务员王伟，在接到哈尔滨腾顺达电子有限公司张童先生货物托运书后，首先详细记录了该批货物运输的相关信息，确定该批货物的运输属于本公司航空运输业务范围，确认可以与中国南方航空公司合作代理托运人完成货物运输，运输方式为班机运输，并与哈尔滨腾顺达电子有限公司签订《货物托运合同》。

步骤二：《货物托运合同》签订后，哈尔滨蓝顺福安物流公司向航空公司领取并填写订舱单，等待航空公司确认舱位、运输航线并签发舱位确认书。

步骤三：航空公司对收运的货物进行检查后，符合要求，接收托运方哈尔滨腾顺达电子有限公司（或由哈尔滨蓝顺福安物流公司代理）填写的航空货运单，单号为 0066，航班为 CZ6689，航空运费为 3600 元，如表 5-4 所示，表明双方订立运输协议。

表 5-4　航空货运单

单号：0066							
始发站：哈尔滨				目的站：杭州			
收货人名称：杭州飞越电子计算机有限公司				联系人：李平			
收货人地址：杭州市永顺路 202 号				联系方式：0571-96335662			
发货人名称：哈尔滨腾顺达电子有限公司				联系人：张童			
发货人地址：哈尔滨市广西南路 16 号				联系方式：0451-85285896			
序号	货品名称	件数	包装	包装体积（长、宽、高）	单件重量	总重量	货物价值
1	计算机芯片	2	纸箱	$0.12m^3$ 30cm×50cm×80cm	38kg	76kg	86000 元
空陆转运		自　　至		运输方式		班机运输	
航空运费/（元/kg）		80 元		储运说明事项：防震		收运站： 日期： 经手人：	
地面运费/（元/kg）							
空陆转运费/（元/kg）							
中转费/（元/kg）							
其他费用							
合计		6080 元					
货物到达处理记录							
到达日期		通知		提货日期		收货人	

步骤四：航空公司组织运输。

步骤五：2013 年 11 月 11 日货物运达目的地，中国南方航空公司向杭州飞越电子计算机有限公司发货物到达通知书，如表 5-5 所示，通知联系人按时取货。

表 5-5　货物到达通知书

货物到达通知书

中国南方航空公司　　　2013 年 11 月 11 日　（第 1 次通知）

兹有贵单位以下货物已于 2013 年 11 月 11 日 由 CZ6689 航班运达 杭州 ，请前往 杭州萧山 机场航空货物仓库提取您的货物

货运单号码：0066

件　　数：2

重　　量：76kg

收货人名称及联系人：杭州飞越电子计算机有限公司　李平

（附货运单一份和发票）　　　（第 1 次通知于 2013 年 11 月 11 日发出）

运　　费：6080 元

步骤六：杭州飞越电子计算机有限公司的联系人李平凭货物到达通知书和本人居民身份证办理提货手续。

第三节　国际航空货物运输实务

【任务引入】

北京欣新物流公司是一家从事航空运输代理的企业，2013 年 12 月 1 日，该物流公司业务员赵东接到北京佳宝乐电子有限公司委托，要将 1 箱电子仪表从北京运往温哥华伦萨汽车制造公司，该箱电子仪表的体积尺寸为 60cm × 45cm × 70cm，毛重为 37.8kg。

结合这一任务，假如你是北京欣新物流公司的业务员赵东，要顺利承运该批货物，需要做哪些工作，航空运费如何计算？

【任务分析】

要想顺利完成国际航空运输任务，必须熟悉国际航空运输的整个业务流程，下面在"实训知识与技能"部分向大家介绍国际航空运输的业务流程，同时介绍国际航空运输费用计算等问题。

【实训知识与技能】

一、国际航空运输常用名词

1. ATA/ATD

ATA/ATD 是实际到港时间和离港时间（Actual Time of Arrival/Actual Time of Departure）的缩写。

2. 航空货运单

航空货运单（Air Waybill，AWB）是由托运人或以托运人名义签发的单据，是托运人和承运人之间货物运输的证明。

3. 散件货物

散件货物（Bulk Cargo）是指未装上货板和装入货箱的货物。

4. CAO

CAO（Cargo for Freighter Only）"仅限货机承运"的缩写，表示只能用货机运载。

5. 到付运费

到付运费（Charges Collect）是指在航空货运单上列明的需向收货人收取的费用。

6. 预付运费

预付运费（Charges Prepaid）是指在航空货运单上列明的托运人已付的费用。

7. 计费重量

计费重量（Chargeable Weight）是指用来计算航空运费的重量。计费重量可以是体积重量，或是当货物装于载具中时，用装载总量减去载具重量后的重量。

8. 交运货物

交运货物（Consignment）是指由承运人在某一时间及地点从托运人处接收的一件或多件的以单一的航空货运单承运至某一目的地的货物。

9. 集运（装）货物

集运（装）货物（Consolidated Consignment）是指由两个或两个以上托运人托运的货物拼成的一批货物，每位托运人都与集运（装）代理人签订了空运合同。

10. 集运（装）代理人

集运（装）代理人（Consolidator）是指将货物集合成集运（装）货物的人或机构。

11. 清关

清关（Customs Clearance）是指在原产地、过境和在目的地时为货物运输或提取货物所必须完成的海关手续。

12. 海关申报价值

海关申报价值（Declared Value for Customs）为核定关税金额而向海关申报的货物价值。

13. 垫付款

垫付款（Disbursements）是指由承运人向代理人或其他承运人支付，然后由最终承运人向收货人收取的费用。这些费用通常是为支付代理人或其他承运人因运输货物而付出的运费和杂费而收取的。

14. ETA/ETD

ETA/ETD 是预计到港时间和离港时间（Estimated Time of Arrival/Estimated Time of Departure）的缩写。

15. 总重

总重（Gross Weight）是指装运货物的全部重量，包括货箱和包装材料的重量。

16. 货运代理空运提单

货运代理空运提单（即货运分运单）（House Air Waybill）是指包括拼装货物中的单件货物，由混装货物集合人签发，并包括给拆货代理人的指示的航空货运单据。

17. 航空公司货运单

航空公司货运单（Master Air Waybill）是指包括一批集装货物的航空货运单，上面列明货物集装人为发货人。

18. 中性航空运单

中性航空运单（Neutral Air Waybill）是指一份没有指定承运人的标准航空货运单。

19. 标记

标记（Marks）是指货物包装上标明用以辨认货物或标明货主相关信息的记号。

20. 预装货物

预装货物（Prepacked Cargo）是指在提交货运站经营者之前已由托运人包装在载具中的货物。

21. 收货核对清单

收货核对清单（Reception Checklist List）是指货运站经营者接收托运人货物时签发的文件。

22. 托运人托运声明书

托运人托运声明书（简称托运书）（Shipper's Letter of Instruction）是指包括托运人或其代理人关于准备文件和付运货物的指示的文件。

23. STA/STD

STA/STD 是预计到港时间和离港时间（Schedule Time of Arrival/Schedule Time of Departure）的缩写。

24. TACT

TACT（The Air Cargo Tariff）是由国际航空出版社（IAP）与国际航空运输协会（IATA）合作出版的“空运货物运价表”的缩写。

25. 运费表

运费表（Tariff）是指说明承运人运输货物的收费价格和收费有关条件的表格。运费表因国家、货物重量和承运人的不同而有所差异。

26. 载具

载具（Unit Load Device）是指用于运输货物的任何类型的集装箱或集装板。

27. 贵重货物

贵重货物（Valuable Cargo）是指货物申报价值毛重平均每千克等于或超过 1000 美元的货物，如黄金和钻石等。

28. 声明价值附加费

声明价值附加费（Valuation Charge）是指以托运时申报的货物价值为基础的货物运输收费。

29. 易受损坏或易遭盗窃的货物

易受损坏或易遭盗窃的货物（Vulnerable Cargo）是指没有申明价值但明显需要小心处理的货物，或特别容易遭受盗窃的货物。

二、国际航空货物运输出口的业务流程

航空货物出口程序是指航空货运公司从发货人手中接货到将货物交给航空公司承运这一过程所需通过的环节、所需办理的手续以及必备的单证，它的起点是从发货人手中接货，终点是货交航空公司。

一般地，托运人采用委托航空运输代理人运输或直接委托航空公司运输两种方式。因此，国际航空货物运输的出口业务流程包括航空货物出口运输代理业务程序和航空公司出港货物的业务操作程序两个环节。

（一）国际航空货物出口运输代理业务程序

国际航空货物出口运输代理业务程序主要包括以下环节：

1. 市场销售

货代企业需及时向出口单位介绍本公司的业务范围、服务项目、各项收费标准，特别是向出口单位介绍本公司的优惠运价，介绍本公司的服务优势等。

2. 委托运输

由托运人自己填写货运托运书。托运书应包括下列内容栏：托运人、收货人、始发地机场、目的地机场、要求的路线、供运输用的声明价值、供海关用的声明价值、保险金额、处理事项、货运单所附文件、实际毛重、运价类别、计费重量、费率、货物的品名及数量、托运人签字、日期等。

3. 审核单证

需审核的单证应包括发票、装箱单、托运书、报送单项式、外汇核销单、许可证、商检

证、进料和来料加工核销本、索赔和返修协议、到会保函、关封等。

4. 预配舱

代理人汇总所接受的委托和客户的预报，并将这些信息输入计算机，计算出各航线的件数、重量、体积，按照客户的要求和货物重、泡情况，根据各航空公司不同机型对不同板箱的重量和高度要求，制订预配舱方案，并对每票货物配上运单号。

5. 预订舱

代理人根据所制订的预配舱方案，按航班、日期打印出总运单号、件数、重量、体积，向航空公司预订舱。

6. 接受单证

接受托运人或其代理人送交的已经审核确认的托运书及报送单证和收货凭证。将收货记录与收货凭证核对，制作操作交接单，填上所收到的各种报关单证份数，给每份交接单配一份总运单或分运单。将制作好的交接单、配好的总运单或分运单、报关单证移交制单。

7. 填制货运单

航空货运单包括总运单和分运单，填制航空货运单的主要依据是发货提供的国际货物委托书，委托书上的各项内容都应体现在货运单项式上，一般用英文填写。

8. 接收货物

接收货物是指航空货运代理公司把即将发运的货物从发货人手中接过来并运送到自己的仓库。

接收货物一般与接单同时进行。对于通过空运或铁路从内地运往出境地的出口货物，货运代理按照发货提供的运单号、航班号及接货地点和日期代其提取货物。如果货物已在始发地办理了出口海关手续，发货人应同时提供始发地海关的关封。

接货时应对货物进行过磅和丈量，并根据发票、装箱或送货单清点货物，核对货物的数量、品名、合同号和唛头等是否与货运单上所列的一致。

9. 标记和标签

（1）标记。标记包括托运人、收货人的姓名、地址、联系电话、传真，合同号，操作（运输）注意事项以及单件超过150kg 的货物等。

（2）标签。航空公司标签上的三位阿拉伯数字代表所承运航空公司的代号，后八位数字是总运单号码。分标签是代理公司对出具分标签的标志，分标签上应有分运单号码和货物到达城市或机场的三字代码。

一件货物贴一张航空公司标签，有分运单的货物再贴一张分标签。

10. 配舱

配舱包括核对货物的实际件数、重量、体积与托运书上预报数量的差别，对预订舱位、板箱的有效利用、合理搭配，按照各航班机型及板箱的型号、高度、数量对货物进行配载。

11. 订舱

接到发货人的发货预报后，货运代理向航空公司吨控部门领取并填写订舱单，同时提供相应的信息，如货物的名称、体积、重量、件数、目的地及要求出运的时间等。航空公司根据实际情况安排舱位和航班。货运代理订舱时，可依照发货人的要求选择最佳的航线和承运人，同时为发货人争取最低、最合理的运价。

订舱后，航空公司签发舱位确认书（舱单），同时给予装货集装器领取凭证，表示舱位已订妥。

12. 出口报关

出口报关的流程为：①将发货人提供的出口货物报关单的各项内容输入计算机，即计算机预录入；②将通过计算机填制的报关单打印出来加盖报关单位的报关专用章；③将报关单与有关的发票、装箱单和货运单综合在一起，并根据需要随附有关的证明文件；④以上报关单证齐全后，由持有报关证的报关员正式向海关申报；⑤海关审核无误后，海关官员即在用于发运的运单正本上加盖放行章，同时在出口收汇核销单和出口报关单上加盖放行章，在发货人用于产品退税的单证上加盖验讫章，粘上防伪标志；⑥完成出口报关手续。

13. 出仓单

配舱方案制订后就可着手编制出仓单。出仓单的内容主要包括出仓单的日期、承运航班的日期、装载板箱形式及数量、货物进仓顺序编号、总运单号、件数、重量、体积、目的地三字代码和备注。

14. 提板、箱

货运代理向航空公司申领板、箱并办理相应的手续。提板、箱时，应领取相应的塑料薄膜和网。对所使用的板、箱要登记和消号。

15. 货物装箱装板

将货物装箱、装板时应注意以下事项：不要用错集装箱、集装板，不要用错板型、箱型；不要超装箱板尺寸；要垫衬，封盖好塑料纸，防潮、防雨淋；集装箱、集装板内的货物尽可能配装整齐、结构稳定，并接紧网索，防止运输途中发生倒塌；对于大宗货物、集中托运货物，尽可能将整票货物装一个或几个集装板、集装箱内运输。

16. 签单

货运单在盖好海关放行章后还需要到航空公司签单，只有签单确认后才允许将单、货交给航空公司。

17. 交接发运

交接是向航空公司交单交货，由航空公司安排航空运输。

交单就是将随机单据和应有承运人留存的单据交给航空公司。随机单据包括第二联航空运单正本、发票、装箱单、产地证明、品质鉴定证书。

交货即把与单据相符的货物交给航空公司。交货前必须粘贴或拴挂货物标签，清点和核对货物，填制货物交接清单。大宗货、集中托运货以整板、整箱称重交接，零散小货按票称重，计年交接。

18. 航班跟踪

需要联程中转的货物，在货物运出后，要求航空公司提供二程、三程航班中转信息，确认中转情况。及时将上述信息反馈给客户，以便遇到有不正常情况及时处理。

19. 信息服务

从多个方面做好信息服务，包括提供订舱信息、审单及报关信息、仓库收货信息、交运称重信息、一程二程航班信息、单证信息。

20. 费用结算

发货人结算费用：在运费预付的情况下，收取航空运费、地面运输费、各种服务费和手续费。

承运人结算费用：向承运人支付航空运费及代理费，同时收取代理佣金。

国外代理结算主要涉及到付运费和手续费。

（二）航空公司出港货物的操作程序

航空公司出港货物的操作程序是指从代理人将货物交给航空公司到货物装上飞机的整个业务操作流程。航空公司出港货物的操作程序分为以下主要环节：

（1）预审 CBA（Cargo Booking Advance），CBA 是指国际货物订舱单。

（2）整理货物单据，主要包括已入库的大宗货物、现场收运的货物、中转的散货三个方面的单据。

（3）货物过磅、入库。

（4）货物出港。对于货物出港环节，重点处理好制作舱单及转运舱单的业务。

1）货运舱单（Cargo Manifest）。货运舱单是每一架飞机所装载货物、邮件的运输凭证清单，是每一航班总申报单的附件，是向出境国、入境国海关申报飞机所载货邮情况的证明文件，也是承运人之间结算航空运费的重要凭证之一。

2）货物转港舱单（Cargo Transfer Manifest，CTM）。货物转港舱单由交运承运人填写，是货物交运承运人和货物接运承运人之间交接货物的重要运输凭证，也是承运人之间结算航空运费的重要凭证之一。

三、国际航空货物运输进口业务流程

国际货物运输进口业务流程就其流程的环节而言，主要包含两大部分：航空货物运输进口代理业务程序和航空公司进港货物的操作程序。

（一）航空货物运输进口代理业务程序

航空货物运输进口代理业务程序包括代理预报、承接运单与货物、货物仓储、整理运单、发出到货通知、进口报关、收费与发货、送货上门及货物转运等业务内容。其中，对于交接运单与货物、收费与发货等业务，航空公司有关部门的业务人员应重点做好下列工作：

1. 代理预报

在国外发货前，由国外代理公司将运单、航班、件数、重量、品名、实际收货人及其他地址、联系电话等内容发给目的地代理公司。

2. 交接单、货

航空货物入境时，与货物相关的单据也随机到达，运输工具及货物处于海关监管之下。货物卸下后，将货物存入航空公司或机场的监管仓库，进行进口货物舱单录入，将舱单上总运单号、收货人、始发站、目的站、件数、重量、货物品名、航班号等信息通过计算机传输给海关留存，供报关用。同时根据运单上的收货人地址寄发取单、提货通知。

交接时做到单、单核对，即交接清单与总运单核对；单、货核对，即交接清单与货物核对。

3. 理货与仓储

理货时应逐一核对每票货物的件数，再次检查货物破损情况，确有接货时未发现的问题，可与民航部交涉；按大货、小货、重货、轻货、单票货、混载货、危险品、贵重品、冷冻品、冷藏品分别堆存、进仓；登记每票货储存区号并输入计算机。仓储时，注意防雨、防潮、防重压、防变形、防变质、防暴晒。危险品仓库应单独设立。

4. 理单与到货通知

理单时，应从集中托运的总运单项下拆单，分类理单、编号，编制各类单证。发出到货通知时应尽早、尽快、尽妥地通知货主到货情况。处理正本运单时，应用计算机打印海关监管进口货物入仓清单一式五份用于商品检查、卫生检疫、动植物检疫各一份，海关检查两份。

5. 制单、报关

制单、报关、运输的形式有多种，主要可分为①货代公司代办制单、报关、运输；②货主自行办理制单、报关、运输；③货代公司代办制单、报关，货主自办运输；④货主自行办理制单、报关后，委托货代公司运输；⑤货主自办制单，委托货代公司报关和办理运输。

进口制单时，对于长期协作的货主单位，有进口批文、证明手册等放于货代处的，货物到达且发出到货通知后，即可制单、报关，通知货主运输或代办运输；部分进口货，因货主单位缺少有关批文、证明，也可将运单及随机寄来的单证、提货单以快递形式寄到货主单位，由其备齐有关批文、证明后再决定制单、报关事宜；无需批文和证明的，可即行制单、报关，通知货主提货或代办运输；部分货主要求异地清关时，在符合海关规定的情况下，制作转关运输申报单办理转关手续。报送单上需由报关人填报的项目有：进口口岸、收货单位、经营单位、合同号、批准机关及文号、外汇来源、进口日期、提单或运单号、运杂费、件数、毛重、海关统计商品编号、货品规格及货号、数量、成交价格、价格条件、货币名称、申报单位、申报日期等，转关运输申报单内容少于报关单的，也需要按要求详细填列。

进口报关一般分为初审、审单、征税、验放四个主要环节。进口货物报关期限为自运输工具进境之日起的14日内，超过这一期限报关的，由海关征收滞报金，征收标准为货物到岸价格的万分之五。

客户自行报关的货物，一般由货主到货代监管仓库借出货物，由代理公司派人陪同货主一并协助海关开验。客户委托代理公司报关的，代理公司通知货主，由其派人前来或书面委托代办开验。开验后，代理公司需将已开验的货物封存，运回监管仓库储存。

6. 收费、发货

办理完报关、报检等手续后，货主需持有海关放行章、动植物报验章、卫生检疫报验章的进口提货单到所属监管仓库付费提货。

货代公司仓库在发放货物前，一般先将费用收妥。收费内容有：到付运费及垫付佣金，单证费及报关费，仓储费，装卸费及铲车费，航空公司到港仓储费，海关预录入费、动植物检疫、卫生检疫报验费等代收代付费，关税及垫付佣金。

7. 送货与转运

送货上门业务主要是指进口清关后将货物直接运送至货主单位，运输工具一般为汽车。

转运业务主要是指进口清关后货运代理公司将货物转运至内地，运输工具主要为飞机、汽车、火车、轮船。

进口货物转关及监管运输是指货物入境后不在进境地海关办理进口报关手续，而运往另一设关地点办理进口报关手续，在办理进口报关手续前，货物一直处于海关监管之下。转关运输也称监管运输，意思是该运输过程置于海关监管之下。

（二）航空公司进港货物的操作程序

航空公司进港货物的操作程序是指从飞机到达目的地机场，承运人把货物卸下飞机到承运人把货物交给代理人的整个操作流程。该流程包括进港航班预报、办理货物海关监管、分单业务、核对货运单和运输舱单、制作国际进口货物航班交接单、货物交接。

1. 交接运单与货物

航空公司的地面代理公司向货物代理公司交接的有国际货物交接清单、主货运单及其随机文件、货物。

2. 收取费用与发放货物

对于分批到达的货物，待货物全部到达后，方可通知货主提货。如果部分货物到达，货主要求提货，则有关货运部门收回原提货单，出具分批到达提货单，待后续货物到达后，再通知货主再次提货。属于航空公司责任的破损、短缺，应由航空公司签发商务记录；属于货物运输代理公司责任的破损、短缺，应由该代理公司签发商务记录。对于属于货物运输代理公司责任的货物破损事项，应尽可能协同货主、商检单位立即在仓库作商品检验，确定货损程度，避免在后续运输中加剧货物损坏程度。

3. 收取费用

货物运输代理公司在发放货物前，应先将有关费用收齐。收费内容包括到付运费及垫付款、垫付费，单证费及报关费，海关费、动植物检疫费、卫生检疫报验费等代收代付费用以及仓储费等。

四、国际航空运价与运费核算

（一）航空运价

与其他运输方式不同的是，在国际航空货物运输中与运费有关的各项规章制度、运费水平都是由国际航协统一协调、制定的。在充分考虑了世界上各个不同国家和地区的社会经济及贸易发展水平后，国际航协将全球分成三个区域，简称为航协区（IATA Traffic Conference Areas），每个航协区内又分成几个亚区。由于航协区的划分主要从航空运输业务的角度考虑，依据的是不同地区不同的经济、社会以及商业条件，因此和我们熟悉的世界行政区划有所不同。

1. 运价

运价（Rate）又称费率，是指承运人对所运输的每一重量单位货物（千克或磅，kg or lb）所收取的自始发地机场至目的地机场的航空费用。

2. 航空运费

航空运费（Weight Charge）是指航空公司将一票货物自始发地机场运至目的地机场所应收取的航空运输费用。该费用根据每票货物（使用同一份航空货运单的货物）所适用的运价和货物的计费重量计算而得。其计算公式为

$$运费 = 运价 \times 计费重量$$

3. 重货

重货（High Density Cargo）是指每 $6000cm^3$ 重量超过 1kg 的货物。重货的计费重量是其

毛重。

4. 轻货

轻货（Low Density Cargo）或轻泡货物是指每 6000cm³ 重量不足 1kg 的货物。轻泡货物以它的体积重量作为计费重量，计算方法是：

（1）不考虑货物的几何形状，分别量出货物最长、最宽、最高的三边的厘米长度，测量数值的尾数四舍五入。

（2）将货物的长、宽、高相乘得出货物的体积。

（3）将体积折合成公斤，即根据所使用的不同的度量单位分别用体积值除以 6000cm³。体积重量尾数的处理方法与毛重尾数的处理方法相同。

在集中托运的情况下，同一运单项下会有多件货物，其中有重货也有轻货，此时货物的计费重量就按照该批货物的总毛重或总体积重量中较高的一个计算。也就是首先计算这一整批货物总的实际毛重，其次计算该批货物的总体积，并求出体积重量，最后比较两个数值，并以较大者作为该批货物的计费重量。

5. 计费重量

计费重量是指用以计算货物航空运费的重量。货物的计费重量或者是货物的实际毛重，或者是货物的体积重量，或者是较高重量分界点的重量。

包括货物包装在内的货物重量，称为货物的实际毛重（Actual Gross Weight）。（适用于高密度的货物）。

按照国际航协的规定，将货物的体积按一定比例折合成的重量，称为体积重量（Volume Weight）。（适用于低密度的货物，即轻泡货物）。

无论货物的形状是否为规则的长方体或正方体，计算货物体积时，均应以最长、最宽、最高的三边的厘米长度计算。长、宽、高的小数部分按四舍五入取整，体积重量的换算标准为每 6000cm³ 折合为 1kg。

一般地，采用货物的实际毛重与货物的体积重量进行比较，取高者作为计费重量（Chargeable Weight）。

若货物按较高重量分界点的较低运价计算的航空运费较低，则将此较高重量分界点的货物起始重量作为货物的计费重量。

当使用同一份运单收运两件或两件以上可以采用同样种类运价计算运费的货物时，其计费重量规定如下：计费重量为货物总的实际毛重与总的体积重量中的较高者。同上所述，较高重量分界点重量也可能成为货物的计费重量。

6. 最低运费

最低运费（Minimum Charge）是指一票货物自始发地机场至目的地机场航空运费的最低限额。

货物按其适用的航空运价与其计费重量计算所得的航空运费，应与货物最低运费相比，取高者。

（二）航空运价的种类

目前国际航空货物运价按制定的途径划分，主要分为协议运价和国际航协运价。

国际航协运价是指 IATA 在 TACT 运价资料上公布的运价。国际货物运价使用 IATA 的运价手册（TACT RATES BOOK），结合并遵守国际货物运输规则（TACT RULES）共同使用。按照IATA货物运价公布的形式划分，国际货物运价可分为公布直达运价和非公布直达运价。

公布直达运价包括普通货物运价GCR（General Cargo Rate）、起码运费M（Minimum Charges）、指定商品运价SCR（Specific Commodity Rate）、等级货物运价CCR（Commodity Classification Rate）。

非公布直达运价包括比例运价和分段相加运价。

1. 普通货物运价

普通货物运价是以货物重量计算运费，其原则是货物越重，运价越优惠。

（1）普通货物运价的计算步骤如下：

1）计算出航空货物的体积（Volume）及体积重量（Volume Weight）。

体积重量的折算，换算标准为每 $6000cm^3$ 折合为1kg。即体积重量（kg）

$$=\frac{\text{货物体积}（cm^3）}{6000cm^3/kg}$$

2）计算货物的总重量（Gross Weight）。

总重量=单个商品重量×商品总数

3）比较体积重量与总重量，取大者为计费重量（Chargeable Weight）。根据国际航协的规定，国际货物的计费重量以0.5kg为最小单位，重量尾数不足0.5kg的，按0.5kg计算；0.5kg以上不足1kg的，按1kg计算。

4）根据公布运价，找出适合计费重量的适用运价（Applicable Rate）。

计费重量小于45kg时，适用运价为GCRN的运价（GCR为普通货物运价，N表示重量在45kg以下的运价）。

计费重量大于45kg时，适用运价为GCRQ45、GCRQ100、GCRQ300等与不同重量等级分界点相对应的运价（航空货运对于45kg以上的不同重量分界点的普通货物运价均用“Q”表示）。

5）计算航空运费（Weight Charge）。

航空运费=计费重量×适用运价

6）若采用较高重量分界点的较低运价计算出的运费比第5）步计算出的航空运费低时，取低者。

7）将第6）步计算出的航空运费与最低运费M进行比较，取高者。

【例题1】 北京福祥电子仪表有限公司要将一箱电子仪表从北京运往温哥华，已知该批电子仪表的尺寸为50cm×60cm×66cm，毛重为35.2kg，试计算运输这批电子仪表的航空运费。公布运价如下：

BEIJING	CN	PEK
	CNY	KGS
VANCOUVER	BC M	230.00
	N	36
	45	27
	300	22.46

解：①按实际重量计算：

已知实际毛重 =35.2kg，则

$$体积重量 = (50cm \times 60cm \times 66cm)/6000cm^3/kg = 33kg$$

$$计费重量 = 35.5kg$$

$$运费 = 35.5kg \times 36 元/kg = 1278 元$$

②按较高重量分界点的较低运价计算

$$运费 = 45kg \times 27 元/kg = 1215 元$$

将①与②进行比较，取运费较低者，即 1215 元，所以该批电子仪表的航空运费为 1215 元。

（2）航空货运单运费计算栏的填制如下：

1）No. of Pieces RCP：填写货物的数量。

2）Gross Weight：填写货物的总重量。

3）Kglb：以千克为单位用代号“K”，以磅为单位用代号“L”。

4）Rate Class：若计费重量小于 45kg，填写“N”；若计费重量大于 45kg，填写“Q”；若航空运费为最低运费，则填写“M”。

5）Commodity Item No.：普通货物此栏不填。

6）Chargeable Weight：填写计费重量。

7）Rate/Charge：填写适用运价。

8）Total：填写航空运费。

9）Nature and Quantity of Goods（Incl Dimensions or Volume）：填写商品品名及商品的尺寸。

2. 起码运费

起码运费又称最低运费，是指航空公司办理一批货物所能接受的最低运费，即无论货物的重量或体积为多少，在两点之间运输一票货物应收取的最低费用。不同地区有不同的最低运费。起码运费的制定主要缘于航空公司考虑到在办理较小批量货物时，也会产生固定费用。如果承运人收取的运费低于起码运费，就不能弥补运输成本，那么航空公司的利益就会受损，而这是航空公司不乐于看到的。

因此，航空公司规定，无论所运送的货物适用哪一种航空运价，所计算出来的运费总额都不得低于起码运费。若计算出的数值低于起码运费，则以起码运费计收。

【例题 2】 将一件玩具样品从上海运往巴黎，已知该玩具样品的毛重为 5.3kg，尺寸为 41cm×33cm×20cm，试计算其航空运费。公布运价如下：

SHANGHAI	CN	SHA
	CNY	KGS
PARIS（PAR）	FR M	320.00
	N	52.81
	45	44.6

解： $体积重量 = (41cm \times 33cm \times 20cm)/6000cm^3/kg = 4.51kg$

已知实际毛重 =5.3kg，则

$$计费重量 = 5.5kg$$

所以　　运费=5.5kg×52.81元/kg=290.455元≈290元

因为最低运费为320元，大于290元，而航空运费不能低于最低运费，所以航空运费为320元。

3. 指定商品运价

指定商品运价是指承运人根据在某一航线上经常运输某一种类货物的托运人的请求或为促进某地区间某一种类货物的运输，经IATA同意所提供的优惠运价，一般用C表示。

承运人制定指定商品运价是为了吸引更多客户使用航空货运方式，使航空公司的运力得到更充分的利用，所以，指定商品运价比普通货物运价要低。因此，适用指定商品运价的货物除了满足航线和货物种类的要求外，必须满足指定商品运价使用时的最低重量要求，一般最低重量为100kg。如果没有达到限定重量，而托运人又想使用该种优惠运价，则货物计费重量就要以规定最低运量收费。

IATA公布指定商品运价时将货物划分为以下几种类型：

0001—0999 食用动物和植物产品；

1000—1999 活动物和非食用动物及植物产品；

2000—2999 纺织品、纤维及其制品；

3000—3999 金属及其制品，但不包括机械、车辆和电器设备；

4000—4999 机械、车辆和电器设备；

5000—5999 非金属矿物质及其制品；

6000—6999 化工品及相关产品；

7000—7999 纸张、芦苇、橡胶和木材制品；

8000—8999 科学、精密仪器、器械及配件；

9000—9999 其他货物。

其中，每一组又细分为10个小组，每个小组再细分，这样几乎所有的商品都有一个对应的组号，公布指定商品运价时只要指出本运费适用于哪一组货物即可。

（1）指定商品运价的计算步骤为：

1）先查询运价表，如运输始发地至目的地之间有公布的指定商品运价，则考虑使用指定商品运价。

2）查找TACT RATES BOOK的品名表，找出与运输货物品名相对应的指定商品代号。

3）计算计费重量。此步骤与普通货物的计算步骤相同。

4）找出适用运价，然后计算出航空运价。此时需要比较计费重量与指定商品运价的最低重量：如果货物的计费重量超过指定商品运价的最低重量，则优先使用指定商品运价作为商品的适用运价，此时航空运价=计费重量×适用运价；如果货物的计费重量没有达到指定商品运价的最低重量，则①按普通货物计算，适用运价为GCRN或GCRQ的运价，航空运价=计费重量×适用运价；②按指定商品运价计算，适用运价为SCR的运价，航空运价=计费重量×适用运价。

比较①和②计算出的航空运价，取低者。

5）比较第4）步计算出的航空运费与最低运费M，取高者。

（2）航空货运单运费计算栏的填制：

Commodity Item No.：填写指定商品代号。

其余各栏的填制方法与普通货物的航空货运单运费计算栏相同。

【例题3】 从北京往大阪运送20箱鲜蘑菇（共360kg），每箱长、宽、高分别为60cm、45cm、25cm，试计算该批蘑菇的航空运费。公布运价如下：

BEIJING	CN			BJ
	CNY			KG
OSAKA	JP	M		230
		N		52.81
		45		28.13
		0008	300	18.8
		0300	500	20.61

解： 查找品名表，鲜蘑菇可以使用0008的指定商品运价，且符合最低重量要求300kg，相关计算如下

$$体积重量 = 60cm \times 45cm \times 25cm \times 20/6000cm^3/kg = 225kg$$

因为实际毛重为360kg，所以计费重量为360kg。则

$$运费 = 360kg \times 18.8 元/kg = 6768 元$$

如果【例题3】中所运鲜蘑菇改为10箱（共180kg）的话，其他条件不变，运费又是多少呢？

解： 查找品名表，鲜蘑菇虽然可以使用0008的指定商品运价，但所运运量不符合最低重量要求300kg，相关计算如下：

$$体积重量 = 60cm \times 45cm \times 25cm \times 10/6000cm^3/kg = 112.5kg$$

因为实际毛重为180kg，所以计费重量为180kg。则

$$运费 = 180kg \times 28.13 元/kg = 5063.4 元 \approx 5063 元$$

如果托运人想获得指定优惠运价，必须以300kg最低计费重量计算运费，那么运费 = 300kg × 18.8元/kg = 5640元，大于5063元，故使用指定运价不合适。

4. 等级货物运价

等级货物运价适用于指定地区内部之间的少数货物运输，通常是在普通货物运价的基础上增加或减少一定的百分比。适用等级货物运价的货物包括①动物、活动物的集装箱和笼子；②贵重物品；③尸体或骨灰；④报纸、杂志、期刊、盲人和聋哑人专用设备和书籍等出版物；⑤作为货物托运的行李。

其中，①、②、③项通常在普通货物运价的基础上增加一定百分比，用代号S表示；④、⑤项通常在普通货物运价的基础上减少一定百分比，用代号R表示。

活动物的运价可按照飞行航区查活动物运价表（如表5-2所示），非活动物也有相关百分比比率：

“the Normal GCR”表示使用运价表中的45kg以下普货运价，即N运价，不可使用较高重量分界点的较低运价；“Normal GCR or over 45kg”表示使用45kg以下普通货物运价或者45kg以上普通货物运价，即使有较高重量分界点的较低运价，也不能使用；“Appl. GCR”表示使用相适应的普通货物运价。

【例题4】 从北京往温哥华运送一只大熊猫，已知该只大熊猫重400kg，长、宽、高分

别为150cm、130cm、120cm，试计算航空运费。公布运价如下：

BEIJING	CN		BJS
	CNY		KG
VANCOUVER	BC CN	M	420
		N	59.61
		45	45.68
		100	41.81
		300	38.79
		500	35.77

解：从北京到温哥华属于自TC3区运至TC1区的加拿大，航空运输区域图如图5-5所示，查活动物运价表（表5-6）可知其适用的运价为150% Appl. GCR，相关计算如下：

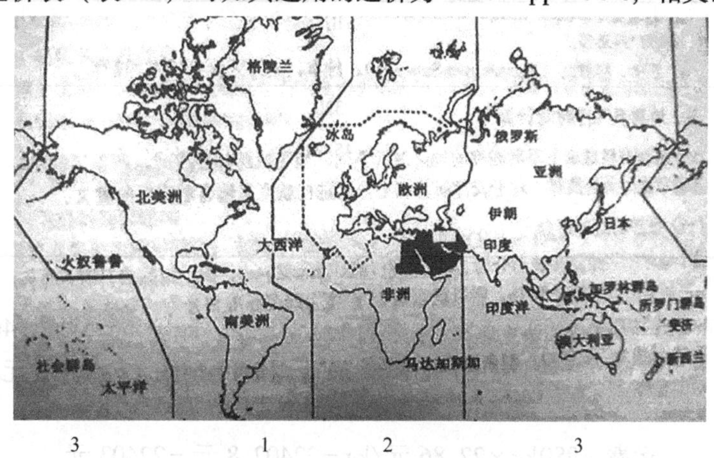

3　　1　　2　　3

图5-5　航空运输区域图

表5-6　活动物运价表

ALL LIVE ANIMLS *except*: A.Baby Poultry less than 72 hours old B. Monkeys and Primates C.Cold blooded animals*)	Within 1		Within 2 (see also Rule 3.7.1.3.)	Within 3	Between 1 & 2		Between 2 and 3	Between 3 & 1	
	to/from Canada	other sectors			to/from Canada	other sectors		to/from Canada	other sectors
	150% of appl. GCR *Except:9 below*	Normal GCR *Except:10 below*	150% of Normal GCR *Ecept:1 below*	Normal GCR *Except:2,3, 17 below*	150% of appl. GCR *Except:6,12 below*	Normal GCR *Except:6,14 below*	Normal GCR *Except:3,7, 16 below*	150% of appl. GCR *Except:3 below*	Normal GCR *Except:3,13, 15 below*
A. BABY POULTRY less than 72 hour old	150% of appl. GCR *Except:9 below*	appl.GCR	Normal GCR *Ecept:4 below*	Normal GCR orover 45 *Except:3,17 below*	150% of appl. GCR *Except:12 below*	Normal GCR or over 45 kgs. *Except:5,14 below*	Normal GCR or over 45 kgs. *Except:3,16 below*	150% of appl. GCR *Except:3 below*	Normal GCR or over 45 kgs. *Except:3,13, 15 below*
B.MONKEYS and PRIMATES	150% of appl. GCR *Except:9 below*	appl.GCR	150% of Normal GCR *Ecept:1 below*	Normal GCR *Except:3,17 below*	150% of appl. GCR *Except:12 below*	appl.GCR *Except:14 below*	Normal GCR *Except:3,16 below*	150% of appl. GCR *Except:3 below*	appl GCR *Except:3,15 below*
C.COLD BLOODED AN-IMALS*)	125% of appl. GCR *Except:8 below*	Normal GCR *Except:10 below*	150% of Normal GCR *Ecept:1 below*	Normal GCR *Except:2,3, 17 below*	125% of appl. GCR *Except:11 below*	Normal GCR *Except:14 below*	Normal GCR *Except:3,16 below*	125% of appl. GCR *Except:3 below*	Normal GCR *Except:3,13, 15 below*

①体积重量 = 150cm × 130cm × 120cm/6000cm^3/kg = 390kg

实际重量为 400kg，所以计费重量为 400kg。又由于适用运价 = 150% × 38.79 元/kg = 58.185 元/kg，所以

运费 = 400kg × 58.185 元/kg = 23274 元

由于计费重量接近下一个较高重量点 500kg，故用较高重量点的较低运价计算：

②已知计费重量为 500kg，适用运价 = 150% × 35.77 元/kg = 53.655 元/kg，所以

运费 = 500kg × 53.655 元/kg = 26827.5 元 = 26828 元

将二者进行比较，可知②大于①，所以取较低运费 23274 元。

【例题 5】 从北京往罗马运 20 包杂志，共重 980kg，每包长、宽、高分别为 70cm、50cm、40cm，试计算航空运费。适用费率规定为 R 50% Of the Normal GCR。公布运价如下：

BEIJING	CN		BJS
	CNY		KG
ROME	IT	M	320
		N	45.72
		45	37.98
		100	36

解：

体积重量 = 70cm × 50cm × 40cm × 20 包/6000cm^3/kg = 466.67kg = 467kg

实际重量为 980kg，故计费重量为 980kg。而适用运价 = 50% × 45.72 元/kg = 22.86 元/kg，所以

运费 = 980kg × 22.86 元/kg = 22402.8 元 = 22403 元

5. 国际货物运输的其他费用

（1）货运单费。货运单费用两字代码“AW”表示。按照国际航协的规定，航空货运单若由航空公司销售或填制，则用“AWC”表示；若由航空公司的代理人销售或填制，则用“AWA”表示。

（2）垫付款。垫付款仅适用于货物费用及其他费用到付。垫付款由最后一个承运人向提货人收取。在任何情况下，垫付款数额不能超过货运单上全部航空运费总额，但当货运单运费总额低于 100 美元时，垫付款金额可以达到 100 美元标准。垫付款的代码为“DB”。

（3）危险品处理费。危险品处理费的代码为“PA”。自中国至 TC1 区、TC2 区、TC3 区，每票货物的最低收费标准均为 400 元。

（4）运费到付货物手续费。运费到付货物手续费的代码为“CCFee”。在中国，CCFee 最低收费标准为 100 元。

五、航空货运单的缮制与使用

（一）航空货运单的概念

航空货运单是由托运人或者以托运人名义填制的，托运人和承运人之间在承运人的航线上运输货物所订立的运输契约。它是航空货运中的一种重要单据，但不代表货物所有权，是不可以议付的单据。

航空货运单既可用于单一种类的货物运输，也可用于不同种类货物的集合运输；既可用

于单程货物运输，也可用于联程货物运输。航空货运单不可转让，属于航空货运单所属的空运企业。

（二）航空货运单的性质

（1）承运合同。航空货运单是发货人与承运人之间的运输合同，并在双方共同签署后产生效力。

（2）货物收据。航空货运单是承运人签发的已接收货物的证明，除非另外注明，否则它也是承运人收到货物并在良好条件下装运的证明。

（3）运费账单。航空货运单上分别记载着收货人应负担的费用和属于代理的费用，是承运人据以核收运费的账单。

（4）报关单证。航空货运单是必备的报关单之一，也是海关最后检查放行的基本单证。

（5）保险证书。如果承运人承办保险，则航空货运单页可用来作保险书。

（6）内部业务的依据。航空货运单是承运人内部业务的依据。

（三）航空货运单的作用

（1）航空货运单是发货人与航空承运人之间缔结的运输合同，必须由双方或双方当事人共同签署后方能生效。与海运提单不同，航空货运单不仅证明航空运输合同的存在，而且航空货运单本身就是发货人与航空运输承运人之间缔结的货物运输合同，并在货物到达目的地交付给运单上所记载的收货人后失效。

（2）航空货运单是承运人或其代理人签发的收到货物的证明，即货物收据。在发货人将货物交给承运人或其代理人后，承运人或其代理人就会将航空运单中的“发货人联”交给发货人，作为已经接收货物的证明。在承运人没有另外注明的情况下，航空货运单即是承运人收到货物并在良好条件下装运的证明。

（3）航空货运单是承运人交付货物和收货人核收货物的依据。航空运单的正本一式三份，每份都印有背面条款，第一份为蓝色，交发货人保存，是承运人或其代理人接受货物的依据；第二份为绿色，由承运人保存，作为内部记账凭证；最后一份为粉红色，随货同行，在货物到达目的地交付给收货人时作为核收货物的依据。此外，航空货运单还有多于六份的副本，其中黄色副本是提货收据，由收货人在提货时签字后留存到达站备查；其余的副本均为白色，分别给代理人、第一承运人、第二承运人、第三承运人和目的港有关业务使用。

（4）航空货运单的正本可作为承运人的记账凭证，是承运人据以核收费用的账单。航空货运单分别记载着收货人所负担的费用和代理费用，并详细地列明费用的种类、金额，因此可作为运费账单和发票。

（5）航空货运单是货物出口时的报关单证之一，也是货物到达目的地机场进行进口报关时海关履行检查的基本依据。

（6）航空货运单是承运人承办保险或发货人要求承运人代办保险的保险证书。办完保险的航空货运单称为红色航空运单。

（四）航空货运单的构成

我国航空货运单由一式十二联组成，包括三联正本（正本的背面印有运输条款）、六联副本和三联额外副本。航空货运单各联的分布如表 5-7 所示。

表 5-7　航空货运单的构成

序号	名称及分发对象	颜色	序号	名称及分发对象	颜色
A	Original3(正本 3,给托运人)	浅蓝色	G	Copy6(副本 6,给第三承运人)	白色
B	Copy9(副本 9,给代理)	白色	H	Copy7(副本 7,给第二承运人)	白色
C	Original1(正本 1,给航空公司)	浅绿色	I	Copy8(副本 8,给第一承运人)	白色
D	Original2(正本 2,给收货人)	粉红色	J	Extra Copy(额外副本,供承运人使用)	白色
E	Copy4(副本 4,提取货物的收据)	浅黄色	K	Extra Copy(额外副本,供承运人使用)	白色
F	Copy5(副本 5,给目的地机场)	白色	L	Extra Copy(额外副本,供承运人使用)	白色

（五）航空运单的分类

1. 航空主运单

航空主运单（Master Air Waybill，MAWB）是由航空公司签发的航空运单。它是航空公司和航空货运代理公司之间订立的运输合同，是航空公司据以办理货物运输和交付的依据，每一批航空运输的货物都有自己相对应的航空主运单。

2. 航空分运单

航空分运单（House Air Waybill，HAWB）又称“小运单”，是航空货运代理公司在办理集中托运业务时签发的航空运单。在集中托运的情况下，航空货运代理公司集中托运的物资视为一整件货物。代理公司为方便工作，就另发给委托人自己签发的分运单，即航空分运单。

航空主运单是航空公司与航空货运代理公司之间签订的货物运输合同，合同双方为集中托运人和航空公司；而航空分运单是航空货运代理公司与托运人之间签订的货物运输合同，合同双方分别为货主和航空货运代理公司。货主与航空公司没有直接的契约关系。在起运地由航空货运代理公司将货物交付航空公司，在目的地再由航空货运代理公司或其代理从航空公司处提取货物，然后转交给收货人。但航空分运单具有与航空主运单相同的法律效力，只是由航空货运代理公司承担货物的全程运输责任，其关系如图 5-6 所示。

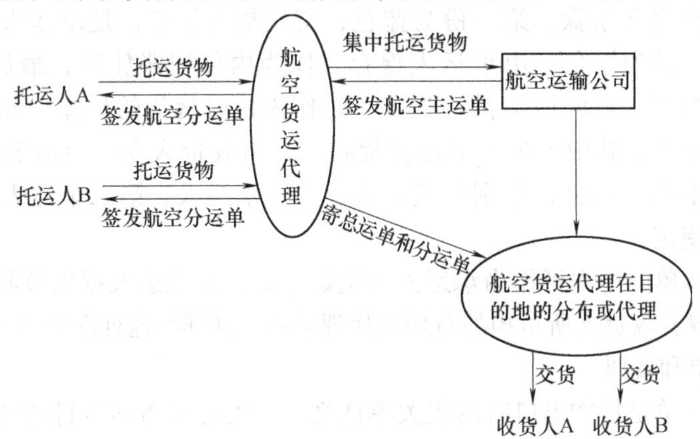

图 5-6　航空总运单与分运单的关系

（六）航空货运单的填写

航空货运单一般由承运人根据托运人填写并签字的托运书填制。在没有相反证据的情况下，应当视为代托运人填写，托运人对货运单内容的正确性负责，并承担相应的法律后果。国际航空主运单（如图 5-7 所示）的填写说明如表 5-8 所示。

空运单样式：

Shipper's Name and Address | Shipper's account Number | Not negotiable

Air Waybill

Issued by

BRITISH AIRWAYS

Copies 1, 2 and 3 of this Air Waybill are originals and have the same validity

Consignee's Name and Address | Consignee's account Number

It is agreed that the goods described herein are accepted in apparent good order and condition (except as noted) for carriage SUBJECT TO THE CONDITIONS OF CONTRACT ON THE REVERSE HEREOF. THE SHIPPERS ATTENTION IS DRAWN TO THE NOTICE CONCERNING CARRIERS' LIMITATION OF LIABILITY. Shipper may increase such limitation of liability by declaring a higher value for carriage and paying a supplemental charge if required.

Issuing Carrier's Agent Name and City | Accounting Information

Agent's IATA Code | Account No.

Airport of Departure (Addr. Of first Carrier) and requested Routing

To	By first Carrier / Routing and Destination	To	By	To	By	Currency	CHGS Code	WT/VAL PPD	WT/VAL COLL	Other PPD	Other COLL	Declared Value for Carriage	Declared Value for Customs
						CNY		×		×		NCD	

Airport of Destination | Flight/Date | For Carrier Use only | Flight/Date | Amount of Insurance | INSURANCE – If carrier offers insurance, and such insurance is requested in accordance with conditions on reverse hereof, indicate amount to be insured in figures in box marked "amount of insurance".

Handling Information

No of Pieces RCP	Gross Weight	Kg lb	Rate Class / Commodity Item No.	Chargeable Weight	Rate / Charge	Total	Nature and Quantity of Goods (incl. Dimensions or Volume)
					18.00		

Prepaid	Weight Charge	Collect
	Valuation Charge	
	Tax	
	Total other Charges Due Agent	
	Total other Charges Due Carrier	
Total prepaid		Total collect
Currency Conversion Rates		cc charges in Dest. Currency
For Carrier's use only at Destination		Charges at Destination

Other Charges

Shipper certifies that the particulars on the face hereof are correct and that insofar as any part of the consignment contains dangerous goods, such part is properly described by name and is in proper condition for carriage by air according to the applicable Dangerous Goods Regulations.

Signature of Shipper or his Agent

For British Airways as Carrier

Executed on (Date) at (place) Signature of issuing Carrier or its Agent

Total Collect Charges

ORIGINAL 3 (FOR SHIPPER)

图 5-7　航空主运单

表 5-8 国际航空主运单填写说明

序 号	项 目	说 明
1	托运人名称和地址(Shipper's Name and Address)	详细填写托运人全名,地址应详细填明国家、城市、门牌号码及电话号码
2	托运人账号(Shipper's Account Number)	有必要时填写
3	收货人名称和地址(Consignee's Name and Address)	详细填写收货人全名,地址应详细填明国家、城市、门牌号码及电话号码。此栏不得出现"The Other"字样
4	收货人账号(Consignee's Account Number)	有必要时填写
5	始发站(第一承运人地址)和所要求的线路(Airport of Departure(Address of First Carrier) and Requested Routing)	填写始发站城市的英文全称
6	路线和目的站(Routing and Destination)	由民航部门填写经由的航空路线
7	货币(Currency)	填写运单上所用货币代码
8	运费/声明价值费(WT/VAL)、其他费用(Other)。选择预付或到付,并在选择付费方式栏内作"×"记号	预付费用包括预付的运费总额、声明价值附加费、税金、代理人需要产生的其他费用、承运人需要产生的其他费用。到付费用包括需到付运费总额、声明价值附加费、税金、分别属于代理人与承运人需要产生的其他到付费用。其他费用主要包括容器费(包括集装箱箱费)、中转费、地面运输费、保管费、预制单费等
9	托运人向承运人声明的货物价值(Declared Value for Carriage)	填写托运人在运输货物时声明货物的价值总数。如托运人不需办理声明价值,则填写"NCS"
10	托运人向目的站海关声明的货物价值(Declared Value for Customs)	填写托运人向海关申报的货物价值。托运人未声明价值时,必须填写"NCV"
11	目的站(Airport of Destination)	填写目的站城市的英文全称,必要时注明机场和国家名称
12	航班/日期(Flight/Date)	填写已订妥的航班日期
13	保险金额(Amount of Insurance)	托运人委托航空公司代办保险时填写
14	处理事项(Handling Information)	本栏填写下列内容:货物上的唛头标记、号码和包装等;通知人的名称、地址、电话号码;货物在途中需要注意的事项;其他需要说明的特殊事项;运往美国商品的规定
15	件数/运价组成点(No. of pieces/RCP)	各种货物运价不同时,要分别填写,总件数另行填写
16	毛重(Gross Weight)	质量单位(kg/lb)为"kg(千克)",分别填写时,另行填写总质量
17	运价级别(Rate Class)	用 M、N、Q、C、R 或 S 分别代表起码运费、45kg 以下普通货物运价、指定商品运价、附减运价(低于45kg 以下普通货物运价的等级运价)、附加运费(高于 45kg 以上普通货物运价的等级运价)

（续）

序 号	项　　目	说　　明
18	品名编号(Commodity Item Number)	按指定商品运价收费的则填写其商品编号；按45kg以下普通货物运价的百分比收费的，则分别填写具体比例
19	货物品名及体积(Number and Quantity of Goods)	货物体积按长、宽、高的顺序，以厘米为单位填写最大的长、宽、高
20	托运人或其代理人签字(Signature of Shipper or Its Agent)	表示托运人同意承运人的装运条款
21	运单签发日期(Executed on Date)	日期应为飞行日期，如货运单在飞行日期前签发，则应以飞行日期为货物装运期
22	承运人或其代理人签字(Signature of Issuing Carrierorits Agent)	由此签字，航空货运单才能生效

【任务实施】

步骤一：北京欣新物流公司的业务员赵东在接到北京佳宝乐电子有限公司的委托后，首先应记录托运人托运货物的详细信息，同时向托运人介绍本公司的服务项目以及收费标准。

步骤二：由北京佳宝乐电子有限公司填写货运托运书。

步骤三：审核单证，包括发票、装箱单、托运书、报送单项式、外汇核销单、许可证、商检证等。

步骤四：预配舱与预订舱。制订预配舱方案，对该票货物配上运单号，并根据所指定的预配舱方案，按航班、日期打印出总运单号、件数、重量、体积，向航空公司预订舱。

步骤五：依据国际货物委托书填制航空货运单。

步骤六：代理人接单与接货。航空公司对货物过磅、入库。

步骤七：标记和标签。

步骤八：配舱与订舱。

步骤九：出口报关。

步骤十：编制出仓单。

步骤十一：向航空公司申领板、箱并办理相应的手续，并将货物装箱装板。

步骤十六：到航空公司签单。

步骤十七：向航空公司交单交货，由航空公司安排航空运输。

步骤十八：费用结算。

北京欣新物流公司直接与航空公司结算该批电子仪表的航空运费，航空公司公布运价如下：

BEIJING	CN		PEK
	CNY		KGS
WANCOUVER	BC	M	230.00
		N	36
		45	27
		300	22.46

首先按实际重量计算，该箱电子仪表实际毛重为37.8kg，体积重量为31.5kg（($60cm \times 45cm \times 70cm)/6000cm^3/kg$)。实际毛重和体积重量进行比较后，核定计费重量为38kg。经计算：

$$运费 = 38kg \times 36 元/kg = 1368 元$$

如果按较高重量分界点的较低运价计算，则

$$运费 = 45kg \times 27 元/kg = 1215 元$$

二者进行比较，取运费较低者，即1215元，所以该批电子仪表的航空运费为1215元。

步骤十九：航空公司组织货物出港。

本章小结

航空运输因具备速度快、机动性大、舒适安全、货损率小、基本建设周期短、投资少等特点而迅猛发展。飞机是航空运输的主要运载工具，货运飞机的主要机型分为波音系列和空中客车系列。航空集装运输是将一定数量的单位货物装入集装货物的箱内或装在带有网套的板上作为运输单位进行运输。

本章重点介绍了集装器的分类、集装货物的基本原则和集装箱的代号组成，航空运输的班机运输、包机运输、集中托运三种经营方式，国内航空货物运输流程及国内航空货运运费核算，国际航空货物运输出口业务流程，国际航空货物运输进口业务流程，国际航空运价与运费核算以及航空运单的缮制与使用。

第六章　国际多式联运

【学习目标】

通过本章的学习，了解国际多式联运概念、基本特征与优势，熟悉我国多式联运发展现状与趋势，熟悉多式联运的分类，掌握国际多式联运的业务流程，国际多式联运费用的计算，国际多式联运相关单据的缮制和使用。

第一节　国际多式联运概述

【基础知识】

一、国际多式联运

（一）国际多式联运的定义

国际多式联运是在集装箱运输的基础上发展起来的新型的运输方式。国际多式联运一般以集装箱为媒介，把海上运输、铁路运输、公路运输、航空运输和内河运输等传统的单一运输方式有机地结合起来加以有效地综合利用，构成一种连贯的过程来完成国际间的运输。《联合国国际货物多式联运公约》对国际多式联运所下的定义是：按照多式联运合同，以至少两种不同的运输方式，由多式联运经营人把货物从一国境内接运货物的地点运至另一国境内指定交付货物的地点。

国际多式联运是货物运输的一种较高组织形式，它集中了海、陆、空、江河等多种运输方式的特点，扬长避短，将多种运输方式融为一体，组成连贯运输，达到简化货运环节与手续、加速货运周转、减少货损货差、降低运输成本、实现合理运输的目的，比传统单一运输方式具有无法比拟的优势。

国际多式联运是方便托运人和货主的先进的货物运输组织形式，由多式联运经营人与托运人签订一个运输合同，统一组织全程运输，一次托运，一单到底，一次收费，统一理赔，全程负责。这种运输方式涉及多个运输企业并由它们协作完成货物运输服务，其效率取决于自成体系的各种运输方式是否紧密对接和实现多式联运过程的“无缝化”。如果说集装箱运输是以技术创新带来了生产率的极大提升，那么国际多式联运则需要以运输系统组织和运输配送体系等方面的体制与机制的创新、信息技术以及相应的决策支撑工具的创新来发挥其巨大的潜能。

（二）国际多式联运的基本特征

国际多式联运具备以下几方面特征：

（1）承运和托运双方必须订立一份国际多式联运合同。多式联运合同明确规定了多式联运经营人（承运人）和联运人之间的权利、义务、责任、豁免的合同关系和多式联运的性质。

（2）全程运输必须使用一张国际多式联运单据。一张全程多式联运单据是指为证明多式联运合同的订立及证明多式联运经营人已接管货物并负责按照合同条款交付货物所签发的单据。

（3）国际多式联运必须是全程至少包括两种运输方式的连贯运输。如果是海—海、铁—铁、空—空联运，虽为两程运输，但仍不属于多式联运。这是一般联运与多式联运的一个重要区别。同时，在单一运输方式下的短途汽车接送也不属于多式联运。

（4）国际多式联运必须是国际间的货物运输。这一特征是区别于国内运输和是否适合国际法规的限制条件。

（5）国际多式联运必须由一个多式联运经营人对全程负责。这是多式联运的一个重要特征，由多式联运经营人去寻找分承运人实现分段的运输。

（6）全程运输使用单一的运费费率。多式联运经营人在对货主负全程运输责任的基础上，制定一个货物发运地至目的地全程单一费率并以包干形式一次向货主收取。

（三）国际多式联运的优势

国际多式联运是今后国际运输发展的方向，开展国际集装箱多式联运具有许多优势，主要表现在以下几个方面：

1. 简化托运、结算及理赔手续

在国际多式联运方式下，无论货物运输距离有多远，由几种运输方式共同完成，且无论运输途中货物经过多少次转换，所有一切运输事项均由多式联运经营人负责办理。而托运人只需办理一次托运，订立一份运输合同，支付一次费用，办理一次保险，从而省去托运人办理托运手续的许多不便。同时，由于多式联运采用一份货运单证，统一计费，因而也可简化制单和结算手续，节省人力和物力，此外，一旦运输过程中发生货损货差，由多式联运经营人对全程运输负责，从而也可简化理赔手续，减少理赔费用。

2. 缩短货物运输时间，提高货运质量

在国际多式联运方式下，各个运输环节和各种运输工具之间配合密切，衔接紧凑，货物所到之处中转迅速及时，大大减少了货物的在途停留时间，从而从根本上保证了货物安全、迅速、准确、及时地运抵目的地，因而也相应地降低了货物的库存量和库存成本。同时，多式联运通过以集装箱为运输单元进行直达运输，尽管货运途中需经多次转换，但由于使用专业机械装卸，一般不会损坏箱内货物，因而货损货差事故大为减少，从而在很大程度上提高了货物的运输质量。

3. 降低运输成本，节省各种支出

由于多式联运可实行“门到门”运输，因此对货主来说，在货物交由第一承运人以后即可取得货运单证，并据以结汇，从而提前了结汇时间。这不仅有助于加速货物占用资金的周转，而且可以减少利息的支出。此外，由于货物是在集装箱内进行运输的，因此从某种意义上来说，多式联运可相应地节省货物的包装、理货和保险等费用。

4. 提高运输管理水平，实现运输合理化

对于区段运输而言，由于各种运输方式的经营人“各自为政”、自成体系，因而其经营业务范围受到限制，货运量也很有限。而一旦由不同的经营人共同参与多式联运，经营范围可以大大扩展，同时可以最大限度地发挥其现有设备的作用，选择最佳运输线路组织合理化运输。

从政府的角度来看，发展国际多式联运有利于加强政府对整个货物运输链的监督与管理，保证本国在整个货物运输过程中获得较大的运费收入分配比例，有助于引进新的先进运输技术，减少外汇支出，改善本国基础设施的利用状况，还可以通过国家的宏观调控与指导职能保证使用对环境破坏最小的运输方式达到保护本国生态环境的目的。

二、我国多式联运发展现状与趋势

国际多式联运是一种比区段运输高级的运输组织形式。20 世纪 60 年代末美国首先试办多式联运业务，受到货主的欢迎，随后，国际多式联运在北美、欧洲和远东地区开始采用，20 世纪 80 年代，国际多式联运已逐步在发展中国家实行。目前，国际多式联运已成为一种新型的重要的国际集装箱运输方式，并受到国际航运界的普遍重视。

随着我国经济的发展与对外开放步伐的加快，我国对内陆多式联运与国际多式联运的要求也越来越强烈。无论是政府、学术界，还是实业界，都对国际多式联运的发展进行了各种探索，并取得了很好的效果。

早在 1962 年，我国就出台了关于公路运输与水路运输联合运输的文件。随后，我国又相继出台了关于公路与铁路联合运输、铁路与水路联合运输等相关文件。1989 年 3 月，我国进行了由原交通部主持、由原交通部水运科学研究所和上海市人民政府交通办公室承担的国家科学技术委员会批准的“七五”国家重点项目“国际集装箱运输系统（多式联运）工业性试验”，为推动我国集装箱运输的规范化和现代化及多式联运的快速发展起到了良好作用。尤其是 2000 年以后，我国加强了与其他国家在国际多式联运方面的合作，先后与加拿大、美国等发达国家建立合作关系，开展多式联运的合作与交流，为我国的多式联运成长与发展创造了新的条件。近年来，为适应和配合我国对外贸易运输的发展需要，我国对一些国家和地区已开始采用国际多式联运方式。目前，我国已开展的国际多式联运路线主要包括我国内地经海运往返日本内地、美国内地、非洲内地、西欧内地、澳洲内地等联运线以及经蒙古或前苏联至伊朗和往返西欧、北欧各国的西伯利亚大陆桥运输线。其中，西伯利亚大陆桥集装箱运输业务发展较快，目前每年维持在 10000 标准箱左右，我国办理西伯利亚大陆桥运输主要采用铁—铁、铁—海、铁—卡三种方式。除上述已开展的运输路线外，新的联运线路正不断发展，其中包括举世瞩目的新亚欧大陆桥。新亚欧大陆桥东起中国连云港，西至荷兰鹿特丹，途经哈萨克斯坦、乌兹别克斯坦、吉尔吉斯斯坦、塔吉克斯坦、俄罗斯、白俄罗斯、波兰、德国和荷兰等国，全长 10900km。该陆桥为亚欧开展国际多式联运提供了一条便捷的国际通道。尤其值得一提的是，中国和加拿大的合作项目为我国的内陆多式联运奠定了坚实的基础，甘肃、青海、陕西、云南等省市从 2001 年开始接受中加多式联运的培训，取得了一系列的成果。

我们也应看到，尽管近年来我国政府对发展多式联运采取了积极的态度，加大了对多式联运基础设施的资金投入，同时鼓励大中型企业开展多式联运业务，并且制订了相应的规划，但目前铁路在货物种类、标准、方向等方面都存在条件不统一的问题，同时铁路运价不灵活，不能满足班列持续稳定的开行。再加上铁路集装箱与港口的集装箱作业码头设施不配套，使得铁路与公路、水路等运输环节很难配套。缺乏面向综合效率和综合效益的各运输方式之间的协调和管理，也无形中为多式联运联网合作增加了障碍。长期以来，我国按照运输方式进行分部门管理，原铁道部（现中国铁路总公司)、交通运输部、民航局分管铁路、公路和民航，造成各种运输方式运价比价不合理，价格体系不统一，对构建综合运输体系产生了不利影响。而集装箱多式联运中间环节多，涉及部门广，急需各种运输方式密切配合以及集疏运系统的综合配套。目前，铁路、公路、水路各运输部门相互协调性差，没有形成统一的多式联运经营网络，最佳综合效率和综合效益难以实现。

运输部门之间缺乏协调配合，各有各的经营模式，各有各的利益诉求，很难有大家都认同的合作机制，这也是制约多式联运发展的一个重要因素。另外，地区发展不平衡、企业综合实力不足、诚信体系不完善、价格机制衔接不畅等因素也都成为制约联运企业联网合作的短板。

鉴于当前的行业现状，联运企业要想顺利实现联网合作，着实不是一件容易的事情，存在着诸多制约因素。要加强我国多式联运的发展，可通过以下几个方面来实现：

（1）加快多式联运基础设施建设。大力推动交通科技进步，提高技术装备水平。交通设施的配置要在充分发挥市场基础性作用的前提下逐步优化，具有全局意义的交通运输大通道仍是设施配置的重点。鉴于铁路在部分地区和线路运力还较紧张，内陆集装箱中转站缺乏，现有设施陈旧，铁路部门应加大政策扶持和资金投入力度，推动铁路运能的提高。

（2）改变管理体制，加快多式联运系统的建立及系统间的协调和配合。体制问题没有解决、管理的机制没有理顺、政府运输管理部门的多头设置，不仅不能形成高效的综合运输网络体系，还会导致资源的浪费和基础设施的重复建设。它不利于资源的优化整合，不利于充分发挥综合运输的整体效益，也不利于政府宏观管理的统一性。因此，只有国家主管部门牵头成立统一管理与协调机构，综合协调整个多式联运各方面操作并致力于长远发展规划，才能推动多式联运发展。

（3）建立多式联运管理信息系统，实现多式联运参与者的信息共享。据了解，发达国家的运输系统都有先进的信息网络为多式联运服务。如德国公路、铁路和港口都有自己的信息网络，并且相互沟通；法兰克福的集装箱先由汽车从发货地运到铁路集装箱中转站，再由铁路运到汉堡港装船出海，当集装箱装上汽车以后，港口通过电子信息网络就可以知道该集装箱何时达到港口，从而安排航运班次。多式联运各个环节实现信息共享，可为运输提供良好的信息交换渠道，使运输效率显著提高。

三、国际多式联运分类

（一）按国际多式联运运输形式分类

国际多式联运是采用两种或两种以上不同运输方式进行联运的运输组织形式。这里所指的至少两种运输方式可以是海—陆、陆—空、海—空等。这与一般的海—海、陆—陆、空—空等形式的联运有着本质的区别。后者虽也是联运，但仍是采用同一种运输工具的运输方式。众所周知，各种运输方式均有自身的优点与不足。一般来说，水路运输具有运量大、成本低的优点；公路运输则具有机动灵活、便于实现货物“门到门”运输的特点；铁路运输的主要优点是不受气候影响，可深入内陆和横贯内陆实现货物长距离的准时运输；而航空运输的主要优点是可实现货物的快速运输。由于国际多式联运严格规定必须采用两种和两种以上的运输方式进行联运，因此这种运输组织形式可综合利用各种运输方式的优点。

由于国际多式联运具有其他运输组织形式无法比拟的优势，因而这种国际运输新技术已在世界各主要国家和地区得到广泛的推广和应用。目前，有代表性的国家多式联运主要有远东—欧洲、远东—北美等海陆空联运，其组织形式包括：

1. 海陆联运

海陆联运是国际多式联运的主要组织形式，也是远东—欧洲多式联运的主要组织形式之一。目前，组织和经营远东—欧洲海陆联运业务的主要有班轮公会的三联集团、北荷、冠航和丹麦的马士基等国际航运公司，以及非班轮公会的中国远洋运输公司、中国台湾长荣航运公司和德国那亚航运公司等。这种组织形式以航运公司为主体，签发联运提单，与航线两端的内陆运输部门开展联运业务，与大陆桥运输展开竞争。

2. 陆桥运输

在国际多式联运中，陆桥运输（Land Bridge Service）起着非常重要的作用，它是远东—欧洲国际多式联运的主要形式。所谓陆桥运输，是指采用集装箱专用列车或卡车，把横贯大陆的铁路或公路作为中间“桥梁”，使大陆两端的集装箱海运航线与专用列车或卡车连接起来的一种连贯运输方式。严格地讲，陆桥运输也是一种海陆联运形式。只是因为其在国际多式联运中的独特地位，故在此将其单独作为一种运输组织形式。目前，远东—欧洲的陆桥运输线路有西伯利亚大陆桥和北美大陆桥。

（1）西伯利亚大陆桥（Siberian Landbridge）。西伯利亚大陆桥是指使用国际标准集装箱，将货物由远东海运到俄罗斯东部港口，再经跨越欧亚大陆的西伯利亚铁路运至波罗的海沿岸如爱沙尼亚的塔林或拉脱维亚的里加等港口，然后再采用铁路、公路或海运运到欧洲各地的国际多式联运的运输线路。

西伯利亚大陆桥于1971年由原全苏对外贸易运输公司正式确立。现在全年货运量高达10万标准箱（TEU），最多时达15万标准箱。使用这条陆桥运输线的经营者主要是日本、中国和欧洲各国的货运代理公司。其中，日本出口欧洲杂货的三分之一、欧洲出口亚洲杂货的五分之一是经这条陆桥运输的。由此可见它在沟通亚欧大陆、促进国际贸易中所处的重要地位。

西伯利亚大陆桥运输包括海—铁—铁、海—铁—海、海—铁—公和海—公—空等四种运输方式。由俄罗斯的过境运输总公司担当总经营人，它拥有签发货物过境许可证的权利，并签发统一的全程联运提单，承担全程运输责任。至于参加联运的各运输区段，则采用“互为托、承运”的接力方式完成全程联运任务。可以说，西伯利亚大陆桥是较为典型的一条过境多式联运线路。

西伯利亚大陆桥是目前世界上最长的一条陆桥运输线。它大大缩短了从日本、远东、东南亚及大洋洲到欧洲的运输距离，并因此而节省了运输时间。从远东经俄罗斯太平洋沿岸港口去欧洲的陆桥运输线全长13000km，而相应的全程水路运输距离（经苏伊士运河）约为20000km。从日本横滨到欧洲鹿特丹，采用陆桥运输不仅可使运距缩短1/3，运输时间也可节省1/2。此外，在一般情况下，运输费用还可节省20%～30%，因而对货主有很大的吸引力。

由于西伯利亚大陆桥所具有的优势，随着它的知名度与日俱增，吸引了不少远东、东南亚以及大洋洲地区到欧洲的运输，使西伯利亚大陆桥在短短几年时间中就有了迅速的发展。但西伯利亚大陆桥也存在一些主要问题，如运输能力易受冬季严寒气候影响，港口有数月冰封期，这在一定程度上阻碍了它的发展；货运量西向大于东向约2倍，来回运量不平衡，集装箱回空成本较高，影响了运输效益；港口装卸能力不足，铁路集装箱车辆不足，铁路设备陈旧，运力仍很紧张。随着我国兰新铁路与中哈边境铁路的接轨，一条新的“欧亚大陆桥”

逐渐形成，为远东至欧洲的国际集装箱多式联运提供了又一条便捷路线，使西伯利亚大陆桥面临严峻的挑战。

（2）北美大陆桥（North American Landbridge）。北美大陆桥是指利用北美的大铁路从远东到欧洲的海—陆—海联运线路。该陆桥运输包括美国大陆桥运输和加拿大大陆桥运输。北美的美国和加拿大的城市、人口都集中在大陆东西两岸，为了加强联系与往来，北美的铁路也基本上呈东西走向。北美大陆桥是东西海岸上主要港口与城市之间、沿海与内地之间重要的物质运输线。

美国大陆桥有两条运输线路：一条是从西部太平洋沿岸至东部大西洋沿岸的铁路和公路运输线；另一条是从西部太平洋沿岸至东南部墨西哥湾沿岸的铁路和公路运输线。美国大陆桥于1971年年底由经营远东—欧洲航线的船公司和铁路承运人联合开办，共同经营海—陆—海多式联运，后来美国其他班轮公司也相继投入营运。目前，主要有四个集团经营远东经美国大陆桥至欧洲的国际多式联运业务。这些集团均以经营人的身份，签发多式联运单证，对全程运输负责。加拿大大陆桥与美国大陆桥相似，由船公司把货物海运至温哥华，经铁路运到蒙特利尔或哈利法克斯，再与大西洋海运相接。

北美大陆桥是世界上历史最悠久、影响最大、服务范围最广的陆桥运输线。据统计，从远东到北美东海岸的货物有大约50%以上是采用双层列车进行运输的，因为采用这种陆桥运输方式比采用全程水运方式通常要快1～2周。例如，集装箱货从日本东京到欧洲鹿特丹港，采用全程水运通常约需5～6周时间，而采用北美大陆桥运输仅需3周左右的时间，缩短了绕道巴拿马运河或苏伊士运河的距离，缓解了航线的拥挤。

随着美国和加拿大大陆桥运输的成功营运，北美其他地区也开展了大陆桥运输。墨西哥大陆桥（Mexican Landbridge）就是其中之一，于1982年开始营运。该大陆桥横跨特万特佩克地峡，连接太平洋沿岸的萨利纳克鲁斯港和墨西哥湾沿岸的夸察夸尔科斯港。目前墨西哥大陆桥服务范围还很有限，对其他港口和大陆桥运输的影响也较小。

北美地区的陆桥运输不仅包括上述大陆桥运输，而且还包括小陆桥运输（Minibridge）和微桥运输（Microbridge）等运输组织形式。

小陆桥运输从运输组织方式上看与大陆桥运输并无大的区别，只是其运送的货物的目的地为沿海港口，成为海—陆或陆—海联运，少了一段海运。目前，北美小陆桥运送的主要是日本经北美太平洋沿岸到大西洋沿岸和墨西哥湾地区港口的集装箱货物，当然也承运从欧洲到美国西部及海湾地区各港的大西洋航线的转运货物。北美小陆桥在缩短运输距离、节省运输时间上效果是显著的。以日本——美国东部航线为例，从大阪至纽约经巴拿马运河全程水运的运输时间为21～24天，而采用小陆桥运输，运输时间为16天，可节省1周左右的时间。

微型陆桥运输与小陆桥运输基本相似，只是其交货地点在内陆地区，只用了部分陆桥，因此又称半陆桥运输。如远东至美国内陆城市的货物，改用微型陆桥运输，货物装船运至美国西部太平洋沿岸，换装铁路（公路）集装箱专列可直接运至美国内陆城市。微型陆桥运输比小陆桥优越性更大，既缩短了时间，又节省了运费，因此近年来发展迅速。

3. 海空联运

海空联运又称为空桥运输（Airbridge Service），它结合海运运量大、成本低和空运速度快、时间要求紧的特点，能对不同运量和不同运输时间要求的货物进行有机结合。在运输组织方式上，空桥运输与陆桥运输有所不同，陆桥运输在整个货运过程中使用的是同一个集装箱，不用换装，而空桥运输的货物通常要在航空港换入航空集装箱。

海空联运方式始于20世纪60年代，但直至20世纪80年代才取得较大的发展。采用这种运输方式，运输时间比全程海运少，运输费用比全程空运低。20世纪60年代，将远东船运至美国西海岸的货物，再通过航空运至美国内陆地区或美国东海岸，从而出现了海空联运。当然，这种联运组织形式是以海运为主，只是最终交货运输区段由空运承担。1960年年底，原苏联航空公司开辟了经由西伯利亚至欧洲的航空线，1968年，加拿大航空公司参加了国际多式联运，20世纪80年代出现了经由中国香港、新加坡、泰国等至欧洲的航空线。目前，国际海空联运线主要有：

（1）远东——欧洲。目前，远东与欧洲间的航线有以温哥华、西雅图、洛杉矶为中转地的区段，也有以中国香港、曼谷、海参崴为中转地的区段，还有以旧金山、新加坡为中转地的区段。

（2）远东——中南美。近年来，远东至中南美的海空联运发展较快，因为此处港口和内陆运输不稳定，所以对海空运输的需求很大。该联运线以迈阿密、洛杉矶、温哥华为中转地。

（3）远东——中近东、非洲、澳洲。这是以中国香港、曼谷为中转地至中近东、非洲的运输线路。在特殊情况下，还有经马赛至非洲、经曼谷至印度、经中国香港至澳洲等的联运线，但这些线路的货运量较小。

现实中，运输距离越远，采用海空联运的优越性就越大，因为与完全采用海运相比，海空联运的运输时间更短，与直接采用空运相比，其费率更低。随着世界范围内物流业的兴起，一些大型国际配送中心根据资料预测用户的货物需求量，通过运输成本低廉的海运事先取得货物，然后根据用户的订单采取空运，可在24h内完成交货。

（二）按国际多式联运组织形式分类

按照国际多式联运组织形式来分，可将国际多式联运分为协作式多式联运和衔接式多式联运两大类。

1. 协作式多式联运

协作式多式联运是指两种或两种以上运输方式的运输企业，按照统一的规章或商定的协议，共同将货物从接管货物的地点运到指定交付货物的地点的运输。在协作式多式联运下，参与联运的承运人均可受理托运人的托运申请，接收货物，签署全程运输单据，并负责自己区段的运输生产；后续承运人除负责自己区段的运输生产外，还需要承担运输衔接工作；而最后承运人则需要承担货物交付以及受理收货人的货损货差的索赔。在这种体制下，参与联运的每个承运人均具有双重身份。对外而言，他们是共同承运人，其中一个承运人（或代表所有承运人的联运机构）与发货人订立的运输合同对其他承运人均有约束力，即每个承运人均与货主存在运输合同关系；对内而言，每个承运人不但有义务完成自己区段的实际运输和有关的货运组织工作，还应根据规章或约定协议承担风险、分配利益。

目前，根据开展联运依据的不同，协作式多式联运可进一步细分为法定多式联运和协议多式联运两种。

（1）法定多式联运。法定多式联运是指不同运输方式的运输企业之间根据国家运输主管部门颁布的规章开展的多式联运。目前，铁路、水路运输企业之间根据中国铁路总公司、交通运输部共同颁布的《铁路水路货物联运规则》开展的水陆联运即属于该种联运。在这种联运形式下，有关运输票据、联运范围、联运受理的条件与程序、运输衔接、货物交付、货物索赔程序以及承运之间的费用清算等，均应符合国家颁布的有关规章的规定，并实行计划运输。

这种联运形式无疑有利于保护货主的权利和保证联运生产的顺利进行，但缺点是灵活性较差，适用范围较窄，它不仅在联运方式上仅适用于铁路与水路两种运输方式之间的联运，而且对联运路线、货物种类、数量及受理地、换装地也作出了限制。此外，由于货主托运前需要报批运输计划，因此这给货主带来了一定的不便。法定多式联运通常适用于保证指令性计划物资、重点物资和国防、抢险、救灾等急需物资的调拨。

（2）协议多式联运。协议多式联运是指运输企业之间根据商定的协议开展的多式联运。例如，不同运输方式的干线运输企业与支线运输或短途运输企业，根据所签署的联运协议开展的多式联运，即属于该种联运。

与法定多式联运不同，在协议多式联运形式下，联运采用的运输方式、运输票据、联运范围、联运受理的条件与程序、运输衔接、货物交付、货物索赔程序，以及承运人之间的利益分配与风险承担等，均按联运协议的规定办理。与法定多式联运相比，协议多式联运形式的最大缺点是联运执行缺乏权威性，而且联运协议的条款也可能会损害货主或弱小承运人的利益。

2. 衔接式多式联运

衔接式多式联运是指由一个多式联运企业（或称多式联运经营人）综合组织两种或两种以上运输方式，将货物从接管货物的地点运到指定交付货物的地点的运输。在实践中，多式联运经营人既可能由不拥有任何运输工具的国际货运代理、场站经营人、仓储经营人担任，也可能由从事某一区段运输的实际承运人担任。但无论如何，他都必须持有国家有关主管部门核准的许可证书，能独立承担责任。

在衔接式多式联运下，运输组织工作与实际运输生产实现了分离，多式联运经营人负责全程运输组织工作，各区段的实际承运人负责实际运输生产。在这种体制下，多式联运经营人也具有双重身份。对于货主而言，他是全程承运人，与货主订立全程运输合同，向货主收取全程运费及其他费用，并承担承运人的义务；对于各区段实际承运人而言，他是托运人，他与各区段实际承运人订立分运合同，向实际承运人支付运费及其他必要的费用。很明显，这种运输组织与运输生产相互分离的形式，符合分工专业化的原则，由多式联运经营人“一手托两家”，不但方便了货主和实际承运人，也有利于运输的衔接工作，因此，它是联运的主要形式。在国内联运中，衔接式多式联运通常称为联合运输，多式联运经营人则称为联运公司。

第二节　国际多式联运实务

【任务引入】

2008 年 6 月，我国 A 进出口公司委托 B 货运代理公司办理 600 个纸箱的男式羽绒滑雪衫出口日本的手续。B 公司将货物装上 C 船公司派来的船舶，并向 A 公司签发了清洁的多式联运提单，提单载明货物数量为600纸箱，分装在3个集装箱内。6月29日，该轮货物抵达东京收货人仓库，收货人发现货物由于集装箱有裂痕，雨水进入箱内造成货物损坏。2009年9月25日，收货人以B货运代理公司和实际承运人C船公司为被告，向法院提起诉讼。根据本案例，请分析：

（1）B公司的身份是代理人还是承运人，为什么？

（2）依照我国《海商法》的规定，C公司是否应承担赔偿责任，为什么？

（3）依照国际多式联运公约的规定，B公司是否应承担赔偿责任，为什么？

【任务分析】

根据《联合国国际货物多式联运公约》（以下简称《多式联运公约》）的有关规定，多式联运合同的一方是多式联运经营人，另一方是托运人。多式联运经营人和他的受雇人、代理人和分包人的关系都适用代理关系，货物交由他们掌管应视为与交给多式联运经营人掌管具有相同效力。所以，《多式联运公约》规定：多式联运经营人应对他的受雇人或代理人在其受雇范围内行事时的行为或不行为负赔偿责任，或对他为履行多式联运合同而使用其服务的任何其他人在履行合同的范围内行事时的行为或不行为负赔偿责任。

同样，虽然托运人和收货人与多式联运经营人的代理人、受雇人没有合同关系，但可依据侵权行为提起诉讼。不过，在这种诉讼中，经营人的代理人、受雇人可享受与经营人同样的辩护理由和责任限制。这样既有利于货主与承运人之间行使追偿的权利，又使承运人一方得到应有的保护，而且也保障了以各种形式起诉都能得到同一法律效果，达到法律的统一性和公正性。

对承运人赔偿责任的基础，目前各单一运输公约的规定不一，但大致可分为过失责任制和严格责任制两种。严格责任制是指排除了不可抗力等有限的免责事由外，无论有无过失，承运人对于货物的灭失或损坏均负赔偿责任。《国际铁路货物运送公约》与《国际公路货物运输公约》等都采用了该种责任制。过失责任制是当承运人和其受雇人在有过失时负赔偿责任。这种责任制为《海牙规则》和1929年的《华沙航空公约》所采用。但海运过失责任制并不只针对完全过失，它附有一部分除外规定，如航行过失（船舶碰撞、触礁、搁浅），1978年通过的《汉堡规则》则实行过失推定原则，这才实现了较完整的过失责任制。

【实训知识与技能】

一、国际多式联运经营人的责任

责任期间是指行为人履行义务、承担责任在时间上的范围。国际多式联运经营人的责任期间是从接收货物之时起到交付货物之时为止。

（一）货物接管和货物交付的方式

依照《多式联运公约》条款的规定，多式联运经营人接管货物和交付货物规定方式如下：

1. 接管货物方式

（1）从托运人或其代表处接管货物，这是最常用、最普遍的规定方式。

（2）根据接管货物地点适用的法律或规章，货物必须交其运输的管理当局或其他第三方，这是一种特殊的规定。在这种接管货物的方式中，即使多式联运公约规定多式联运经营人的责任从接管货物时开始，但在从港口当局手中接收货物的情况下，如货物的灭失或损坏是在当局保管期间发生的，多式联运经营人可以不负责任。

2. 交付货物方式

（1）将货物交给收货人。

（2）如果收货人不向多式联运经营人提取货物，则按多式联运的合同或按照交货地点适用的法律或特定行业惯例，将货物置于收货人支配之下。

（3）将货物交给根据交货地点适用法律或规章必须向其交付的当局或其他第三方。

（二）国际多式联运经营人的责任类型

国际多式联运经营人在责任期间内，要对货主负全程运输责任。但在负责范围和赔偿限额方面，根据目前国际上的做法，可分为以下三种类型：

1. 统一责任制

在统一责任制下多式联运经营人对货主负不分区段的统一责任，即货物的灭失或损失，包括隐蔽损失（即损失发生的区段不明），无论发生在哪个区段，多式联运经营人按一个统一原则负责，并一律按一个约定的限额赔偿。但如果多式联运经营人已经尽了最大努力仍无法避免的或确实证明是货主的故意行为过失等原因所造成的灭失或损坏，经营人则可免责。统一责任制是一种科学、合理、手续简化的责任制度，但这种责任制对联运经营人来说责任负担较重，因此目前在世界范围内应用还不够广泛。

2. 分段责任制

分段责任制也称网状责任制，是指多式联运经营人对货主承担的全部责任局限在各个运输部门规定的责任范围内，如海上区段按《海牙规则》，航空区段按《华沙公约》办理。在某些区段上不适用上述公约时，则按有关国家的国内法处理。这种责任制的特点是各种法规的责任大小和赔偿限额不统一，不利于多式联运的发展。

3. 修正（双重）统一责任制

修正（双重）统一责任制是介于上述统一责任制和分段责任制之间的一种责任制，故又称混合责任制，也就是在责任范围方面与统一责任制相同，在赔偿限额方面与分段责任制相同。

二、联合国国际货物多式联运公约

在国际多式联运业务实施过程中，多式联运参与方从签订协议开始到业务操作涉及的各个环节，都要参考某些国际公约或国际惯例，熟知这些公约或惯例才能了解多式联运参与方的法律责任及权利和义务，才能顺利完成多式联运业务。

《联合国国际货物多式联运公约》全文包括四十项条款和一个附件。该公约在结构上分为总则、单据、联运人的赔偿责任、发货人的赔偿责任、索赔和诉讼、补充规定、海关事项和最后条款等八个部分。该公约的主要内容是：

（1）多式联运合同双方当事人的法律地位。

（2）多式联运合同和多式联运单据。

（3）联运人的赔偿责任。

（4）发货人的赔偿责任。

（5）索赔与诉讼。

该公约各缔约国认识到：

（1）国际多式联运是促进世界贸易有条不紊地扩展的途径之一。

（2）有必要鼓励发展通畅、经济、高效率的多式联运，使其能满足有关贸易的要求。

（3）需要为所有国家的利益保证国际多式联运有条不紊地发展，并有必要考虑到过境国家的特殊问题。

（4）需要决定有关国际货物多式联运合同的若干规则，包括关于多式联运经营人赔偿责任的公正条款。

（5）有必要使本公约不影响有关管理运输业务的任何国际公约或国家法律的实施。

（6）每个国家有权在国家一级管理多式联运经营人和多式联运业务。

（7）有必要照顾发展中国家的特殊利益和问题。

（8）有必要保证多式联运服务的提供者和使用者之间的利益均衡。

（9）有必要简化海关手续，同时适当考虑到过境国家的问题。

本公约各缔约国同意下列基本原则：

（1）在国际多式联运中，发达国家和发展中国家之间的利益应当保持均衡，发达国家和发展中国家的活动应当得到公平分配。

（2）在引进新的货物多式联运的技术之前和之后，多式联运经营人、托运人、托运人组织和各国主管当局应就运输条件进行协商。

（3）托运人有权自由选择多式联运或分段运输。

（4）本公约规定的多式联运经营人的赔偿责任应根据推定过失或疏忽原则来划分。

三、国际多式联运业务流程

（一）接受托运申请，订立多式联运合同

多式联运经营人根据货主提出的托运申请和自己的运输线路等情况，决定是否接受该托运申请。发货人或其代理人根据双方就货物的交接方式、时间、地点、付费方式等达成协议并填写场站收据，并把其送至多式联运经营人进行编号，多式联运经营人编号后留下货物托运联，将其他联交还给发货人或其代理人。

（二）发放、提取及运送空箱

多式联运中使用的集装箱一般由多式联运经营人提供，这些集装箱的来源可能有三种情况：一种是多式联运经营人自己购置使用的集装箱，第二种是向借箱公司租用的集装箱，第三种是由全程运输中的某一分运人提供。如果双方协议由发货人自行装箱，则多式联运经营人应签发提箱单或由租箱公司或分运人签发提箱单交给发货人或其代理人，由他们在规定日期到指定的堆场提箱并自行将空箱拖运到货物装箱地点准备装货。

（三）出口报关

若多式联运从港口开始，则在港口办理报关；若从内陆地区开始，则在附近内陆地海关办理报关。报关事宜一般由发货人或其代理人办理，也可委托多式联运经营人代为办理，报关时应提供场站收据、装箱单、出口许可证等有关单据和文件。

（四）货物装箱及接收货物

若是发货人自行装箱，发货人或其代理人提取空箱后在自己的工厂和仓库组织装箱。装箱工作一般要在报关后进行，并请海关派员到装箱地点监装和办理加封事宜，如需理货，还应请理货人员现场理货并与其共同制作装箱单。

对于由货主自行装箱的整箱货物，发货人应负责将货物运至双方协议规定的地点，多式

联运经营人或其代表在指定地点接受货物；如果是拼箱货物，则由多式联运经营人在指定的货运站接收货物，验收货物后，代表多式联运经营人接收货物的人应在场站收据正本上签章并将其交给发货人或其代理人。

（五）订舱及安排货物运送

多式联运经营人在合同订立后，应立即制订该合同涉及的集装箱货物的运输计划，该计划应包括货物的运输路线、区段的划分、各区段实际承运人的选择及各区间衔接地点的到达和起运时间等内容。

这里所说的订舱泛指多式联运经营人要按照运输计划安排洽定各区段的运输工具，与选定的各实际承运人订立各区段的分运合同。这些合同的订立由多式联运经营人本人或委托的代理人办理，也可请前一区段的实际承运人向后一区段的实际承运人订舱。

货物运输计划的安排必须科学并留有余地，工作中应相互联系，根据实际情况调整计划，避免彼此脱节。

（六）办理保险

在发货人方面，应办理货物运输保险，该保险由发货人自行办理，或由发货人承担费用而由多式联运经营人代为办理。货物运输保险可以是全程投保，也可以为分段投保；在多式联运经营人方面，应投保货物责任险和集装箱保险，由多式联运经营人或其代理人向保险公司或以其他形式办理。

（七）签发多式联运提单，组织完成货物的全程运输

多式联运经营人的代表收取货物后，多式联运经营人应向发货人签发多式联运提单，在把提单交给发货人之前，应注意按双方议定的付费方式及内容、数量向发货人收取全部应付费用。

多式联运经营人有完成和组织完成全程运输的责任和义务，在接受货物后，要组织各区段实际承运人、各派出机构及代表人共同协调工作，完成全程中各区段的运输，并做好运输过程中所涉及的各种服务性工作和运输单据、文件的制作及有关信息的收集等组织和协调工作。

（八）办理运输过程中的海关业务

按照惯例，国际多式联运的全程运输均应视为国际货物运输，因此，该环节工作主要包括货物及集装箱进口国的通关手续，进口国内陆段保税运输手续及结关手续等内容。如果陆上运输要通过其他国家海关和内陆运输线路，则还应包括这些海关的通关及保税运输手续。

如果货物在目的港交付，则结关应在港口所在地海关进行；如果货物在内陆地交付，则应在口岸办理保税运输手续，海关加封后方可将货物运往内陆目的地，然后在内陆海关办理结关手续。

（九）交付货物

当货物运往目的地后，由目的地代理通知收货人凭多式联运提单提货。多式联运经营人或其代理人需按合同规定，收取收货人应付的全部费用，收回提单，签发提货单，提货人凭提货单到指定堆场和地点提取货物。

如果是整箱提货，则收货人要负责至掏箱地点的运输，并在货物掏出后将集装箱运回指定的堆场，当这些事宜处理完后运输合同即告终止。

（十）处理货运事故

如果全程运输中发生了货物灭失、损害和运输延误，无论能否确定损害发生的区段，发（收）货人均可向多式联运经营人提出索赔，多式联运经营人根据提单条款及双方协议确定责任并作出赔偿。如果能确定事故发生的区段和实际责任人，可向其进一步索赔；如果不能确定事故发生的区段，一般按在海运段发生处理；如果已对货物及责任投保，则存在要求保险公司赔偿和向保险公司进一步追索的问题。如果受损人和责任人之间不能取得一致，则需要通过在诉讼时效内提起诉讼或仲裁来解决。

四、国际多式联运单据

国际集装箱多式联运经营人在接收集装箱货物时，应由本人或其授权人签发国际集装箱多式联运单据。多式联运单据并不是多式联运合同，而只是多式联运合同的证明，同时是多式联运经营人收到货物的收据和凭以交货的凭证。根据我国于 1997 年 10 月 1 日施行的《国际集装箱多式联运管理规则》，国际集装箱多式联运单据（简称多式联运单据）是指证明多式联运合同以及多式联运经营人接管集装箱货物并负责按合同条款交付货物的单据，该单据包括双方确认的取代纸张单据的电子数据交换信息。

（一）多式联运单据的内容

对于国际集装箱多式联运单据的记载内容，《联合国国际货物多式联运公约》以及我国的《国际集装箱多式联运管理规则》都作了具体规定。根据我国的《国际集装箱多式联运管理规则》的规定，多式联运单据应当载明下列事项：

（1）货物的名称、种类、件数、重量、尺寸、外表状况、包装形式。

（2）集装箱的箱号、箱型、数量、封志号。

（3）危险货物、冷冻货物等特种货物应载明的特性、注意事项。

（4）多式联运经营人的名称和主营业所。

（5）托运人名称。

（6）多式联运单据标明的收货人。

（7）接受货物的日期、地点。

（8）交付货物的地点和约定的日期。

（9）多式联运经营人或其授权人的签字及单据的签发日期、地点。

（10）交接方式，运费的支付，约定的运达期限，货物中转地点。

（11）在不违背我国有关法律、法规的前提下，双方同意列入的其他事项。

当然，缺少上述事项中的一项或数项，并不影响该单据作为多式联运单据的法律效力。

《联合国国际货物多式联运公约》对多式联运单据所规定的内容与上述规则基本相同，只是公约中还规定多式联运单据应包括下列内容：

（1）表示该多式联运单据为可转让或不可转让的声明；

（2）在签发多式联运单据时已经确知预期经过的路线、运输方式和转运地点等。

（二）多式联运单据的转让

多式联运单据分为可转让的和不可转让的。根据《联合国国际货物多式联运公约》的要求，多式联运单据的转让性在其记载事项中应有规定。

可转让的多式联运单据具有流通性，可以像提单那样在国际货物买卖中扮演重要角色。《多式联运公约》规定，多式联运单据以可转让方式签发时，应列明按指示或向持票人交付：如列明按指示交付，需经背书后转让；如列明向持票人交付，无需背书即可转让。此外，如签发一套一份以上的正本，应注明正本份数；如签发任何副本，每份副本均应注明“不可转让副本”字样。对于签发一套一份以上的可转让多式联运单据正本的情况，如多式联运经营人或其代表已正当按照其中一份正本交货，该多式联运经营人便已履行其交货责任。

不可转让的多式联运单据没有流通性。多式联运经营人凭单据上记载的收货人向其交货。按照《多式联运公约》的规定，多式联运单据以不可转让的方式签发时，应指明记名的收货人。同时多式联运经营人将货物交给该种不可转让的多式联运单据所指明的记名收货人或经收货人通常以书面正式指定的其他人后，该多式联运经营人即已履行其交货责任。

对于多式联运单据的可转让性，我国的《国际多式联运管理规则》也有规定。根据该规则，多式联运单据的转让依照下列规定执行：

（1）记名单据：不得转让。

（2）指示单据：经过记名背书或者空白背书转让。

（3）不记名单据：无需背书即可转让。

（三）多式联运单据的证据效力

多式联运单据的证据效力主要表现在它是该单据所载明的货物由多式联运经营人接管的初步证据。由此可见，作为国际多式联运合同证明的多式联运单据，其记载事项与其证据效力是密切相关的。多式联运单据主要对以下几个方面起到证明作用：①当事人本身的记载；②有关货物状况的记载；③有关运输情况的记载；④有关法律约束方面的记载。

根据《联合国国际货物多式联运公约》的规定，多式联运经营人对多式联运单据中的有关记载事项可以作出保留。该公约规定，如果多式联运经营人或其代表知道，或有合理的根据怀疑多式联运单据所列货物的品种、主要标志、包数或件数、重量或数量等事项没有准确地表明实际接管的货物的状况，或无适当方法进行核对，则该多式联运经营人或其代表应在多式联运单据上注明不符之处、怀疑的根据或无适当的核对方法。如果多式联运经营人或其代表未在多式联运单据上对货物的外表状况加以批注，则应视为他已在多式联运单据上注明货物的外表状况良好。

多式联运经营人如在单据上对有关货物或运输方面加了批注，其证据效力就会产生疑问。多式联运单据有了这种批注后，可以说丧失了其作为货物收据的作用：对发货人来说，这种单据已不能作为多式联运经营人收到单据上所列货物的证明，不能成为初步证据；对收货人来说，这种单据已失去了其应有的意义，是不能被接受的。

如果多式联运单据上没有这种保留性批注，其记载事项的证据效力是完全的，对发货人来说是初步证据，但多式联运经营人可举证予以推翻。不过，根据《多式联运公约》的规定，如果多式联运单据是以可转让方式签发的，而且已转让给正当信赖该单据所载明的货物状况的包括收货人在内的第三方时，该单据就构成了最终证据，多式联运经营人提出的反证不予接受。

另外，《多式联运公约》对一些经过协议达成的记载事项，如交货日期、运费支付方式等并未作出法律规定，这符合合同自由原则，但公约对由于违反此类记载事项带来的责任还是作了规定：如果多式联运经营人意图诈骗，在多式联运单据上列入有关货物的不实资料或未列入其他规定应载明的任何资料，则该联运经营人不得享有该公约规定的赔偿责任限额，而需负责赔偿包括收货人在内的第三方因信赖该多式联运单据所载明的货物的状况行事而遭受的任何损失、损坏或费用。

五、国际多式联运运费计收

国际多式联运采用单一费率（即单位运量（或基本运输单元）的全程费率）是国际多式联运的主要特点之一。与各种单一运输方式相比较，国际多式联运的程序环节要多很多。与各单一运输方式的承运人比较，国际多式联运经营人在责任期内要承担更多的义务：要实现各区段与全程的运输，又要完成各区段之间的运输衔接，还要提供其他有关的服务。因此多式联运中运输成本的计算要比各单一运输方式复杂得多。它随着不同的交货条件、货物的运输形态、交接方式、采用的运输方式、选择的实际承运人和运输线路情况而有所变化，因此单一费率的制定是一项较为复杂的工作。下面以海—陆—海货物“门到门”多式联运为例介绍一下多式联运的运输成本与运价构成情况。

假设某发货人的工厂或仓库位于出口国内陆地区，该地区设有集装箱中转站（或内陆货站、内陆港、铁路车站），经营人接收货物后，需在中转站暂存，然后由公路或铁路或内陆水运运至出口国码头堆场，并在码头装船后由海上承运人运至进口国码头，卸船后再运往进口国内陆的中转站，再由中转站运至收货人的工厂或仓库交付货物。联运的运输成本及费用包括由接收货物开始至交付货物为止的期间内发生的费用。

若按成本定价原则计算，则多式联运单一运费 = 运输总成本 + 经营管理费 + 利润。

（1）运输总成本主要由下列费用构成：

1）从内陆接货地至枢纽港费用。从内陆接货地至枢纽港的费用包括：

①内陆接管货物地点到中转站发生的费用。

②中转站至码头堆场运费及其他费用。

③干线港（枢纽港）码头服务费。

2）海上干线运输费用。海上干线运输费用是指从起始港至目的港所发生的费用，不包括其他费用。

3）从海运目的港至最终交货地费用。从海运目的港至最终交货地的费用主要包括：

①码头费用。

②码头至内陆中转站费用。

③中转站费用及交货地费用。

4）集装箱租用费和保险费用。

（2）经营管理费。经营管理费主要应包括多式联运经营人与货主、各派出机构、代理人、实际承运人之间的信息、单证的传递费用，通信费用，单证成本和制单手续费，以及各派出机构的管理费用。这部分费用也可以分别加到不同区段的运输成本中一并计算。

对于全程运输中发生的报关手续费、申请监管运输（保税运输）手续费，全程运输中的理货、检查（商检、卫检等）及由发货人或收货人委托的其他服务引起的费用一般应单独列出，并根据贸易交易条件规定向承担的一方或委托方收取，而不包括在单一费率内。

（3）利润。利润是指多式联运经营人预期从该线路货物联运中获得的毛利润。一般可通过将运输总成本和经营管理费两项费用之和乘以一个适当的百分比（如 10% 等）确定。确定利润的多少要进行充分的调查研究，必须根据运输市场运价水平与自己具备的竞争能力、线路中存在的竞争情况等确定。

从以上分析可以看出，多式联运单一费率的制定并不是一项简单的工作，特别是其中的运输成本部分的相关计算更为复杂。它不仅取决于从接收货物地点到交付货物地点之间的运输线路，而且还取决于线路中区段的划分、方式的选择与实际承运人的选择；不仅与实际发生成本有关，而且还与竞争的实际情况和需要有关。即使是制定国内段的费率，由于受单一运输方式长期影响，各段、各方都希望自己多收费、少担风险，而且不同的承运人实际执行的费率也有差别，因此也有相当的难度。至于远在异国的进口国内陆运费的确定，则更为困难，一般可通过向当地的代理人、合伙人详细咨询获得。在对国外内陆运费率不了解或了解较少的情况下，目前，有的多式联运经营人从国内接收货物地点至到达国口岸采用统一费率（即单一费率中运输成本只包括出口国国内段费用和海上运费），向发货人收取这一区段的运费（预付费用），而从到达国口岸至内陆目的地的费用按实际成本确定，另向收货人收取（到付运费）。这种做法是一种可取的过渡方法。

多式联运单一费率是根据经营人开展联运的运输线路决定的。由于货主的工厂和仓库可能位于运输线路上，也可能位于距离线路较远的地区，在“门到门”运输形式下，各多式联运经营人公开的某线路的单一费率一般是该线路上处于起运国和目的国的不同的集装箱货物集散点（中转站、内陆货站、内陆港、车站、港口堆场）之间的运费率，而不包括从货主工厂或仓库到达这些集散点之间的运费费用。因此在订立具体运输合同时，应向货主说明包括的费用及需另外加付的费用。

【任务实施】

B 公司的身份是承运人。因为 B 公司向 A 公司签发了多式联运提单，是多式联运经营人，因此 B 公司对委托人 A 进口公司来说是承运人。C 公司应承担赔偿责任。因为 C 公司是实际承运人。货物损失是在其承运的过程中产生的，所以应当承担赔偿责任。B 公司应该承担赔偿责任。B 公司是多式联运合同的当事人，理应对货物损失进行赔偿，不过它可以依照有关法律法规向实际造成损失的责任人进行追偿。

本 章 小 结

国际多式联运是在集装箱运输的基础上发展起来的新型的运输方式。国际多式联运一般以集装箱为媒介，把海上运输、铁路运输、公路运输、航空运输和内河运输等传统的单一方式运输有机地结合起来，融为一体加以有效地综合利用，构成一种连贯的过程来完成国际间的运输。国际多式联运具备简化托运、结算及理赔手续；缩短货物运输时间，提高货运质量；降低运输成本，节省各种支出；提高运输管理水平，实现运输合理化等方面的优势。按运输形式分类，可将国际多式联运分为海陆联运、陆桥运输和海空联运；按组织形式分类，可将国际多式联运分为协作式多式联运和衔接式多式联运。国际多式联运经营人的责任期间，是从接收货物之时起到交付货物之时为止。国际多式联运经营人在责任期间内，要对货主负全程运输责任，但在负责范围和赔偿限额方面，根据目前国际上的做法，可分为统一责任、分段责任和修正（双重）统一责任三类。

本章重点介绍了国际多式联运的业务流程，国际多式联运费用的计算，国际多式联运相关单据的使用。

第七章 物流运输事故、纠纷与保险

【学习目标】

通过本章的学习，了解物流运输参与方中承运人、托运人和收货人的责任、权利与义务，物流运输事故及物流运输纠纷的概念，货物运输保险与物流运输责任险的概念；掌握物流运输事故处理的原则与程序，物流运输纠纷发生后解决的途径，货物运输保险与物流运输责任险的区别，物流运输风险管理与防范方法。

第一节 物流运输事故与纠纷

【基础知识】

一、物流运输参与方的责任、权利与义务

（一）承运人的责任、权利与义务

1. 承运人的责任

承运人应当按照承运和托运双方约定的时间和要求将货物运达目的地，交给指定的收货人。由于承运人的逾期运送、货损货差、错运错交、故意行为等错误致使运输合同不能履行或不能完全履行时，承运人应当承担违约责任。

当发生因不可抗力造成货物受损、包装缺陷造成货物受损、货物本身发生自然性质的变化或合理损耗、托运人违反国家规定导致货物被查扣等处理、因托运人或收货人过错造成的货物损失等情况，承运人可免除赔偿责任。

2. 承运人的权利

承运人有权向托运人或者收货人收取承运费、保管费及其他运输费用。如果承运人履行了运输义务而托运人或收货人不支付运输费用的，承运人可以留置承运的货物。承运人留置货物后，应当通知对方在两个月内履行相关义务，两个月后若对方仍不履行义务，则双方可以协商，以留置物折价，也可以依法拍卖、变卖留置物。收货人不明或者收货人以不正当理由拒绝受领货物的，承运人有权提存货物。提存的方式是承运人向接收货物所在地的公证机关申请公证，由公证机关指定存货场所，其效果是避免承运人因继续占有货物可能带来的风险。

3. 承运人的义务

承运人应当按时、按地、安全地完成运输义务。货物运达后，承运人知道收货人的，应当及时通知收货人，收货人应当及时提货，收货人逾期提货的，应当向承运人支付保管费等费用；在货物运输过程中，承运人应对货物的损毁、灭失履行损害赔偿义务。

（二）托运人的责任、权利与义务

1. 托运人的责任

托运人有责任按规定支付承运人运费，如实填写托运单并检查托运货物的名称、体积、重量、包装与托运单记载的内容是否相符，正确使用运输标志和包装储运标志，办理准运和审批等手续。

2. 托运人的权利

在承运人将货物交付收货人之前，托运人可以要求承运人中止运输，返还货物，变更到达地或者将货物交给其他收货人，但应当赔偿承运人因此受到的损失。托运人变更或解除运输合同无需提出理由或征得承运人的同意。托运人因变更或撤销运输合同而赔偿的承运人的损失应当包括装货、卸货和其他与此有关的费用。

3. 托运人的义务

（1）支付承运费用的义务。托运人有义务向承运人预付或到付运费和运输过程中发生的各项杂费。

（2）如实申报货物内容的义务。托运人有义务向承运人如实列明货物的名称、重量、数量、性质、收货人和发货人、发货地点和收货地点等情况。如因托运人申报货物内容错误或不准确而造成的运输损失，承运人不负责赔偿责任。

（3）向承运人提交有关手续文件的义务。对需要办理审批、检验手续的货物，托运人有义务办理并获取相应审批文件。托运人负有保证审批文件真实性和合法性的责任，承运人没有检查审批文件真实性的义务。

（4）妥善包装的义务。托运人有义务按照约定方式或运输部门的要求包装货物。对于没有约定的或约定不明的包装方式，承运人和托运人应当就该种货物的包装方式进行协商，达成一致后再订立货运合同。在特殊情况下，有时托运人会委托承运人负责包装货物。

（5）托运危险品的告知义务。托运人如托运易燃、易爆、有毒、有腐蚀性、有放射性的货物，应将有关危险物品的名称、性质和防范措施的书面材料提交承运人。托运人未尽此项义务的，承运人则有权拒绝运输，也有权采取相应措施以避免损失的发生，因此产生的费用由托运人承担。

（三）收货人的责任、权利与义务

1. 收货人的责任

货物运达后，收货人负责接收货物，对于运费到付的货物，收货人还应负责缴纳运杂费。货运合同中若规定收货人组织卸货的，由于收货人原因致使卸货延迟而导致货物未按合同约定运达的，收货人应承担赔偿责任。由于收货人原因导致运输工具、设备的损坏，由收货人按实际损失进行赔偿。

2. 收货人的权利

货物运达指定地点后，收货人有凭领货凭证领取货物的权利。收货人有权向到站或中途货物所在站提出变更到站或变更收货人以及签订变更协议的要求。

3. 收货人的义务

收货人有支付运费、保管费及其他费用的义务。在接到承运人发出的到货通知或货物运到指定地点后，收货人有义务及时提取并验收货物。验货时如发生货物数量不符或货物损毁的现象，收货人应在约定期限内向承运方提出异议。若超出提货期限收货人仍不提货的，收货人应当向承运方支付相应保管费。

二、物流运输事故和纠纷的处理

1. 物流运输事故及其处理的原则与程序

所谓物流运输事故，是指物流运输过程中发生的货物灭失、短少、变质、污染或迟延交付等情况。

物流运输事故和违约行为发生后，承运方和托运方及有关方应编制物流运输事故记录。货物运输途中发生交通肇事造成货物损坏或灭失的，承运人应先向托运人赔偿，再向肇事的责任方追偿。在货运事故处理过程中，收货人不得扣留车辆，承运人不得扣留货物。由于扣留车或扣货造成的损失，由扣留方负责赔偿。收货人、托运人知道发生货运事故后，应在约定的时间内，与承运人签注货运事故记录。收货人、托运人在约定的时间内不与承运人签注货运事故记录，或者无法找到收货人、托运人的，承运人可邀请两名以上无利害关系的人签注货运事故记录。

货物赔偿时效从收货人、托运人得知货运事故信息或签注货运事故记录的次日起计算。在约定运达时间的30日后未收到货物，视为灭失，自约定运达时间之后的31日起计算货物赔偿时效。未在约定的或规定的运输期限内运达交付货物为迟延交付。当事人要求另一方当事人赔偿时，需提出赔偿要求书，并附运单、货运事故记录和货物价格证明等文件。要求退还运费的，还应附运杂费收据。另一方当事人应在收到赔偿要求书的次日起，60日内作出答复。承运人或托运人若发生违约行为，应向对方支付违约金。违约金的数额由承运和托运双方约定。对承运人非故意行为造成货物迟延交付的赔偿金额，不得超过所迟延交付的货物的全程运费数额。由托运人直接委托站场经营人装卸货物造成货物损坏的，由站场经营人负责赔偿；由承运人委托站场经营人组织装卸的，承运人应先向托运人赔偿，再向站场经营人追偿。承运人、托运人、收货人及有关方在履行运输合同或处理货运事故时，若发生纠纷、争议，应及时协调解决或向县级以上人民政府交通主管部门申请调解；当事人不愿和解、调解或者和解、调解不成的，可依仲裁协议向仲裁机构申请仲裁；当事人没有订立仲裁协议或仲裁协议无效的，可以向人民法院提起诉讼。

2. 物流运输纠纷

在实践中，托运人与承运人因不能正确履行合同导致纠纷的情况常有发生。其原因可能是由于承运人经营管理不善或因意外、过失等造成托运方的损失，也可能因托运方的原因造成承运方的损失。

物流运输纠纷种类包括货物灭失纠纷、货损货差纠纷、货物延迟交付纠纷、单证纠纷以及运费租金纠纷等。

（1）货物灭失纠纷。造成货物灭失的原因有很多种，其后果是都会造成货方的损失。其原因有的是因交通事故造成的货物灭失，有的是因政府法令禁运和没收等造成的货物灭失，有的是因盗窃造成的货物灭失，有的是因承运方管理不善造成的货物灭失，还有的是因承运方为骗取保险而故意损毁运输工具造成的货物灭失。

（2）货损货差纠纷。货损包括货物破损、水湿、污染、锈蚀、腐烂变质、遇火和虫蛀鼠咬等。货差是指货物数量的短缺。货损货差可能是因托运方自身过失造成的，如货物包装不良、货物本身标志不清等；也可能是由于承运人的过失造成的，如装载不当、装卸操作不当、装运后和卸货前保管不当、未按要求控制运输过程的温度、自然灾害等。

（3）货物延迟交付纠纷。货物延迟交付是指因承运货物的交通工具发生事故，或因承运人在受理托运时未考虑载货能力而必须推迟到下一班期运输，或因货物中转时因承运人过失导致的货物在中转地滞留的现象。延迟交付还可能是因承运人为自身利益绕道而行导致的。

(4) 单证纠纷。单证纠纷是指因承运人未及时签发提单或托运人未要求签发提单而造成托运人受损的，承运人应托运人的要求倒签、预借提单而影响收货人利益，收货人向承运人提出索赔，承运人又与托运人之间发生纠纷的现象。另一种单证纠纷是因承运人在单证签发时的失误而引起的承运和托运双方的纠纷。

承运人、托运人和收货人三方在履行物流运输合同过程中发生纠纷时，应及时协商解决，协商不一致时，任何一方都可以向合同管理机构申请调解或仲裁，也可以向人民法院提起诉讼。诉讼和仲裁是司法或准司法解决途径。物流运输纠纷出现后，纠纷双方一般会考虑到多年合作关系和商业因素而互相退让，争取友好协商解决，力争为以后合作打下良好基础。如果存在纠纷双方分歧较大、无法友好协商解决的情况，可以求助行业协会或其他组织进行调解，争取达成和解协议，解决纠纷；如果经过双方长时间的协商和行业协会或其他组织介入调解仍无法解决纠纷，那么纠纷双方就需要通过司法或准司法途径来解决。

第二节　物流运输保险

【基础知识】

一、货物运输保险

货物运输保险是以货物运输过程中的各种货物作为保险标的的保险。货物运输保险是通过订立保险合同来实现的，保险单是保险合同存在的证明。保险合同一经订立，订约双方均应按照合同条件即保险单中各项保险条款的规定来履行义务、行使权利。

(一) 货物运输保险的分类

货物运输保险按其保险标的的运输工具种类可分为四类：海洋运输货物保险、陆上运输货物保险、航空运输货物保险、邮包保险。当一批货物的运输全过程使用两种或两种以上的运输工具时，往往以货运全过程中主要的运输工具来确定投保何种货物运输保险。

1. 海上运输货物保险

(1) 海上货物运输风险的种类：国际贸易货物在海上运输的装卸和储存过程中，可能会遭到各种不同的风险，而海上货物运输保险人主要承保的风险有海上风险和外来风险。

1) 海上风险。海上风险在保险界又称为海难，包括海上发生的自然灾害和意外事故。自然灾害是指由于自然界的变异引起破坏力量所造成的灾害。海运保险中，自然灾害仅指雷电、海啸、地震、洪水、火山爆发等人力不可抗拒的灾害。意外事故是指由于意料不到的原因所造成的事故。海运保险中，意外事故仅指搁浅、触礁、沉没、碰撞、火灾、爆炸和失踪等。

2) 外来风险。外来风险一般是指由于外来原因引起的风险，它可以分为一般外来风险和特殊外来风险。

一般，外来风险是指货物在运输途中由于偷窃、下雨、短量、渗漏、破碎、受潮、受热、霉变、串味、沾污、钩损、生锈、碰损等原因所导致的风险。

特殊外来风险是指由于战争、罢工、拒绝交付货物等政治或军事因素以及国家禁令和管制措施所造成的风险与损失。例如，因政治或战争因素，运送货物的船只被敌对国家扣留而造成无法交货；某些国家颁布的新政策或新的管制措施以及国际组织的某些禁令导致货物无法出口或进口而造成损失。

（2）海损。被保险货物因遭受海洋运输中的风险所导致的损失称为海损或海上损失。海损按损失程度的不同可分为全部损失和部分损失。

1）全部损失。全部损失简称全损，是指被保险货物在海洋运输中遭受全部损失。从损失的性质看，全损又可分为实际全损和推定全损。

①实际全损又称绝对全损，是指保险标的物在运输途中全部灭失或等同于全部灭失。在保险业务上构成实际全损的主要有：保险标的物全部灭失；保险标的物的物权完全丧失且已无法挽回；保险标的物已丧失原有商业价值或用途；载货船舶失踪，无音讯已达相当长一段时间。在国际贸易实务中，一般根据航程的远近和航行的区域来决定时间的长短。

②推定全损是指保险货物的实际全损已经不可避免，而进行施救、复原的费用已超过将货物运抵目的港的费用或已超出保险补偿价值的损失。构成被保险货物推定全损的情况有以下几种：

a. 保险标的物受损后，其修理费用超过货物修复后的价值。

b. 保险标的物受损后，其整理和继续运往目的港的费用超过货物到达目的港的价值。

c. 保险标的物的实际全损已经无法避免，为避免全损所需的施救费用将超过获救后标的物的价值。

d. 保险标的物遭受保险责任范围内的事故，使被保险人失去标的物的所有权，而收回标的物所有权的费用已超过收回标的物的价值。

2）部分损失。部分损失是指被保险货物的损失没有达到全部损失的程度。部分损失按性质的不同可分为共同海损和单独海损。

①共同海损。根据1974年国际海事委员会制定的《约克安特卫普规则》的规定，载货船舶在海上遇难时，船方为了共同安全，以使同一航程中的船货脱离危险，有意而合理地作出的牺牲或引起的特殊费用称为共同海损。构成共同海损的条件是：

a. 共同海损的危险必须是实际存在的或者是不可避免的，而非主观臆测。因为不是所有的海上灾难或事故都会引起共同海损。

b. 共同海损必须是自愿地和有意识地采取合理措施所造成的损失或发生的费用。

c. 共同海损必须是为船货共同安全采取谨慎行为或措施时所作的牺牲或引起的特殊费用。

d. 共同海损必须是属于非常性质的牺牲或发生的费用，并且是以脱险为目的。共同海损行为所作出的牺牲或引起的特殊费用都是为使船主、货主和承运各方不遭受损失而支出的，因此，不管其大小如何，都应由船主、货主和承运各方按获救的价值以一定比例分摊。这种分摊称为共同海损的分摊。在分摊共同海损费用时，不仅要包括未受损失的利害关系人，而且还需包括受到损失的利害关系人。

②单独海损。单独海损是指保险标的物在海上遭受承保范围内的风险所造成的部分灭失或损害，即除共同海损以外的部分损失。这种损失只能由标的物所有人单独负担。与共同海损相比，单独海损的特点是：它不是由人有意造成的部分损失；它是保险标的物本身的损

失；单独海损由遭受损失的被保险人单独承担，但其可根据损失情况从保险人那里获得赔偿。根据英国海上法，货物发生单独海损时，保险人应赔的金额，等于受损价值与完好价值之比乘以保险金。

（3）海上运输货物保险条款：

1）海洋货物运输基本险。基本险又称主险，按承保责任范围的大小可分为平安险、水渍险和一切险。

①平安险。平安险这一名称在我国保险行业中沿用已久，概括起来，这一险别的责任范围主要包括：

a. 在运输过程中，由于自然灾害和运输工具发生意外事故导致的被保险货物的实际全损或推定全损。

b. 由于运输工具遭遇搁浅、触礁、沉没、互撞或与其他物体发生碰撞以及失火、爆炸等意外事故造成被保险货物的部分损失。

c. 只要运输工具曾经发生搁浅、触礁、沉没、焚毁等意外事故，无论这个事故发生之前或者以后曾在海上遭遇、雷电、海啸等自然灾害所造成的被保险货物的部分损失。

d. 在装卸或转船过程中，被保险货物一件或数件落海所造成的全部损失或部分损失。

e. 运输工具遭遇自然灾害或意外事故，在避难港卸货所引起的被保险货物的全部损失或部分损失。

f. 运输工具遭遇自然灾害或意外事故，需要在中途港口或者避难港口停靠而引起的卸货、装货、存仓以及运送货物所产生的特别费用。

g. 发生共同海损所引起的牺牲、公摊费和救助费用。

h. 发生了保险责任范围内的危险，被保险人对货物采取抢救、防止或减少损失的各种措施而产生的合理费用。但是保险公司承担费用的限额不能超过这批被救货物的保险金额。施救费用可以在赔款金额以外的一个保险金额限度内承担。

②水渍险。水渍险的责任范围除了包括上列平安险的各项责任外，还负责被保险货物由于雷电、海啸、地震、洪水等自然灾害所造成的部分损失。

③一切险。一切险的责任范围除包括上列平安险和水渍险的所有责任外，还包括货物在运输过程中，因各种外来原因所造成的保险货物的损失。无论是全部损失还是部分损失，除对某些运输途中损耗的货物，经保险公司与被保险人双方约定在保险单上载明免赔率外，保险公司都给予赔偿。

在上述三种基本险别中，明确规定了除外责任。所谓除外责任，是指保险公司明确规定不予承保的损失或费用。

按照国际保险业的习惯，海运保险基本险采用的是“仓至仓”条款，即保险责任从被保险货物远离保险单所载明的起运地或发货人仓库或储存处所时开始生效（包括正常运输过程中的海上、陆上、内河和驳船运输在内），直到该批货物到达保险单所载明的目的地或收货人的仓库为止，但最多不得超过被保险货物卸离海轮后60天。

2）海洋货物运输的附加险。附加险是基本险的补充和扩大，承保的是由于外来原因所造成的损失。

①一般附加险。一般附加险承保的是由于一般外来风险所造成的全部损失或部分损失。一般附加险包括以下11种附加险，但附加险不能独立承保，它必须附属于主险下。

a. 偷窃提货不着险。在保险有效期内，保险货物被偷走或窃走，以及货物运抵目的地以后，整件未交而造成的损失，由保险公司负责赔偿。

b. 淡水雨淋险。货物在运输过程中由于淡水、雨水以及雪溶所造成的损失，保险公司都应负责赔偿。

c. 短量险。保险公司应负责赔偿保险货物数量短少和重量的损失。对于包装货物的短少，保险公司必须要查清外装包是否发生破口、破袋、扯缝等异常现象，如属于散装货物，往往以装船和卸船的重量差额作为计算短量的依据。

d. 混杂、沾险。保险货物在运输过程中因混进了杂质而造成的损失，保险公司应负责赔偿。

e. 渗漏险。流质、半流质的液体货物和油类货物，在运输过程中因为容器损坏而引起的渗漏损换。如以液体装存的湿肠衣，因为液体渗漏而使肠衣发生腐烂变质等损失，均由保险公司负责赔偿。

f. 碰损、破碎险。碰损主要是对金属、木质等货物而言的，破碎则主要是对易碎性物质而言的。前者是指在运输途中因为受到震动、颠簸、挤压而造成货物本身的损失；后者是在运输途中由于装卸野蛮、粗鲁、运输工具的颠震造成货物本身的破裂、断碎的损失。对于这几种损失，保险公司都应负责赔偿。

g. 串味险。例如，茶叶、香料、药材等在运输途中受到一起堆储的皮第、樟脑等异味的影响使品质受到的损失，保险公司应负责赔偿。

h. 受热、受潮险。例如，船舶在航行途中由于气温骤变或者因为船上通风设备失灵等使舱内水汽凝结、发潮、发热引起货物的损失，保险公司应负责赔偿。

i. 钩损险。保险货物在装卸过程中因为使用手钩、吊钩等工具所造成的损失，保险公司应负责赔偿。

j. 包装破裂险。因为包装破裂造成物资的短少、沾污等损失以及因保险货物运输过程中的安全需要而产生的候补包装、调换包装所支付的费用，保险公司也应负责赔偿。

k. 锈损险。保险公司负责赔偿保险货物在运输过程中因为生锈造成的损失。不过这种生锈必须在保险期内发生，如原装时就已生锈，保险公司不负赔偿责任。

②特别附加险。特别附加险也属于附加险，但不属于一切险。它的责任范围是由于军事、政治、国家政策法令以及行政措施等原因所造成的全部损失或部分损失。特别附加险的内容包括战争险、罢工险、交货不到险、进口关税险、舱面险、拒收险、黄曲霉素险和出口货物到香港（包括九龙在内）或澳门存储仓火险责任扩展条款等。

2. 陆上运输货物保险

（1）陆运险的责任范围。陆上运输货物保险分为陆运险和陆运一切险，被保险货物遭受损失时，保险公司按保险单订立的承保险别条款规定负赔偿责任。

1）陆运险。陆运险的责任范围包括被保险货物在运输途中遭受暴风、雷电、地震、洪水等自然灾害，或由于陆上运输工具（主要指火车、汽车）遭受碰撞、倾覆、出轨或在驳运过程中因驳运工具搁浅、触礁、沉没或由于遭受隧道坍塌、崖崩或火灾、爆炸等意外事故所造成的全部损失或部分损失。保险公司对陆运险的承保范围大致相当于海运险中的水渍险。

2）一切险。一切险的责任范围除包括上述陆运险的责任外，还包括被保险货物在运输途中由于外来原因造成的短少、短量、偷窃、渗漏、碰损、破碎、钩损、雨淋、生锈、受潮、霉变、串味、沾污等全部损失或部分损失。

（2）除外责任。陆上货物运输保险对下列损失不负赔偿责任：

1）被保险人的故意行为或过失所造成的损失。

2）由于发货人的责任或被保险货物的自然消耗所引起的损失。

3）由于战争、工人罢工或运输延迟所造成的损失。

（3）责任起讫。陆上运输货物保险负“仓至仓”责任，从被保险货物运离保险单所载明的起运地仓库或储存处所时开始生效（包括正常运输过程中的陆上和与其有关的水上驳运在内），直到该批货物运达保险单所载明的目的地或收货人的最后仓库或储存处所或被保险人用作分配、分派的其他储存处所为止。如未运抵上述仓库或储存处所，则以被保险货物运抵最后卸载的车站满60天为止。

（4）被保险人的义务。被保险人应按照以下规定的应尽义务办理有关事项，当因被保险人未履行规定的义务而影响保险公司利益时，保险公司对有关损失有权拒绝赔偿。

1）当被保险货物运抵保险单所载明的目的地以后，被保险人应及时提货，当发现被保险货物遭受任何损失时，应立即向保险单上所载明的检验、理赔代理人申请检验，如发现被保险货物整件短少或有明显残损痕迹，应立即向承运人、受托人或有关当局索取货损货差证明。如果货损货差是由于承运人、受托人或其他有关方面的责任造成的，则应以书面形式向他们提出索赔。必要时还需取得延长时效的认证。

2）对遭受承保责任内危险的货物，应迅速采取合理的抢救措施，防止或减少货物损失。

3）在向保险人索赔时，必须提供下列单证：保险单正本、提单、发票、装箱单、磅码单。货损货差证明、检验报告及索赔清单。如涉及第三者责任还需提供向责任方赔偿的有关函电及其他必要单证或文件。

（5）索赔期限。陆上运输货物保险索赔时效是从被保险货物在最后目的地车站全部卸离车辆后开始计算的，最多不超过两年。

3. 航空运输货物保险

（1）责任范围。航空运输货物保险分为航空运输险和航空运输一切险。被保险货物遭受损失时，保险公司按保险单上订明承保险别条款规定负赔偿责任。

1）航空运输险。航空运输险的责任范围包括：

①被保险货物在运输途中遭受雷电、火灾、爆炸或由于飞机遭受恶劣气候或其他危难事故而被抛弃，或由于飞机遭受碰撞、倾覆、坠落或失踪等意外事故所造成全部损失或部分损失。

②被保险人对遭受承保责任内危险的货物采取抢救，防止或减少货损的措施而支付合理费用，但以不超过该批被救货物的保险金额为限。

2）航空运输一切险。般空运输一切险的责任范围除包括上述航空运输险的责任外，还包括被保险货物由于外来原因所造成的全部损失或部分损失。

（2）除外责任。航空运输货物保险对下列损失不负赔偿责任：

1）被保险人的故意行为或过失所造成的损失。

2）属于发货人责任所导致的损失。

3）保险责任开始前，被保险货物已存在的品质不良或数量短差所造成的损失。

4）被保险货物的自然损耗、本质缺陷、特性以及市价跌落、运输延迟所引起的损失或费用。

5）保险公司的航空运输货物战争险条款和货物及罢工险条款规定的责任范围和除外责任。

（3）责任起讫：

1）航空运输货物保险负“仓至仓”责任，从被保险货物运离保险单所载明的起运地仓库或储存处所时开始生效（包括正常运输过程中的运输工具在内），直到该批货物运达保险单所载明的目的地或收货人的最后仓库或储存处所或被保险人用作分配、分派或非正常运输的其他储存处所为止。如未运抵上述仓库或储存处所，则以被保险货物在最后卸载地卸离飞机后满 30 天为止。如果在上述 30 天内被保险的货物需转送到非保险单所载明的目的地时，则以该项货物开始转运时终止。

2）由于被保险人无法控制的运输延迟、绕道、被迫卸货、重行装载、转载或承运人运用运输契约赋予的权限所作的任何航行上的变更或终止运输契约，致使被保险货物运到非保险单所载明的目的地时，在被保险人及时将获知的情况通知保险人，并在必要时加缴保险费的情况下，航空运输货物保险仍继续有效，保险责任按下述规定终止：

①被保险货物如在非保险单所载明的目的地出售，保险责任至交货时为止。但无论在任何情况下，均以被保险的货物在卸载地卸离飞机后满 30 天为止。

②被保险货物在上述 30 天期限内继续运往保险单所载原目的地或其他目的地时，保险责任仍按上述第①款的规定终止。

（4）索赔期限。航空运输货物保险索赔时效是从被保险货物在最后卸载地卸离飞机后起算，最多不超过两年。

4. 邮包保险

邮包保险按其保险责任可分为邮包险和邮包一切险。邮包险与海洋运输货物保险中的水渍险的责任相似，邮包一切险与海洋运输货物保险一切险的责任基本相同。

（1）邮包险。邮包险负责赔偿被保险邮包在运输途中由于雷电、海啸、地震、洪水等自然灾害或由于运输工具遭受搁浅、触礁、沉没、碰撞、倾覆、出轨、坠落、失踪，或由于失火、爆炸等意外事故所造成的全部损失或部分损失。此外，该保险还负责被保险人对遭受承保责任范围内危险的货物采用抢救、防止或减少损失的措施而支付的合理费用，但以不超过获救货物的保险金额为限。

（2）邮包一切险。除包括邮包险的责任外，邮包一切险还负责赔偿被保险邮包在运输途中由于外来原因所致的全部损失或部分损失。

邮包运输货物保险的除外责任和被保险人的义务与海洋运输货物保险相比，其实质是一致的。其责任起讫为自被保险邮包离开保险单所载明的起运地点或寄件人的处所运往邮局时开始生效，直至该件邮包运达本保险单所载明的目的地邮局，自邮局签发到货通知书当日起算满 15 天终止。但是在此期间，邮包一经交至收件人的处所，保险责任即告终止。

（二）货物运输保险程序

国际货物运输投保与国内货物运输投保相比，需考虑在国际货物买卖过程中，由哪一方负责办理投保国际贸易运输保险，这应根据买卖双方商订的价格条件来确定。例如，若按

FOB 条件和 CFR 条件成交，则应由买方办理国际运输保险；若按 CIF 条件成交，则应由卖方办理国际运输保险。办理国内和国际货物运输保险的一般程序是：

1. 确定投保国内和国际货物运输保险的金额

投保金额是保险费的依据，又是货物发生损失后计算赔偿金额的依据。在国际货物运输中，投保金额应按发票上的 CIF 的预期利润计算。但各国的市场情况不尽相同，对进出口贸易的管理办法也各有差异。向中国人民保险公司办理进出口货物运输保险有两种办法：一种是逐笔投保；另一种是按签订预约保险总合同办理。

2. 填写国际运输保险投保单

保险单是投保人向保险人提出投保的书面申请，其主要内容包括被保险人的姓名、被保险货物的品名、标记、数量及包装、保险金额、运输工具名称、开航日期及起讫地点、投保险别、投保日期及签章等。

3. 支付保险费，取得保险单

保险费按投保险别的保险费率计算。保险费率是根据不同的险别、不同的商品、不同的运输方式、不同的目的地，参照国际上的费率水平而制定的。它分为一般货物费率和指明货物加费费率两种。前者是一般商品的费率，后者是指特别列明的货物（如某些易碎、易损商品）在一般费率的基础上另行加收的费率。

交付保险费后，投保人即可取得保险单。保险单实际上已构成投保人与保险人之间的保险契约，是保险人对投保人的承保证明。在发生保险范围内的损失或灭失时，投保人可凭保险单要求赔偿。

4. 提出索赔手续

当被保险的货物发生属于保险责任范围内的损失时，投保人可以向保险人提出赔偿要求。被保险货物运抵目的地后，收货人如发现整件短少或有明显残损，应立即向承运人或有关方面索取货损或货差证明，并联系保险公司指定的检验、理赔代理人申请检验，提出检验报告，确定损失程度，同时向承运人或有关责任方提出索赔。属于保险责任的，可填写索赔清单，连同提单副本、装箱单、保险单正本、磅码单、修理配置费凭证、第三者责任方的签证或商务记录以及向第三者责任方索赔的来往函件等向保险公司索赔。索赔应当在保险有效期内提出并办理，否则保险公司可以不予办理。

二、物流运输业务责任险

物流运输业务责任保险是指被保险人在经营物流运输业务过程中，对由于列明原因造成的物流运输货物损失，依法应由被保险人承担赔偿责任的，由保险人根据保险合同的约定负责赔偿。物流运输业务责任保险的责任范围包括在经营物流运输业务过程中依法应由被保险人承担赔偿责任的物流运输货物的损失。

物流运输责任保险可以为被保险人提供经营物流运输业务过程中的全面保障，是一种符合现代物流运输业发展潮流的新型保险产品。从责任的对象来看，物流运输责任保险既包括对客户（即物流运输合同相对方）的法律责任，也包括对第三方的法律责任。从损害的性质上来看，物流运输责任保险是物流运输保险的一种类型，是对物流运输责任风险的保险保障。

（一）货物运输保险与物流运输责任保险的区别

由于部分物流运输企业对物流运输责任保险的认识不足，导致了一些物流运输企业用货物运输保险的方式来转嫁企业经营风险，但是货物运输保险承保的是运输过程中的货物，旨在保障货主的财产权，而不是承保物流运输企业的经济赔偿责任。而物流运输责任保险是针对第三方物流的兴起而开发的。货物运输保险与物流运输责任保险的区别在于：

1. 被保险人不同

货物运输保险的被保险人为货主。在这种情况下，对于物流运输企业会存在如赔款赔付给货主而不是物流运输企业，保险公司向货主赔款后可以向物流运输企业进行追偿等问题。物流运输责任保险的被保险人就是物流运输企业，赔款赔付给物流运输企业。

2. 货物运输保险不能解决物流运输企业的赔偿责任

当货主与物流运输企业同时投保货物运输保险时，双方的保险公司各自承担一半的赔偿责任，即货主的保险公司赔付给货主货损的50%，物流运输企业也得到货损赔偿的50%，但是需要将这笔赔款赔付给货主，这样货主获得全额赔付不受损失。然后，货主的保险公司可以将自己赔付给货主的50%的货损对物流运输企业进行追偿，这样物流运输企业一方面将保险公司赔付的50%的货损给了货主，另一方面自己还要向保险公司赔付50%的货损。这样算来，物流运输企业承担了50%的货损。因此物流运输企业就需要投保物流运输责任保险，该保险承保的就是物流运输企业依法承担的经济赔偿责任，在遇有追偿的情况下，正好可以使用物流运输责任保险进行赔付。

3. 物流运输企业投保货运险存在拒赔风险

货物运输保险即使是年度预约保单，仍然需要被保险人如实申报每一票货物的金额。而物流运输责任保险则是一年一份保单，不需要再进行任何申报。

目前，市场上存在一些货物运输保险保单，告知被保险人可以按照月份申报运输货物的金额，但是按照保险合同的要求，被保险人必须做到全部如实申报。如果被保险人没有如实申报当月运输货物金额，则保险人可以被保险人违反合同约定为由拒绝赔付。企业选择保险就是为了规避风险，但是如果选择了一份不适当的保险，损失保费成本是小事，没有得到应有的保证就得不偿失了。

（二）物流业务的风险分类

现代物流业的发展不仅是流通领域的革命，也对制造业、运输业、批发零售业等行业产生了巨大影响。物流企业在为客户提供越来越便利的一体化物流服务的同时，也承担着越来越大的风险。随着物流服务功能的日益完善和强大，现代物流风险也纷繁复杂，所以正确地识别风险、管理和防范风险是保证物流业健康、持续发展的关键。

国际物流运营过程中风险无处不在。一般而言，存在的风险主要有以下几类。

1. 物流运营的外延风险

（1）物流项目投资风险。物流业作为“第三利润的源”，已成为新的投资热点。与发达国家相比，我国的物流业表现出物流企业数量多，而总体运营规模并不大的特点。物流项目一般是指第三方物流企业为了提供专业化物流服务而进行物流基础设施的建设和硬件设备的配备的项目。物流项目的建设一般投资巨大，配套设施要求很高，对环境资源的影响也很大，且一旦建成便难以更改。因此，充分分析、论证物流项目全过程的风险因素，采取科学手段，规避、防范风险是物流业成功的关键。

（2）物流规划方案责任风险。物流项目责任重大，项目实施前都会请专家或专业咨询机构设计物流规划方案。但如果日后的实践证明规划方案达不到预期的要求，甚至有严重失误时，提供方案方就会像建筑工程设计商一样，对其设计的方案承担法律责任，所以这种责任风险不能忽视。

（3）物流项目建设风险。物流项目在建过程中，可能存在暴雨、暴雪、洪水、地震等自然灾害以及火灾、爆炸等不可抗力带来的意外损失，也可能存在在建工程质量、设备缺陷，工程延期交付，工程品质不达标等风险，这些风险的客观存在都可能导致物流项目无法如期交工使用。

（4）合作风险。完整的供应链物流服务中，选择合适的战略伙伴是保证物流管理品质的核心，也是物流管理的基础。如果由于信息不对称和信息不完全导致企业合作伙伴选择不当，不仅会减少企业的利润，而且会增加整条供应链的运行成本。

（5）物流项目变动风险。在物流项目营运过程中，物流服务费用的获取是物流企业收入的唯一来源，因此在物流项目开展过程中，客户信誉和经营状况直接影响到项目的经济风险。如果客户中途取消合同或发生重大变化导致为该客户进行专业化物流服务的前期投入不能及时收回，将给企业带来巨大的经济损失。

（6）物流金融风险。物流金融是指在物流业务活动中，运用金融工具使物流产生价值增值的融资活动。物流金融服务一般涉及结算、质押、担保、垫资等运作模式。物流金融主要面临以下潜在风险：

1）客户资信风险。选择客户要谨慎，要考察其业务能力、业务量及货物来源的合法性（走私货物有罚没风险）。在滚动提取时提好补坏有坏货风险，还有以次充好的质量风险。

2）仓单风险。以入库单作质押，和仓单的性质相同，但仓单是有价证券，也是物权凭证，因此必须有科学的管理程序，保证仓单的唯一性与物权凭证性质。

3）质押品风险。应选择价格涨跌幅度不大、质量稳定的物品作质押品，如黑色金属、有色金属、大豆等。

4）提单风险。目前的由货主或银行开提货单应逐步转向仓单提货。由货主与银行共开提货单的，要在合同中注明仓单无提货功能，同时要有鉴别提货单真伪的措施。

5）内部操作风险。应减少内部人员作案和操作失误的风险。

同时，物流项目的外在风险还可能受市场风险（市场价格、汇率变动）、环境风险（配套环境、资源条件的改变）、政策、政治风险（政策变动、罢工、暴动、骚乱事件）等影响。

2. 物流项目运营过程中的内在风险

（1）来自货物本身的风险。来自货物本身的风险是指运送货物遭受灭失和损害的风险，包括由客观原因如货物在运输、仓储、加工、包装过程中，遭受自然灾害、意外事故、交通工具肇事或因物品本身的特质而出现变质、破损、自燃、渗漏（液体）等带来的风险，也包括由人为因素如野蛮装卸、偷盗、不诚实行为等带来的风险。

（2）硬件设施风险。硬件设施风险是指运输工具面临的各种风险，如机动车肇事、飞机失事、船只触礁、沉没等，以及经常使用的设备故障带来的风险。

（3）物流商面临的责任风险。现代物流先进的管理技术和运作模式贯穿于物品流通的全过程，一站式的全程服务使得物流商承担的责任更多。在整个物流系统的供应链中，运行过程都依赖物流企业的管理员进行协调，如果管理人员在工作中存在疏忽和失职或者不诚信行为，不仅会使服务效率低下、差错率上升，甚至还会导致重大损失的事故。因此控制此类风险是保证物流通畅的基础。物流商面临的风险包括以下几类：

1）货物未及时送达的延时配送风险。在JIT（Just in Time，准时制）原则的要求下，物流企业延时配送往往会导致客户索赔，致使物流企业承担违约赔偿责任。

2）错发错运未准确配送的风险。物流企业往往因填错唛头、信息系统出错、操作人员马虎等原因导致分拨路径发生错误，致使货物错发错运，由此给客户带来损失。

3）装卸损失风险。装卸损失风险是指由于物品包装不合格或野蛮装卸、操作失误等因素造成货物受损，致使物流企业承担相应的损失的风险。

（4）来自分包商的风险主要包括传递性风险和诈骗风险。

1）传递性风险。传递性风险是指物流企业不能通过分包协议把全部风险有效传递给分包商的风险。由于目前铁路、民航、邮政等公用企业对赔偿责任限额普遍规定较低，因此物流企业选择由公用企业部门分包时将面临着不能有效传递的风险。

2）诈骗风险。诈骗风险是指因社会信用和惩戒手段缺失导致的“飞货”风险，如个别缺乏诚信的分包商，在运输货物过程中诈骗失踪，制造“飞货”事件，导致物流商承担巨额损失的风险。

（三）物流责任保险条款

第一条　本保险合同由保险条款、投保单、保险单、批单、特别约定和物流业务申报材料组成。凡涉及本保险合同的约定，均应采用书面形式。

第二条　凡在中华人民共和国境内经营物流业务的企业，均可作为本保险合同的被保险人。

第三条　本保险合同所称物流是指被保险人接受委托，将运输、储存、装卸、搬运、包装、流通加工、配送和信息处理等基本功能实施有机结合，使物品从供应地向接收地实体流动的过程。本保险合同所称物流货物是指被保险人接受委托进行物流的物品。

第四条　在本保险期间，被保险人在经营物流业务过程中，由于下列原因造成物流货物的损失，依法应由被保险人承担赔偿责任的，保险人根据本保险合同的约定负责赔偿：

（1）火灾、爆炸。

（2）运输工具发生碰撞、出轨、倾覆、坠落、搁浅、触礁、沉没或隧道、桥梁、码头坍塌。

（3）碰撞、挤压导致包装破裂或容器损坏。

（4）符合安全运输规定而遭受雨淋。

（5）装卸人员违反操作规程进行装卸、搬运。

第五条　下列费用，保险人根据保险合同的约定负责赔偿：保险事故发生后，被保险人因保险事故而被提起仲裁或者诉讼所支付的仲裁费用、诉讼费用以及事先经保险人书面同意支付的其他必要的、合理的费用（以下简称“法律费用”）。

第六条　下列原因造成的损失、费用和责任，保险人不负责赔偿：

（1）自然灾害。本保险合同所称自然灾害是指雷击、暴风、暴雨、洪水、暴雪、冰雹、沙尘暴、冰凌、泥石流、崖崩、突发性滑坡、火山爆发、地面突然塌陷、地震、海啸及其他人力不可抗拒的破坏力强大的自然现象。

（2）被保险人的故意或重大过失行为。

（3）战争、外敌入侵、敌对行动（无论是否宣战）、内战、反叛、革命、起义、罢工、骚乱、暴动、恐怖活动。

（4）核辐射、核爆炸、核污染及其他放射性污染。

（5）执法行为或司法行为。

（6）公共供电、供水、供气及其他的公共能源中断。

（7）大气污染、土地污染、水污染及其他各种污染。

第七条　下列原因造成的损失和费用，保险人不负责赔偿：

（1）被保险人自有的运输或装卸工具不适合运输或装载物流货物，或被保险人自有的仓库不具备存储物流货物的条件。

（2）物流货物设计错误、工艺不善。由于物流货物的本质缺陷或特性导致的自然渗漏、自然损耗、自然磨损、自燃或由于自身原因造成腐烂、变质、伤病、死亡等自身变化。

（3）物流货物包装不当，或物流货物包装完好而内容损坏或不符，或物流货物标记错制、漏制、不清。

（4）发货人或收货人确定的物流货物数量、规格或内容不准确。

（5）物流货物遭受盗窃或不明原因地失踪。

第八条　下列物流货物的损失，依法应由被保险人承担赔偿责任的，保险人不负责赔偿。但由被保险人向保险人事先提出申请并经被保险人书面同意的不在此限：

（1）金银、珠宝、钻石、玉器、贵重金属。

（2）古玩、古币、古书、古画。

（3）艺术作品、邮票。

（4）枪支弹药、爆炸物品。

（5）现钞、有价证券、票据、文件、档案、账册、图纸。

第九条　下列损失、费用和责任，保险人不负责赔偿：

（1）被保险人及其雇员的人身伤亡或所有的财产损失。

（2）露天储存的物流货物的损失或费用。

（3）盘点时发现的损失，或其他不明原因的短量。

（4）在水路运输过程中存放在舱面上的物流货物的损失和费用，但集装箱货物不在此限。

（5）精神损害赔偿。

（6）被保险人的各种间接损失。

（7）罚款、罚金或惩罚性赔偿。

（8）发生在中华人民共和国境外的财产或费用的损失。

（9）本保险合同中载明的免赔额。

第十条　其他不属于保险责任范围内的损失、费用和责任，保险人不负责赔偿。

第十一条　本保险合同的责任限额由投保人自行确定，并载于保险单明细表中。

第十二条　保险人以本保险期间内被保险人预计发生的物流业务营业收入为基础计收预付保险费。保险合同期满后，保险人根据被保险人申报的实际发生的物流业务营业收入作为计算实际保险费的依据。实际保险费高于预付保险费的，被保险人应补交其差额部分；实际保险费低于预付保险费的，保险人退还其差额部分，但实际保险费不得低于保险单明细表中列明的最低保险费。

第十三条　除另有约定外，保险期间为一年，以保险单载明的起讫时间为准。

第十四条　投保人应履行如实告知义务，如实回答保险人就被保险人的有关情况提出的询问，并如实填写投保单。投保人故意隐瞒事实，不履行如实告知义务的，或者因过失未履行如实告知义务，足以影响保险人决定是否同意承保或者提高保险费率的，保险人有权解除本保险合同且本保险合同自保险人解约通知书到达被保险人之日起解除。投保人故意不履行如实告知义务的，保险人对于本保险合同解除前发生的保险事故不承担赔偿赁任，并不退还保险费。投保人因过失未履行如实告知义务，对保险事故的发生有严重影响的，保险人对于本保险合同解除前发生的保险事故不承担赔偿责任，但可退还保险费。

第十五条　投保人应按本保险合同的约定预付保险费。若投保人未按照约定预付保险费，保险费预付前发生的保险事故，保险人不承担赔偿责任。

第十六条　被保险人应严格遵守国家法律、法规、规章和制度，加强管理，采取合理的预防措施，避免或者减少责任事故的发生。对于因被保险人未遵守上述约定而导致责任事故的，保险人有权拒绝赔偿；对于因被保险人未遵守上述约定而导致责任事故扩大的，保险人有权拒绝赔偿责任扩大的部分。

第十七条　在保险期间内，若保险单所载事项或相关物流合同发生变更，被保险人应及时书面通知保险人。对于本保险合同危险程度增加的，保险人有权要求增加保险费或解除合同。在保险期间内，对于物流货物的物流情况，被保险人应按照与保险人的约定填写物流责任保险申报单，及时向保险人申报。保险人根据物流责任保险申报单计算实际保险费。被保险人未履行通知或申报义务，因变更事项导致保险事故的，保险人不承担赔偿责任。

第十八条　发生保险责任范围内的事故后，被保险人应该：

(1) 立即通知保险人，并书面说明事故发生的原因、经过及损失程度。

(2) 尽力采取必要、合理的措施，防止或减少损失，否则，对因此扩大的损失，保险人不承担赔偿责任。

(3) 被保险人获悉赔偿请求人可能会向法院提起诉讼时，或在接到法院传票或其他法律文书后，应立即以书面形式通知保险人。

(4) 未经保险人书面同意，被保险人不得自行对赔偿请求人作出任何承诺、拒绝、出价、约定、付款或赔偿。被保险人如不履行上述约定，保险人有权不承担赔偿责任，或从解约通知书到达被保险人时解除本保险合同。

第十九条　被保险人向保险人申请赔偿时，应提交保险单正本、索赔申请、损失清单、责任认定证明、支付凭证、有关的法律文书（裁定书、裁决书、调解书、判决书等）或和解协议，以及其他保险人合理要求的有效的、作为索赔依据的其他证明材料。被保险人提供单证不及时，导致保险人无法核对单证及其记载事项的真实性的，保险人有权对不能核实部分拒绝赔偿。

第二十条　发生本保险责任范围内的损失，应由其他有关责任方负责赔偿的，被保险人应行使或保留行使向该责任方索赔的权利。保险人自向被保险人赔付之日起，取得在赔偿金额范围内代位请求赔偿的权利。保险人未赔偿之前，被保险人放弃对有关责任方请求赔偿的权利的，保险人不承担赔偿责任。保险人向有关责任方行使代位请求赔偿权利时，被保险人应当积极协助，并提供必要的资料和有关情况。

第二十一条　若发生了保险责任事故，保险人对物流货物每次事故赔偿金额不超过保险单中列明的每次事故责任限额，对被保险人在每次事故中实际发生的法律费用在每次事故责任限额之外计算赔偿，但最高不超过每次事故责任限额的30%。在本保险期间内，保险人对物流货物的累计赔偿金额不超过保险单中列明的累计责任限额。对被保险人实际发生的法律费用在累计责任限额之外计算赔偿，但累计不超过保险单中列明的累计责任限额的30%。

第二十二条　保险人的赔偿以仲裁机构裁决的或法院判决的或经赔偿请求人、被保险人双方协商并经保险人认可的应由被保险人承担的赔偿责任为依据。

第二十三条　收到被保险人的索赔通知后，保险人应及时作出核定并将核定结果通知被保险人，对属于保险责任的，保险人应在与被保险人达成有关赔偿协议后10日内，履行赔偿义务。

第二十四条　发生本保险责任范围内的损失，应由其他有关责任方负责赔偿的，保险人自向被保险人赔付之日起，取得在赔偿金额范围内代位请求赔偿的权利。保险人未赔偿之前，被保险人放弃对有关责任方请求赔偿的权利的，保险人不承担赔偿责任。保险人向有关责任方行使代位请求赔偿权利时，被保险人应当积极协助，并提供必要的资料和有关情况。

第二十五条　保险人负责赔偿损失、费用和责任时，如有重复保险的情况，保险人按照本保险合同的相关责任限额与所有有关保险合同的相关责任限额总和的比例承担赔偿责任。其他保险人应承担的赔偿金额，本保险人不负责垫付。

第二十六条　被保险人对保险人请求赔偿的权利，因自其知道保险事故发生之日起两年内不行使而消灭。

第二十七条　因本保险合同发生争议，由当事人协商解决。协商不成的，提交保险单载明的仲裁机构仲裁；保险单未载明仲裁机构或者争议发生后未达成仲裁协议的，可向中华人民共和国人民法院起诉。

第二十八条　本保险合同的争议处理适用中华人民共和国法律。

第二十九条　本保险合同成立后，投保人可随时书面通知解除本保险合同。保险责任开始前，投保人要求解除本保险合同的，应当向保险人支付预付保险费的5%作为退保手续费，保险人应当退还保险费；保险责任开始后，投保人要求解除合同的，自通知保险人之日起，本保险合同解除，保险人根据保险责任开始之日起至合同解除之日止期间被保险人实际发生营业收入计收实际保险费。除另有约定外，保险人也可提前十五日向投保人发出解约通知书解除本保险合同，本保险合同解除后，保险人根据保险责任开始之日起至合同解除之日止期间的物流业务营业收入计收实际保险费。

第三节　物流运输风险管理与防范

【基础知识】

物流运输风险管理是指物流运输企业通过对风险的识别、衡量和分析，以最小的成本取得最大安全保障的管理方法。对于不同类型的风险应采取不同的风险管理方法和防范措施，尽量消除风险隐患，减少物流运输风险的发生，建立风险预警机制，最大限度地掌控风险发生的后果，并采取有效措施化解或转嫁风险。

一、物流运输风险的管理与防范方法

物流运输风险的管理与防范方法包括以下几种：

1. 损失控制

有意识地采取行动防止或减少灾害事故的发生以及所造成的经济损失和社会损失，相关措施包括制订防损计划和减损计划。

防损计划是一种事前的预防措施，是指在物流运输风险发生之前为了消除或减少可能引发损失的各种因素而采取的风险防范措施。

减损计划是一种事后补救的措施，是指在物流运输风险发生时或风险发生之后采取的各种防止损失扩大的措施，包括尽可能减轻损失后果计划和损后救助计划。

2. 风险自留

风险自留是指物流运输企业自己来承担风险。自留风险的可行程度取决于损失预测的准确性和补偿损失的适当安排。一般，若风险发生的概率很低，造成的损失也不大，则多数企业会选择风险自留的方式。

3. 风险避免

风险避免是指放弃某项活动以达到回避因从事该项活动而可能产生风险损失的行为。这是一种不作为的态度。这种方法具有一定的消极性、局限性。一般在投资项目时，若风险高于利益的预期，则可选择放弃。但风险总是伴随着收益同时存在，回避风险就意味着放弃收益。

4. 风险分摊或转移

风险分摊或转移是指经济单位为避免承担损失而有意识地将风险损失或与风险损失有关的财务后果转嫁给其他单位或个人的一种风险管理方式。保险是风险转移最主要的方法，它是把风险转移给保险人，一旦发生意外损失，保险人就按保险合同约定补偿被保险人的一种风险管理的方法。

二、物流运输风险的解决方案

针对物流运输业务的现状，物流运输企业应针对营运过程中存在的风险，合理地选择风险解决方案。

（1）物流运营的外延风险有些是可保风险，有些是我国保险企业目前尚不能或不愿承担（没有相应的技术或承担能力不足）的不保风险，如物流投资风险、项目责任风险、信用风险、合作风险等。这些风险就需要企业通过加强自身管理或评估能力来回避。

（2）对货物仓储、加工、运输等环节可能面临的标的物本身的损失，物流企业应选择投保相应的财产综合保险。

（3）与托运人之间产生的风险可以通过投保《物流责任保险》解决。除此之外，还可以根据自身风险情况，附加盗窃责任保险、提货不着责任保险、冷藏货物责任保险、错发错运费用损失保险等。

（4）运输工具肇事可以选择运输工具及附加第三者责任保险，转嫁因交通或其他事故可能造成的损失，以及需向第三者承担的民事赔偿责任。这种情况适用于配送业务量较大的物流公司。

（5）物流运输硬件设施风险可投保运输设备损坏保险，以保障物流运输专用设施可能遭受的主观或客观因素带来的损失。对由此引发的停工歇业带来的利润损失，可以选择投保利润损失保险。

总之，研究物流运输业务风险、制定规避风险的对策是保证物流运输科学管理、顺畅运行的有利手段。对保险业而言，物流运输业开辟了保险服务巨大的潜在市场，成为保险经济新的增长点，对传统的财产保险市场也是一场积极的革命。

本章小结

物流运输参与方主要包括承运人、托运人和收货人，他们在物流运输过程中有其各自的责任、权利与义务。物流运输事故是指物流运输过程中发生货物灭失、短少、变质、污染或迟延交付等情况。物流运输事故和违约行为发生后，承运方和托运方及有关方应编制物流运输事故记录，再进行妥善的处理。在运输实践中，托运人与承运人因不能正确履行合同导致纠纷的情况常有发生，其原因可能由于承运方经营管理不善、意外或过失等造成托运方的损失，也可能因托运方的原因造成承运方的损失。物流运输纠纷种类包括货物灭失纠纷、货损货差纠纷、货物延迟交付纠纷、单证纠纷以及运费租金纠纷等。承运人、托运人和收货人三方在履行物流运输合同过程中发生纠纷时，应及时协商解决，协商不一致时，任何一方都可以向合同管理机构申请调解或仲裁，也可以向人民法院起诉。

货物运输保险是以货物运输过程中的各种货物作为保险标的的保险。货物运输保险包括海洋运输货物保险、陆上运输货物保险和航空运输货物保险。办理货物运输保险的程序是先确定投保国内和国际货物运输保险的金额，然后填写国际运输保险投保单并支付保险费，取得保险单。当被保险的货物发生属于保险责任范围内的损失时，投保人可以向保险人提出赔偿要求。物流运输业务责任保险是指被保险人在经营物流运输业务过程中，对由于列明原因造成的物流运输货物损失，依法应由被保险人承担赔偿责任的，由保险人根据保险合同的约定负责赔偿。货物运输保险与物流运输责任保险在被保险人方面、物流运输企业的赔偿责任方面和拒赔风险方面有所区别。

本章重点介绍了物流风险管理与防范方法，研究了各类物流运输业务风险，并说明了制定规避风险的对策是保证物流运输科学管理、顺畅运行的有利手段。

参 考 文 献

[1] 陈克勤. 物流运输实务 [M]. 北京: 中国物资出版社, 2006.

[2] 仪玉莉. 运输管理 [M]. 北京: 高等教育出版社, 2012.

[3] 李贞. 物流运输管理实务 [M]. 北京: 航空工业出版社, 2010.

[4] 秦英. 物流运输组织与管理实务 [M]. 北京: 科学出版社, 2008.

[5] 宋文官. 运输管理实务 [M]. 北京: 高等教育出版社, 2010.

[6] 齐诚. 物流运输管理 [M]. 北京: 中国地质大学出版社有限责任公司, 2011.

[7] 高明波. 物流运输管理实训 [M]. 北京: 中国劳动社会保障出版社, 2006.

[8] 于桂芳. 物流运输组织管理与实务 [M]. 北京: 清华大学出版社, 2007.

[9] 李如姣. 运输作业实务 [M]. 北京: 化学工业出版社, 2010.

[10] 李冰. 物流运输实务 [M]. 北京: 中国人民大学出版社, 2011.

[11] 孙瑛. 国际货物运输实务与案例 [M]. 北京: 金盾出版社, 2001.

[12] 郭希哲. 货物运输实务 [M]. 北京: 中国物资出版社, 2011.

[13] 黄河. 物流运输实务 [M]. 北京: 北京大学出版社, 2012.

[14] 陈心德. 集装箱运输与国际多式联运管理 [M]. 北京: 清华大学出版社, 2008.

[15] 李联卫. 物流运输管理实务 [M]. 北京: 化学工业出版社, 2012.

[16] 陈明蔚. 物流运输组织与实务 [M]. 北京: 清华大学出版社, 2010.